GÜNTER GRASS GUTENBERG EDITION

GEDICHTE UND KURZPROSA

GÜNTER GRASS GUTENBERG EDITION

HERAUSGEGEBEN VON VOLKER NEUHAUS
UND DANIELA HERMES

BAND 14

GEDICHTE UND KURZPROSA
HERAUSGEGEBEN VON VOLKER NEUHAUS
UND DANIELA HERMES

Günter Grass

Gedichte und Kurzprosa

BÜCHERGILDE GUTENBERG

Lizenzausgabe für die Büchergilde Gutenberg,
Frankfurt am Main, Wien und Zürich
mit freundlicher Genehmigung des Steidl Verlags, Göttingen

Erstausgabe: August 1997

Buchgestaltung: Günter Grass, Gerhard Steidl
Umschlaggestaltung: Klaus Detjen, Hamburg
Gesamtherstellung: Steidl, Göttingen
Printed in Germany
ISBN 3-7632-5146-4

www.buechergilde.de

GEDICHTE

DIE VORZÜGE DER WINDHÜHNER

Die Vorzüge der Windhühner

Weil sie kaum Platz einnehmen
auf ihrer Stange aus Zugluft
und nicht nach meinen zahmen Stühlen picken.
Weil sie die harten Traumrinden nicht verschmähen,
nicht den Buchstaben nachlaufen,
die der Briefträger jeden Morgen vor meiner Tür verliert.
Weil sie stehen bleiben,
von der Brust bis zur Fahne
eine duldsame Fläche, ganz klein beschrieben,
keine Feder vergessen, kein Apostroph...
Weil sie die Tür offen lassen,
der Schlüssel die Allegorie bleibt,
die dann und wann kräht.
Weil ihre Eier so leicht sind
und bekömmlich, durchsichtig.
Wer sah diesen Augenblick schon,
da das Gelb genug hat, die Ohren anlegt und verstummt.
Weil diese Stille so weich ist,
das Fleisch am Kinn einer Venus,
nähre ich sie. –

Oft bei Ostwind,
wenn die Zwischenwände umblättern,
ein neues Kapitel sich auftut,
lehne ich glücklich am Zaun,
ohne die Hühner zählen zu müssen –
weil sie zahllos sind und sich ständig vermehren.

Vogelflug

Über meiner linken Braue
liegt Start und Ziel
für immer begründet.
Wenn sie beginnen,
die Fläche Blau überbrücken,
der Mittag, die lautlose Kurve sie aufnimmt.
Wenn das Gold seinen Arm beugt
und die Uhren entwertet.
Wenn sie stürzen, den Stein nachahmen,
Löcher füllen, welche das Licht übersah.
Wenn sie der jungen Frau,
die sich über den Himmel lehnt,
um die Blumen und auch das Unkraut zu begießen,
die weiße Seite aufschlitzen,
bis ihre Milch läuft.
Unter den Bögen, wenn sie das Nadelöhr finden,
die Risse vernähen und keinen Durchblick gewähren.
Wenn sie sich nähern und auf die Stirn deuten,
erkenne ich, daß es Schwalben sind. –
Bald wird es regnen.

Als sie den Faden schnitten –
über der Braue raste das Publikum –,
verließ ich meinen Stehplatz.
Jetzt ist es schwer, die Schleife nur zu erinnern,
den Arm zu heben, ihn etwas fortzuschicken,
damit er allein ist.
Ich muß wieder kommen
und ein Papier steigen lassen.
Wenn sie es dann beschreiben,
werde ich Lesen lernen.

Bohnen und Birnen

Bevor die grünen Dotter welken –
die Hennen brüten einen frühen Herbst –,
jetzt gleich, bevor die Scherenschleifer
den Mond mit hartem Daumen prüfen,
der Sommer hängt noch an drei Fäden,
den Frost verschließt ein Medaillon,
noch eh der Schmuck, verwandt dem Regen wandert,
noch eh die Hälse nackt, vom Nebel halb begriffen,
bevor die Feuerwehr die Astern löscht
und Spinnen in die Gläser fallen,
um so der Zugluft zu entgehen,
vorher, bevor wir uns verkleiden,
in ärmliche Romane wickeln,
laßt uns noch grüne Bohnen brechen.
Mit gelben Birnen, einer Nelke,
mit Hammelfleisch laßt uns die grünen Bohnen,
mit schwarzer Nelke und mit gelben Birnen,
so wollen wir die grünen Bohnen essen,
mit Hammelfleisch mit Nelke und mit Birnen.

An alle Gärtner

Warum wollt ihr mir verbieten Fleisch zu essen?
Jetzt kommt ihr mit Blumen,
bereitet mir Astern zu,
als bliebe vom Herbst nicht Nachgeschmack genug.
Laßt die Nelken im Garten.
Sind die Mandeln doch bitter,
der Gasometer,
den ihr den Kuchen nennt –
und ihr schneidet mir ab,
bis ich nach Milch verlange.
Ihr sagt: Gemüse –
und verkauft mir Rosen im Kilo.
Gesund, sagt ihr und meint die Tulpen.
Soll ich das Gift,
zu kleinen Sträußchen gebunden,
mit etwas Salz verspeisen?
Soll ich an Maiglöckchen sterben?
Und die Lilien auf meinem Grab –
wer wird mich vor den Vegetariern schützen?

Laßt mich vom Fleisch essen.
Laßt mich mit dem Knochen alleine,
damit er die Scham verliert und sich nackt zeigt.
Erst wenn ich vom Teller rücke
und den Ochsen laut ehre,
dann erst öffnet die Gärten,
damit ich Blumen kaufen kann –
weil ich sie gerne welken sehe.

Sitzen und Gehen

Wenn die Geräusche eintreten,
sind alle Stühle besetzt.
Nun wird es nicht mehr gelingen,
den Wecker zu überhören.
Nur den Tisch übersehn,
an die Sechzig-Watt-Birne glauben,
ohne ein Heide zu sein.
Sitzen, sitzen, fast Buddha
mit glänzendem Nacken.

Gehen ist leichter,
jede Ecke Zuspruch.
Puppen, fast Liebe, stehen im Fenster,
mit günstigem Preis.
Doch immer noch ist es verboten,
die Scheiben einzuschlagen.

Auch der Wind läuft Reklame.
Regen, welche Wolle fällt leichter,
viele kleiden sich so.
Sitzen oder Gehen.
Jedesmal beim Aufstehen,
ehe die Hand mit dem Hut schläft,
überschlägt sich der Wecker,
tut dann, als wär gar nichts geschehn.

Geöffneter Schrank

Unten stehen die Schuhe.
Sie fürchten sich vor einem Käfer
auf dem Hinweg,
vor einem Pfennig auf dem Rückweg,
vor Käfer und Pfennig, die sie treten könnten,
bis es sich einprägt.
Oben ist die Heimat der Hüte.
Behüte, hüte dich, behutsam.
Unglaubliche Federn,
wie hieß der Vogel,
wohin rollte sein Blick,
als er einsah, daß er zu bunt geraten?
Die weißen Kugeln, die in den Taschen schlafen,
träumen von Motten.
Hier fehlt ein Knopf,
im Gürtel ermüdet die Schlange.
Schmerzliche Seide,
Astern und andere feuergefährliche Blumen,
der Herbst, der zum Kleid wird,
jeden Sonntag mit Fleisch und dem Salz
gefälteter Wäsche gefüllt.
Bevor der Schrank schweigt, Holz wird,
ein entfernter Verwandter der Kiefer –
wer wird den Mantel tragen,
wenn du einmal tot bist?
Seinen Arm im Ärmel bewegen,
zuvorkommend jeder Bewegung?
Wer wird den Kragen hochschlagen,
vor den Bildern stehen bleiben
und alleine sein unter der windigen Glocke?

Hochwasser

Wir warten den Regen ab,
obgleich wir uns daran gewöhnt haben,
hinter der Gardine zu stehen, unsichtbar zu sein.
Löffel ist Sieb geworden, niemand wagt mehr
die Hand auszustrecken.
Es schwimmt jetzt Vieles in den Straßen,
das man während der trockenen Zeit sorgfältig verbarg.
Wie peinlich des Nachbarn verbrauchte Betten zu sehen.
Oft stehen wir vor dem Pegel
und vergleichen unsere Besorgnis wie Uhren.
Manches läßt sich regulieren.
Doch wenn die Behälter überlaufen, das ererbte Maß voll ist,
werden wir beten müssen.
Der Keller steht unter Wasser, wir haben die Kisten hochgetragen
und prüfen den Inhalt mit der Liste.
Noch ist nichts verloren gegangen. –
Weil das Wasser jetzt sicher bald fällt,
haben wir begonnen Sonnenschirmchen zu nähen.
Es wird sehr schwer sein, wieder über den Platz zu gehen,
deutlich, mit bleischwerem Schatten.
Wir werden den Vorhang am Anfang vermissen
und oft in den Keller steigen,
um den Strich zu betrachten,
den das Wasser uns hinterließ.

Die Mückenplage

In unserem Bezirk wird es von Jahr zu Jahr schlimmer.
Oft laden wir Besuch, um den Schwarm etwas zu teilen.
Doch die Leute gehen bald wieder –
nachdem sie den Käse gelobt haben.

Es ist nicht der Stich.
Nein, das Gefühl, daß etwas geschieht,
das älter ist als die Hand –
und im Besitz jeder Zukunft.

Wenn die Betten still sind
und der schwarze Stein an unzähligen, tönenden Fäden hängt,
Fäden, die reißen und wieder neu,
etwas heller beginnen,

wenn ich eine Pfeife anbrenne
und nach dem See hin sitze,
auf dem ein dichtes Geräusch schwimmt,
bin ich hilflos.

Wir wollen jetzt nicht mehr schlafen.
Meine Söhne sind hellwach,
die Töchter drängen vor dem Spiegel,
meine Frau hat Kerzen gestellt.

Nun glauben wir an Flammen,
die zwanzig Pfennige kosten,
denen die Mücken sich nähern,
einer kurzen Verheißung.

Die Schule der Tenöre

Nimm den Lappen, wische den Mond fort,
schreibe die Sonne, die andere Münze
über den Himmel, die Schultafel.
Setze dich dann.
Dein Zeugnis wird gut sein,
du wirst versetzt werden,
eine neue, hellere Mütze tragen.
Denn die Kreide hat recht
und der Tenor, der sie singt.
Er wird den Samt entblättern,
Efeu, Meterware der Nacht,
Moos, ihren Unterton,
jede Amsel wird er vertreiben.

Den Bassisten, mauert ihn ein
in seinem Gewölbe.
Wer glaubt noch an Fässer,
in denen der Wein fällt?
Ob Vogel oder Schrapnell,
oder nur Summen, bis es knackt,
weil der Äther überfüllt ist
mit Wochenend und Sommerfrische.
Scheren, die in den Schneiderstuben
das Lied von Frühling und Konfektion zwitschern –
hieran kein Beispiel.

Die Brust heraus, bis der Wind seinen Umweg macht.
Immer wieder Trompeten,
spitzgedrehte Tüten voller silberner Zwiebeln.
Dann die Geduld.
Warten, bis der Dame die Augen davonlaufen,
zwei unzufriedene Dienstmädchen.
Jetzt erst den Ton, den die Gläser fürchten,
und der Staub,
der die Gesimse verfolgt, bis sie hinken.

Fischgräten, wer singt diese Zwischenräume,
den Mittag, mit Schilf gespießt?
Wie schön sang Else Fenske, als sie,
während der Sommerferien,
in großer Höhe daneben trat,
in einen stillen Gletscherspalt stürzte,
uns nur ihr Schirmchen
und das hohe C zurückließ.

Das hohe C, die vielen Nebenflüsse des Mississippi,
der herrliche Atem,
der die Kuppeln erfand und den Beifall.
Vorhang, Vorhang, Vorhang.
Schnell, bevor der Leuchter nicht mehr klirren will,
bevor die Galerien knicken
und die Seide billig wird.
Vorhang, bevor du den Beifall begreifst.

Drehorgel kurz vor Ostern

Eines Tages,
die letzten Schreckschüsse hatten sich losgelassen,
flüchteten aus den Gärten.
Nun drehen sich die Kinder geduldig in ihrem ernsten Kleid
und bewohnen den Nachmittag.
Drehorgeln,
immer zu früh grünende Herzen,
frieren hinter den Zäunen.
Ein Strumpf, der wieder zum Knäuel wird,
zurückläuft, eine Melodie mit viel zu großen Schuhen,
Spuren tritt sie den weißen Resten im Hof.
Was vom Himmel fällt
oder aus dem Küchenfenster,
jeden dankbaren Pfennig zählen die Fliesen
oder eine Mütze, ein Grab
und in drei Tagen Auferstehung.

Eines Tages,
als der Verkäufer sich kalt waschen wollte,
fand er das Wasser lau.
Die Brüste auf dem Foto neben dem Spiegel
tauten, flossen ihm über die Finger.
Noch lange danach, als er schon seine Seide verkaufte,
übte er zärtliche Hände.

Musik im Freien

Als die Pause überwunden schien,
kam Aurele mit dem Knochen.
Seht meine Flöte und mein weißes Hemd,
seht die Giraffe, die über den Zaun späht,
das ist mein Blut, welches zuhört.
Nun will ich alle Drosseln besiegen.

Als der gelbe Hund über die Wiese lief,
verendete das Konzert.
Später fand man den Knochen nicht mehr.
Die Noten lagen unter den Stühlen,
der Kapellmeister nahm sein Luftgewehr
und erschoß alle Amseln.

Sophie

Papieraugen und kleine Silberwinkel,
auf Trompeten durch die Allee reiten,
alle Schubladen auf
und aus der letzten
die vielen behaarten Dreiecke nehmen
und eines vermissen, das weiß ist.
Sophie, böse Sophie.

Nun streift der Herbst seine Handschuhe ab,
nun scheucht er deine Blicke,
ruckartig lebende Hühner,
über den Spiegel zum Stall,
nun alle Schubladen auf,
Dreiecke, Schenkel, Knoten,
neunundneunzig gebündelte Kehlen –
Sophie, böse Sophie.

Messer, Gabel, Scher' und Licht

1

Da, jetzt hat sie die Gabel verschluckt,
brennt nun, zweimal fünf Finger.
Wo eben noch Zöpfe –
oft reichen zwei einen Kopf zu ermüden –,
weckt eine Schere,
als gäbe es kein Papier und Wolle, hinhaltend freundlich,
Schlangen weckt sie, die einmal ledig
nur noch die Glätte meinen und ihrem Biß zugleiten.

Alles ist nun behaart,
jede Tapete erobert,
kaum noch ein Blick, der gelingt.
Frauenhaar würgt erst alle Puppen,
das Stofftier dann,
das immer etwas nach Malzbonbon roch. –
Da, jetzt hat sie die Gabel verschluckt,
brennt nun, zweimal fünf Finger,
beginnt mit der Schere, greift dann
ruhig, fast friedlich zum Messer.

2

Abschneiden sagt die Hebamme, genug. –
Doch selbst das Geschlecht, weil böse, zufällig,
nun endlich verschnitten, zuckt noch, will Vater werden.
Ein Hahn ohne Kopf, der noch die Hennen tritt,
krähen will und er kräht auch.

O wie soll das weitergehen?
Jeder Konzern wird entflochten.
Doch wer wird die Schenkel entflechten,
den Knoten im Bett,
in dem die Kinder wimmeln?

Später laufen sie dann
mit einem Streichholz, das schreit,
in eine Scheune,
zu unserem hilflos trockenen Vorrat,
geben ein Fest ohne Bier.

Noch später dann, wenn sie schon selten die Betten nässen,
die Schule sie täglich neu zählt,
fragen die Eltern, immer noch Flechtwerk im Bett:
Wer wird die Kinder vor dem Lehrer schützen,
vor seiner feuchten, wuchernden Hand,
wenn sie den Mädchen ins Kleid fällt?

Kinder noch nicht, oder schon, oder fast, wenn nicht zuvor
– viele werden gezeugt, ein Teil geboren,
können nicht mehr zurück, es sei denn,
sie finden das Streichholz oder ein einsilbig Messer. –
Anna, Anna, Anna, eben trankst du noch Milch,
jetzt fließt du rot und davon.

3

Wenn sie mit der Schere spielt,
wer kann das ansehen,
wenn sie mit dem Messer in alle Polster
und nach der Zeitung sticht –
als wäre etwas dahinter?

Wenn sie den Himmel,
damit er ausläuft, schlapp wird,
eine veraltete Brust,
mit ihrer dressierten Schwalbe aufschlitzt,
wer kann das ansehen, diesen Regen?

Gestern hat sie mein Bett,
heute den letzten, schon hinkenden Stuhl
und alle vier Wände erstochen.

Jetzt muß ich sehen,
wie ihr gefüllter Daumen sich öffnet.

4

Solch ein windiger Tag,
da ist die Luft voller Scheren,
der Himmel nur noch ein Schnittmuster. –
Mein schönes Scherchen.
War so blond, sang so hell,
hörte alles, fromm war es,
glaubte mir immer,
war aber auch schnell und schnitt alle Ecken ab.
Wenn es sprach,
ganz leise, eintönig,
und hatte doch Sinn, was es sagte.
Kein Wort zuviel,
war immer eindeutig,
obgleich es zwei Schenkel hatte wie ich
und eine Art Frau war,
die oft und zum Zweck ins Spagat fiel.
Wußte, wo links war und rechts,
ging aber immer geradeaus.
Ging nichts aus dem Wege.
Manchmal ging es mir durch wie ein Pferdchen.
Einmal ging es daneben –
das tat weh und war rot.

5

Windiges Wetter ist gut zum Scherensuchen.
Da soll man mit offenem Licht, mit einer Gabel
für alle Fälle, mit einem Messer, bartlos, sofort,
mit Messer und Gabel soll man bei windigem Wetter
die Schere suchen – mit offenem Licht.

Warnung

Vorsicht, der Wind schläft in Tüten,
in den Fingerhüten der Schneiderin auch.
Als sie mit Regen, mit ihrer eigenen leisen Fontäne
des Himmels Risse vernähte, halfen ihr Schwalben.

Vorsicht, der Wind schläft in Tüten.
Im Kugellager des kleinen, mildtätigen Lächelns tut er wie Öl.
Dennoch quietschen die Tanten, reiben sich Zunge und Wort,
Tenöre und Türen hört man bei Nacht.

Vorsicht, der Wind schläft in Tüten,
in einem Handschuh kocht er mit Erbsen Applaus.
Es passen ihm nicht die fünf Straßen,
auch nicht der Platz, der zum Hinken verführt.

Vorsicht, der Wind schläft in Tüten,
in seiner Tüte erwachte der Wind.
An einer Annonce über billig zu reparierende Regenschirme
erwachte, zerriß er das Hemd seines Schlafes.

In seiner Tüte erwachte der Wind.
Aus allen Gärten trieb er die Tulpen, saubere Mägde,
über die Münzen,
über des Bahnhofs oft überfahrene Zunge,
zwischen den Löschteich und eine Fassade,
drängte sie weiter unters Geröll
seiner exakten Paraden.

Himmelfahrt

In hellgrauer Hose,
mit dem Stein in der Tasche.
Aus dem achtzehnten Stockwerk,
an der siebenten Rippe,
dem neunten November vorbei.
Vorbei an dem Milchzahn,
dem obersten Knopf, der nur Zierde,
vorbei an zwei glatt und zwei kraus,
der Strümpfe lange Erfahrung.
Durch einen Knoten,
durchs Reich der Mitte,
der Tee ein vergebliches Bett.

Ohne den Stein.
Aus leerem Ärmel,
aus lauem Brunnen hinauf.
Durch das Nest eines Kuckucks,
die Hand der Kastanie füllt sich entsetzt.
Über den Scheitel von Schall und Vernunft,
durch blaue, schildlose Wüste,
durch Schränke, durch andere Knoten,
an zehn vererbten Geboten,
das Schaltjahr der mageren Jahre,
vorbei an dem satten Gehörn
himmlisch beschachspielter Kühe
und an der Zeit auf drei Spulen
und an dem Licht auf zwei Ämtern,
strickende, strumpftolle Sonnen.
Mitten durch Glatt und durch Kraus,
durch ein vermauertes Fenster,
nackt, in der letzten Livree.

Beobachtet beim Attentat

Es ist so schwer, den Platz zu überqueren.
Des Vogels Blick,
die Kälte ohne Wimper
und Neugierde an Zäunen lang,
dahinter Rauch und zwischen nassen Hüten
das trockne Foto einer Frau.
Wär es im Keller schon gelungen,
im Keller zwischen Pferd und Zaudern,
die Treppe hätte nicht gelacht
und dreimal ihren Hals gebogen.
Es öffnete der General.
Er nannte pausenlos die Summe,
die Zahl brach ab,
des Vogels Blick, als niemand in den Spiegel sah,
gewann im Blei die Müdigkeit vorm Schlaf.
Verwirrt vergaßen beide Mörder
den Atem aus der Uhr zu nehmen,
das Fenster wie ein Hemd zu öffnen,
die Zahl zu heben,
die im Spiegel brach.

Rundgang

Der Schritt nimmt ab, Erlaubnis allem Grünen,
die Runde bleibt an Ecken stehn.
Sag Grotte, Laube auch Vitrine,
blick durch den Kamm,
gepflegt glänzt jeder Scheitel.
Auch Bücher, richtig aufgeschlagen,
wie Zwillinge in einem Bett
gleich atemlos ans Ziel gelangen,
fällt auf den Dächern Regen ins Spagat.

So finden alle Kugeln in den Keller,
sie werden täglich neu gezählt.
Vom Giebel über Flur und Treppe
die Wollust kleine Häufchen fegt
und dazu singt, nach Art der Mägde,
und ihrer Schenkel Dreiklang schlägt.

Den Muskel auf die Schienen schieben,
zum Bahnhof rollen und mit Sand beladen.
Den bunten Keil in kleine Vasen stoßen,
die Hüte fort, Erlaubnis allem Grünen,
den Handschuh bis zur Uhr gefüllt.
Dann hält der Riegel nicht, der die Tapete sichert
vor Dschungel, Tee und Tabakstauden,
vor Ernten die in jedem Griff.

Nun könnt es sein, daß einer dieser Flecken
gewinnt, ein Glas erfindet, füllt und überläuft.
Nun keine Küste, keine Lippe,
kein Knie, kein Ärmel, der das Blut verbirgt.
Kein Satz, der leugnet bis zum Knick,
daß einer dieser neuen Flecken
Pigmente hat und beinah ein Geschlecht.

Der Pförtner blättert lustlos in den Türen,
die Mieter kommen halbgezähmt nach Haus.
Sie legen sich ins Buch zur letzten Seite,
sie dulden keine Folge, keine Bilder,
nur noch die Uhren. Angestoßen
das Rad, bis die Planeten kreisen –
auch Polizisten, Briefträger und Förster
in abgestecktem, windstillem Revier.

Die Klingel

Versuche mit Tinte,
Niederschriften im Rauch,
halb erwacht
im Dickicht süßer Gardinen.
Die Straße, den Notverband wieder aufgerollt,
weil die Wunde juckt,
weil die Erinnerung sich stückeln läßt und längen,
so eine Katze unterm Streicheln.

Wer bewegte die Klingel,
belud die Luft mit Erfolg.
War es das Glück
mit neuen, dünneren Strümpfen
oder der Mann
mit dem Krankenschein unter der Haut.
Niemand erschrak. Nicht das Wasser zum Spülen,
kleinen Frauen im Zimmer kräuselte sauer der Rock.

Wer kann eine Klingel wieder verkaufen,
zurücktreten, mit dem Hut in der Hand,
die Kreide der Herkunft vom Zaun lecken.
Die nackte Gestalt wird zwischen den Spiegeln
keinen Vorsprung gewinnen.
Keine Bewegung kommt hier zu kurz.
Gleichzeitig wird es hüsteln,
das Weiße im Auge vergilben,
der falsche Bart,
ein letztes Geständnis,
von der Oberlippe wird sich der Rauch lösen
und keinen Vogel begeistern.

Polnische Fahne

Viel Kirschen die aus diesem Blut
im Aufbegehren deutlich werden,
das Bett zum roten Inlett überreden.

Der erste Frost zählt Rüben, blinde Teiche,
Kartoffelfeuer überm Horizont,
auch Männer halb im Rauch verwickelt.

Die Tage schrumpfen, Äpfel auf dem Schrank,
die Freiheit fror, jetzt brennt sie in den Öfen,
kocht Kindern Brei und malt die Knöchel rot.

Im Schnee der Kopftücher beim Fest,
Pilsudskis Herz, des Pferdes fünfter Huf,
schlug an die Scheune, bis der Starost kam.

Die Fahne blutet musterlos,
so kam der Winter, wird der Schritt
hinter den Wölfen Warschau finden.

Die Krönung

Blaue Flammen in den Zweigen.
Atmen noch im Gasometer
bittre Kiemen ohne Fisch.
Immer älter wird die Kröte,
lebt von Nelken, lebt von Düften
aus des Todes linkem Ohr.
Niemand folgte, kaum der Mörtel.
Ohne Segel und Gebärde,
in der grünen Truhe Pfingsten
trugen sie die Taube fort.
Glatt und aufgerollt die Kabel,
zwölf Lakaien und Beamte
führt die Schnur aus jedem Nabel
nur zur Wochenendpotenz.

Freitags krönten sie den König.
Von Geburt her blinde Nelken,
mit dem Atem einer Kröte,
mit dem blauen Gasometer,
Mitternacht und Mandelscheitel,
Vorstadt um Jerusalem.

Der Bär

Fäden nur, es regnet Zwinger.
Bein um Bein, im Ohr der Vorhang,
Schritte am Applaus entlang.
Auf Sandalen ohne Spuren,
gleicher Abstand, Kopf und Nicken,
Strich, nie Punkte aus der Drüse.
Spinnen, die den Satz verachten,
Regen auch, der seinen Euter
noch bedrängt, wenn schon die Mägde
springen und die Nebel raffen.
Beider Himmel blasse Molke,
wäre Teer die fette Insel,
Fäden nur, es regnet Zwinger,
durchgestrichen Leib und Grotte.
Wär ein Punkt, nur eine Stufe,
könnte sich der Bär besinnen,
war's im Wappen oder Honig,
dreimal süß um die Kokarde.
Enger noch als Gelb und Augen,
vor dem Atem einer Spinne
liegt der Bär und leckt am Gummi,
auch die Speichen, auch den Abglanz
seines Rades Labrador.

Der elfte Finger

Wo blieb mein elfter Finger,
mein elfter, besonderer Finger,
niemals hat er gelacht,
niemals den Handschuh, die Nacht
wegen der Farbe getragen.
Er hat die Ziege gemelkt.
Er hat die Ziege gemelkt,
hat die Ziege der Uhr zugetrieben,
die Ziege hat sich gebückt.
Konnte sich bücken, konnte der Uhr,
hat der Uhr die Sohlen geleckt,
bis die Uhr kicherte, kicherte,
alle Minuten verlor,
alles, auch ihre Pausen gestand.
Nun sah er im Weiten schon Gold,
der Finger sah weither schon Gold,
hat Juweliere verführt,
Bräute, kurz vor der Kirche.
Schlüssel war er, Stempel, Verschweigen –
oft habe ich meinen elften Finger geschleckt,
obgleich er niemals schlief,
obgleich er niemals schlief.

Worauf soll ich nun deuten?
Worauf soll ich nun deuten,
heute, da beide verkürzten Hände
nur noch geschickt sind,
Eisen wie Fleisch, Fleisch, einen Amboß zu tasten –
oder sie hocken am Abend gleich belasteten Krähen
auf einem Stein im Feld,
zählen acht, neun, zehn, niemals elf.
Niemals zählen sie elf.

Lamento bei Glatteis

Sanna Sanna.
Meiner Puppe trocknes Innen,
meiner Sanna Sägespäne
hingestreut, weil draußen Glatteis,
Spiegel üben laut Natur.
Weil die Tanten, die nach Backobst,
auch Muskat, nach dem Kalender,
süß nach Futteralen riechen.
Weil die Tanten in den schwarzen,
lederweiten Blumentöpfen
welken und Gewicht verlieren.
Sanna Sanna, weil die Tanten
stürzen könnten, weil doch Glatteis,
könnten brechen überm Spiegel,
zweimal doppelt, Töpfe, Blumen.
Offen würden Futterale
und Kalender, kurz nach Lichtmeß,
der Vikar mit blauen Wangen
weihte Kerzen und den Schoß.

Späne nicht, so nehmt doch Asche.
Nur weil Tanten, meiner Sanna
ungekränktes, trocknes Innen
mit dem Schweiß der Spiegel nässen.
Sanna nein. Der Duft um Kerne
aufgetan, das Bittre deutlich,
so als wär der Kern die Summe
und Beweis, daß Obst schon Sünde.
Aufgetan, nein Sanna schließe
dein Vertrauen, dein Geschlecht.
Gäb der Winter seine Nieren,
seine graue alte Milz
und sein Salz auf beide Wege.
Könnt dann Sanna, deine, Sanna,

hingestreute Puppenseele
Lerchen in Verwahrung geben.
Sanna Sanna.

Unfall

Hirsche schrieen in der Kurve.
Jener Sonntag war ein Knoten
in der Wolle, in den Uhren.
Münzen fielen, taube Löffel,
Münzen ins Gehör der Kurve,
daß sie schrie und Chrom und Nickel
und ein Taschentuch zerknüllte.
Der Chauffeur fraß Armaturen,
starb und wickelte sich frierend
in den Kiesshawl seiner Braut.
Schwarzer Lack, des Kellners Rose,
blühte und die Pflastersteine
rieben Liebe, feines Pulver,
jener Hure im Kanister,
die den Herrn für drei Liköre
ihr Benzin goß, sprach vom Flieder.
O zehn Pfennig, altes Wunder,
im Gedicht des Automaten
reimte sich Stanniol und Watte,
doch der Arzt in weißen Nelken
kam zu spät, die Ambulanzen
lösten sich gleich Salz und Zucker.

Tierschutz

Das Klavier in den Zoo.
Schnell, bringt das Zebra in die gute Stube.
Seid freundlich mit ihm,
es kommt aus Bechstein.
Noten frißt es
und unsere süßen Ohren.

Nächtliches Stadion

Langsam ging der Fußball am Himmel auf.
Nun sah man, daß die Tribüne besetzt war.
Einsam stand der Dichter im Tor,
doch der Schiedsrichter pfiff: Abseits.

Misslungener Überfall

Am Mittwoch.
Jeder wußte wieviele Treppen hinauf,
den Druck auf den Knopf,
die zweite Tür links.
Sie stürmten die Kasse.
Es war aber Sonntag
und das Geld in der Kirche.

Prophetenkost

Als Heuschrecken unsere Stadt besetzten,
keine Milch mehr ins Haus kam, die Zeitung erstickte,
öffnete man die Kerker, gab die Propheten frei.
Nun zogen sie durch die Straßen, 3800 Propheten.
Ungestraft durften sie reden, sich reichlich nähren
von jenem springenden, grauen Belag, den wir die Plage nannten.
Wer hätte es anders erwartet. –

Bald kam uns wieder die Milch, die Zeitung atmete auf,
Propheten füllten die Kerker.

Gasag

In unserer Vorstadt
sitzt eine Kröte auf dem Gasometer.
Sie atmet ein und aus,
damit wir kochen können.

Streit

Vier Vögel stritten.
Als kein Blatt mehr am Baum war,
kam Venus, verkleidet als Bleistift,
und hat den Herbst,
einen bald darauf fälligen Wechsel,
mit schöner Schrift unterschrieben.

Bauarbeiten

Vor einer Woche kamen die Maurer
und brachten mit, was verlangt.
Sie haben ihn eingemauert,
den Hahn, den wir vermeiden wollten. –
Durch welchen Zufall kriecht dieser Ton?
Heute, noch immer erkalten die Suppen.
Fröstelnd stehen wir abseits und sehen den Hennen zu,
wenn sie den Mörtel vermindern.
Verlangen sie etwa nach Kalk?

Der Kaffeewärmer

Wir wollen ihn uns warmhalten,
noch lange um den Tisch sein
und kleine Schlucke üben.
Unter dem Kaffeewärmer sitzt der liebe Gott
und kann es nicht verhindern,
daß er langsam kalt und böse wird.

Familiär

In unserem Museum – wir besuchen es jeden Sonntag –
hat man eine neue Abteilung eröffnet.
Unsere abgetriebenen Kinder, blasse, ernsthafte Embryos,
sitzen dort in schlichten Gläsern
und sorgen sich um die Zukunft ihrer Eltern.

Credo

Mein Zimmer ist windstill,
fromm, eine Zigarette,
so mystisch, daß niemand wagt,
eine Miete zu erheben
oder nach meiner Frau zu fragen.
Als gestern die Fliege starb,
begriff ich ohne Kalender,
Oktober, ein Tanzlehrer verneigt sich,
will mir kleine, verbotene Bildchen verkaufen.
Besuch empfange ich vor der Tür,
die Post klebt an den Scheiben,
außen, der Regen liest mit.
Innen, mein Zimmer ist windstill,
kein Streit auf Tapeten,
Küsse von Uhren verschluckt,
nie stolpern, das Knie anschlagen,
weil alles nachgibt,
fromm, eine Zigarette,
senkrecht glaubt sie,
senkrecht die Spinne ein Lot,
geht jeder Untiefe nach –
niemals werden wir stranden.

Das endlose Laken

Ein dunkles Zimmer,
grell vom Ticken.
Immer noch wollen die Hände des Tapezierers
das gelbe Muster befrieden.
Im rechten Ohr Gleisdreieck,
ein Adventslied im linken Ohr;
als könnte Emanuel Schlaf bedeuten
und die endliche Stille der Betten.

Endlos wuchert dieses Laken.
Vegetation ohne Regen und Hefe,
Angst vor dem Zahnarzt,
Angst vor dem Friseur,
er könnte seine rasierte Stimme
über den Scheitel beugen,
dort etwas sehen,
was sonst nur mein Hut sieht.

Ich bin müde.
Das Herz hüpft zwischen den Stühlen,
läßt sich nur mühsam,
mit vielen Unkosten fangen.
Der Atem schlägt mit den Türen,
blättert im alten Kalender,
bis er ein reiffrisches Hemd trägt. –
Bis das Fenster schmutzig wird,
muß ich den Zigaretten ins Auge sehen
und nach dem Aschenbecher tasten.

Drei Vater unser

1

Gewalt, wer verbog die Sicherheitsnadel,
wer stieß den Kohl vor den Kopf.
Kommen einfach her,
zersingen die Gläser
und wollen noch Beifall.
Mars, böse Metzger bestimmen die Preise.

Komm, wir spielen Kain und Abel.
Jeder hat doch etwas Hartes, Einmaliges in der Tasche,
das genau an den Hinterkopf eines stotternden Bengels paßt,
der Abel heißt und bei der Infanterie dient.
Wer oben liegt, hat gewonnen –
und im Bett, wer gewinnt da?

Wer hat mehr vom Leben,
die Leiche oder die Witwe?
Brüder, Brüder, alle ihr Magenkranken,
die ihr da salzlos und von Gedichten lebt,
niemand, kein Uhrmacher will mehr die Sanftmut,
eine törichte Spieluhr reparieren.

Eine Fliege fällt ins Bier,
im Zoo werden Löwen gefüttert,
der Meineid pfeift auf drei Fingern,
Gewalt, wer verbog die Sicherheitsnadel,
komm, wir spielen Kain und Abel,
Vater unser, der du bist im Himmel.

2

Bomben, die sich nur langsam verteilen,
Küsse, die nicht versiegeln,
nur einen Laut versuchen,
Rangiergeräusche auf Güterbahnhöfen,
die jeden Schlaflosen durstig
und jeden Säufer mißmutig machen.

Ein Kinnhaken vor dem Spiegel,
Same, der auf den Teppich fällt
und nur den Irrsinn der Kringel befruchtet.
Vieles geht daneben.
Der Mann versucht mit dem Schlüssel die Tür,
wundert sich, wenn sie aufgeht und lacht.

Narrenmangel, wer züchtet noch Buckel.
Nijinsky, der auch Jesus Christus hieß,
sprang so langsam und deutlich,
wie der Mond von Giebel zu Giebel springt.
Bomben verteilen sich langsam,
ein Kinnhaken vor dem Spiegel,
Vater unser, der du bist im Himmel.

3

Ihr solltet nicht mehr die Ratten impfen,
Ratten rächen sich,
knabbern an Fundamenten,
suchen die Toten heim –
wie der Tod euch
mit Fernsehen heimgesucht hat.

Vergrabt die Türme,
bringt das Bergwerk ans Licht,
stellt in den Kaufhäusern

Weihwasser auf.
Mater dolorosa in technic color,
und nach dem Kino zur Beichte.

Friseure, sonst mit pünktlichem Scheitel,
spiegeln verwirrte, entvölkerte Kämme.
Seiltänzer, sonst geschickt,
stürzen von Augenbrauen
in einen Blick,
sehen sich selbst dabei zu.

Doch wer bespannt seine Pauke mit Jungfernhäutchen?
Trommler, sonst ohne Gehör,
verfallen immer dem selben Regen:
Ihr solltet keine Ratten mehr impfen,
ihr solltet alle Türme vergraben,
Vater unser, der du bist im Himmel.

K, der Käfer

K, der Käfer liegt auf dem Rücken.
Sieht er den Himmel, die Langeweile
organisierter Wolken?
Sieht er die Zimmerdecke, den Spiegel,
der fleckige Laken zeigt, Tücher,
auf denen der Schnee schmolz?

K, der Käfer liegt auf dem Rücken,
zählt seine Beine, vorher tat er das nie,
wie ein Pilot, dessen Fallschirm nein sagt,
nun knapp bis zehn zählt
und die Gebote meint –
oder es fällt ihm ein Witz ein.

K, der Käfer liegt auf dem Rücken,
dazu ein Pfennig, ein Blatt.
Doch den Pfennig findet die Mark
und das Blatt, beide Seiten – der Wind lernt lesen.
Die Zigarette kommt in den Himmel,
zurück bleibt der Käfer.

K, der Käfer liegt auf dem Rücken.
Vorher rollte er sein Geheimnis,
Schuhe fürchtete er,
doch von der Dampfwalze war ihm bekannt,
daß sie oft stehen bleibt
und nach Luft ringt.

K, der Käfer liegt auf dem Rücken,
liegt in seinem Gehäuse, in einer Schüssel,
ruft zuerst sein Gefühl,
dann jede Bewegung,
jenes Geräusch vor der Stille
ruft er nach Hause, in sein Gehäuse.

K, der Käfer liegt auf dem Rücken.
Lief Nurmi soeben vorbei, wollte die Zeit überrunden ? –
Frauen ergeben sich so, sind danach nur noch Anblick.
Kafka lag auf dem Rücken,
und Käte Kruses beschädigte Puppen,
wenn sie den Kindern entfallen, blicken uns nach.

V, der Vogel

V, der Vogel, ein Keil
dazwischengetrieben, als gelte es einen Himmel zu spalten,
als sei der Himmel Brennholz,
der Winter nahe, Brikett zu teuer,
ein Vogel eine geflügelte Axt.

V, der Vogel, ein Keil
den Urwald Blau Schlag auf Schlag abzubauen,
als kleine Stücke im Keller zu stapeln,
ein Vorrat Himmel, der lange reicht,
sich zählen läßt und nie mehr bewölkt.

V, der Vogel, ein Keil,
der hinterläßt einen Kahlschlag,
rodet auch und zwingt die Wurzel zum Zweifel.
Erst Feuer, der andere Vogel,
forstet hier auf, erklärt den Himmel zur Schonung.

V, der Vogel, ein Keil.
Und wenn der Keil nun den Rahmen verläßt?
Was eben noch Bild schien, gemäßigt, erlaubt im Format,
wuchert nun, eine Tapete,
im kleinen Ausschnitt verkäuflich.

V, der Vogel, ein Keil
läßt einen Apfel reißen, er offenbart ein Gehirn,
fügt dem Gebirge die Schlucht ein,
hat keine Scham und Vorbeisehn,
öffnet Verstecke im Fleisch.

V, der Vogel, ein Keil
drängt sich dazwischen,
Teilhaben nennt er dieses,
wenn er auf heiser politischen Plätzen
dem Redner das Ende vom Satz trennt.

V, der Vogel, ein Keil,
kommt immer durch,
doppelt wählt ihn das W,
Winston hebt die zwei Finger,
und jeder weiß, was er meint.

Die bösen Schuhe

Die Schönheit steht –
und oben im Applaus
gerinnt das Lächeln, Milch
in bloßen Schalen,
Gewittern ausgesetzt und der Zitrone,
zerdrückt mit Schwermut, fünf verbrauchten Fingern,
doch ohne Absicht, Aussicht auf Erfolg.

Ein Ausflug junger Mädchen im April,
mit Hälsen, die an Zugluft leiden.
Nun abgeschnitten diese Köpfe,
nur Säulen bleiben, die Akropolis.
Geflüchtet sind die Hüte, Kapitäle,
ein abgestanden Bier – die Schönheit dauert
in spitzen Schuhen, relevé.

So langsam springt das Glück,
den Sonntagsjägern deutlich.
Mit weißen Händen, so zerbrochnen Blumen,
daß man die Mühe, Kolophonium riecht.
Und Schweiß aus unentdeckten Höhlen,
und Tränen, Hysterie vorm Spiegel –
danach, in der gemütlichen Garderobe.

Nein, unerträglich ohne dich, Tabak,
ist dieser Blick in die gestellte Szene.
Denn was sich beugt und ausläuft, eine Uhr,
sich dreht und oben wimmeln Augen,
doch leergelöffelt, ohne Freundlichkeit,
den Vorglanz Nachher und die Hoffnung auf: Bis gleich.
Nur wieder Stand, die angewärmte Geste,
die erst bei dreißig Grad zum port de bras gefriert.

Wer löst denn diese Haltung ab,
und bricht der Venus unerlaubte,
der Arktis nachgelaßne Beine?
Wer nimmt den krustig alten Füßen
die bösen, spitzen Schuhe ab
und sagt zur Arabesk vorm Sterben:
O sei doch barfuß, nackt und tot.

Möbel im Freien

Wer warf die Gartenbank um?
Nun liegt sie da, grün und vergeblich,
stottert mit vier bewiesenen Beinen,
sucht den Beweis in der Luft.
Aufstellen wieder. Wieder wie vorher
unter dem Sommer sitzen und Kaffee
mit einer Tante trinken und Kekse,
Hostien brechen.

Nein, dieser Sommer ist pleite.
Die Tante nährt weiße Würmer,
die Kekse krümeln und passen
in keine ererbte Monstranz.
Auch trinkst du den Kaffee
zu heiß, halb im Weggehn,
flüchtig, mit sichernden Blicken
nach links, nach rechts und nach links.

Gartenbänke, die einmal gestürzt,
stehen nun ledig, kundig des Herbstes,
zwischen den nassen Stachelbeersträuchern,
vom Regen, Aufbruch, mitten im Satz,
vom Mond, der nie stillsitzt, bevölkert.

Blechmusik

Damals schliefen wir in einer Trompete.
Es war sehr still dort,
wir träumten von keinem Signal,
lagen, wie zum Beweis,
mit offenem Mund in der Schlucht –
damals, ehe wir ausgestoßen.

War es ein Kind, auf dem Kopf
einen Helm aus gelesener Zeitung,
war es ein irrer Husar,
der auf Befehl aus dem Bild trat,
war es schon damals der Tod,
der so seinen Stempel behauchte?

Heute, ich weiß nicht, wer uns geweckt hat,
vermummt als Blumen in Vasen
oder in Zuckerdosen,
von jedem bedroht, der Kaffee trinkt
und sein Gewissen befragt:
Ein oder zwei Stückchen oder gar drei.

Nun fliehen wir und mit uns unser Gepäck.
Alle halbleeren Tüten, jeden Trichter im Bier,
kaum verlassene Mäntel, stehengebliebene Uhren,
Gräber, die andre bezahlten,
und Frauen, die sehr wenig Zeit haben,
füllen wir kurzfristig aus.

In Schubladen voller Wäsche und Liebe,
in einem Ofen, der nein sagt
und nur seinen Standpunkt erwärmt,
in einem Telefon blieben unsere Ohren zurück
und hören, nun schon versöhnlich,
dem neuen Zeichen Besetzt zu.

Damals schliefen wir in einer Trompete.
Hin und zurück träumten wir,
Alleen gleichmäßig bepflanzt.
Auf ruhigem, endlosem Rücken
lagen wir jenem Gewölbe an
und träumten von keinem Signal.

GLEISDREIECK

Brandmauern

Ich grüße Berlin, indem ich
dreimal meine Stirn an eine
der Brandmauern dreimal schlage.

Makellos ausgesägte,
wirft sie den Schatten dorthin,
wo früher dein Grundstück stand.

Persil und sein Blau überlebten
auf einer Mauer nach Norden;
nun schneit es, was gar nichts beweist.

Schwarz ohne Brandmauerinschrift
kommt mir die Mauer entgegen,
blickt sie mir über die Schulter.

Ein einziger Schneeball haftet.
Ein Junge warf ihn, weil etwas
tief in dem Jungen los war.

Adebar

Einst stand hier vieles auf dem Halm,
und auf Kaminen standen Störche;
dem Leib entfiel das fünfte Kind.

Lang wußt ich nicht, daß es noch Störche gibt,
daß ein Kamin, der rauchlos ist,
den Störchen Fingerzeig bedeutet.

Tot die Fabrik, doch oben halbstark Störche;
sie sind der Rauch, der weiß mit roten Beinen
auf feuchten Wiesen niederschlägt.

Einst rauchte in Treblinka sonntags
viel Fleisch, das Adebar gesegnet,
ließ, Heißluft, einen Segelflieger steigen.

Das war in Polen, wo die Jungfrau
Maria steif auf Störchen reitet,
doch – wenn der Halm fällt – nach Ägypten flieht.

Kinderlied

Wer lacht hier, hat gelacht?
Hier hat sich's ausgelacht.
Wer hier lacht, macht Verdacht,
daß er aus Gründen lacht.

Wer weint hier, hat geweint?
Hier wird nicht mehr geweint.
Wer hier weint, der auch meint,
daß er aus Gründen weint.

Wer spricht hier, spricht und schweigt?
Wer schweigt, wird angezeigt.
Wer hier spricht, hat verschwiegen,
wo seine Gründe liegen.

Wer spielt hier, spielt im Sand?
Wer spielt, muß an die Wand,
hat sich beim Spiel die Hand
gründlich verspielt, verbrannt.

Wer stirbt hier, ist gestorben?
Wer stirbt, ist abgeworben.
Wer hier stirbt, unverdorben,
ist ohne Grund verstorben.

Gleisdreieck

Die Putzfraun ziehen von Ost nach West.
Nein Mann, bleib hier, was willst du drüben;
komm rüber Mann, was willst du hier.

Gleisdreieck, wo mit heißer Drüse
die Spinne, die die Gleise legt,
sich Wohnung nahm und Gleise legt.

In Brücken geht sie nahtlos über
und schlägt sich selber Nieten nach,
wenn, was ins Netz geht, Nieten lockert.

Wir fahren oft und zeigen Freunden,
hier liegt Gleisdreieck, steigen aus
und zählen mit den Fingern Gleise.

Die Weichen locken, Putzfraun ziehn,
das Schlußlicht meint mich, doch die Spinne
fängt Fliegen und läßt Putzfraun ziehn.

Wir starren gläubig in die Drüse
und lesen, was die Drüse schreibt:
Gleisdreieck, Sie verlassen sogleich

Gleisdreieck und den Westsektor.

Gesang der Brote im Backofen

Brot,
wo hört auf das Brot,
wo fängt an der Kuchen?

Und jener Bäcker,
der früher aufstehen muß als die Sonne,
machte für uns eine Hitze.

Und jener Bäcker,
der weiß ist und magenkrank,
machte uns mit seinen Fingern.

Und jener Bäcker,
dem der Mehlwurm das Haar nahm,
nahm uns auf hölzerne Schieber.

Und jener Bäcker,
der uns mit seinen Fingern gemacht hatte,
blieb draußen mit seinen Fingern.

Und jenem Bäcker,
der draußen blieb,
blieb ein Rest Sauerteig unterm Daumennagel.

Und jener Bäcker,
der nie gerne Brot aß,
meinte, er backe Brot.

Aber wir sind kein Brot,
Steine sind wir,
die durch Euch hindurchfallen.

Und jener Bäcker,
den wir ernähren,
lächelt – weswegen?

Freitag

Grüne Heringe,
in Zeitung gewickelt,
trug ich nach Hause.

Sonnig und frostig
war das Wetter.
Hausmeister streuten Sand.

Im Treppenhaus erst
begannen Heringe
die Zeitung zu durchnässen.

So mußte ich Zeitungspapier
von Heringen kratzen,
bevor ich Heringe ausnehmen konnte.

Schuppen sprangen
und lenkten mich ab,
weil Sonnenlicht in die Küche fiel.

Während ich Heringe ausnahm,
las ich in jener Tageszeitung,
die feucht und nicht neu war.

Sieben Heringe bargen Rogen,
voller Milch waren vier;
die Zeitung jedoch war an einem Dienstag erschienen.

Schlimm sah es in der Welt aus:
Kredite wurden verweigert.
Ich aber wälzte grüne Heringe in trockenem Mehl.

Als aber Heringe in der Pfanne erschraken,
wollte auch ich düster und freudlos
über die Pfanne hinwegsprechen.

Wer aber
mag grünen Heringen
vom Untergang predigen?

Anton

Ausgestreckt liegst du
auf deinen Brettern,
die niemand gehobelt hat.

Beide gehören
dem einen Wurm nur,
der schweigt oder pocht lautlos.

Unwiderlegbar
bildet die Spinne
auf dir einen rechten Winkel.

Nicht du zählst die Hufe,
dein Ohr, welches fremdgeht,
bewegt sich und zählt die Spechte.

Du, unaufmerksam,
mager und salzig
liegst unter rauhen Zungen.

Sie aber äsen,
höllische Ziegen,
die an karge Felder gewöhnt sind.

Bieten dir Euter,
protzen mit Zitzen,
doch du nimmst die Lippen zurück.

Siehst nicht die Fliege
in deinem Auge,
die ungesehen in deinem Auge ertrinkt.

Versuchung sind Tiere,
die du dir erfunden.
Fabelhaft sind sie und kommen näher.

Im Anschaun vermehrt sich
das Einhorn und weiß schon,
wer heute dem Einhorn ergeben sein wird.

Wandlung

Plötzlich waren die Kirschen da,
obgleich ich vergessen hatte,
daß es Kirschen gibt,
und verkünden ließ: Noch nie gab es Kirschen –
waren sie da, plötzlich und teuer.

Pflaumen fielen und trafen mich.
Doch wer da denkt,
ich wandelte mich,
weil etwas fiel und mich traf,
wurde noch nie von fallenden Pflaumen getroffen.

Erst als man Nüsse in meine Schuhe schüttete
und ich laufen mußte,
weil die Kinder die Kerne wollten,
schrie ich nach Kirschen, wollt ich von Pflaumen
getroffen werden – und wandelte mich ein wenig.

Klappstühle

Wie traurig sind diese Veränderungen.
Die Leute schrauben ihre Namenschilder ab,
nehmen den Topf mit dem Rotkohl,
wärmen ihn auf, anderen Ortes.

Was sind das für Möbel,
die für den Aufbruch werben?
Die Leute nehmen ihre Klappstühle
und wandern aus.

Mit Heimweh und Brechreiz beladene Schiffe
tragen patentierte Sitzgelegenheiten
und patentlose Besitzer
hin und her.

Auf beiden Seiten des großen Wassers
stehen nun Klappstühle;
wie traurig sind diese Veränderungen.

Kirschen

Wenn die Liebe auf Stelzen
über die Kieswege stochert
und in die Bäume reicht,
möchte auch ich gerne Kirschen
in Kirschen als Kirschen erkennen,

nicht mehr mit Armen zu kurz,
mit Leitern, denen es immer
an einer Sprosse mangelt,
von Fallobst leben, Kompott.

Süß und süßer, fast schwarz;
Amseln träumen so rot –
wer küßt hier wen,
wenn die Liebe
auf Stelzen in Bäume reicht.

Stapellauf

Wenn es die Möwe verlangt,
werde ich ein Schiff bauen,
werde beim Stapellauf
glücklich sein,
ein blendendes Hemd tragen,
vielleicht auch Sekt weinen
oder Schmierseife absondern,
ohne die es nicht geht.

Wer wird die Rede halten?
Wer kann vom Blatt lesen,
ohne zu erblinden?
Der Präsident?
Auf welchen Namen soll ich dich taufen?
Soll ich deinen Untergang ANNA nennen
oder COLUMBUS?

Die Ballade von der schwarzen Wolke

Im Sand,
den die Maurer gelassen hatten,
brütete eine Henne.

Von links,
von dort kam auch immer die Eisenbahn,
zog auf eine schwarze Wolke.

Makellos war die Henne
und hatte fleißig vom Kalk gegessen,
den gleichfalls die Maurer gelassen hatten.

Die Wolke aber nährte sich selber,
ging von sich aus
und blieb dennoch geballt.

Ernst und behutsam
ist das Verhältnis
zwischen der Henne und ihren Eiern.

Als die schwarze Wolke
über der makellosen Henne stand,
verhielt sie, wie Wolken verhalten.

Doch es verhielt auch die Henne,
wie Hennen verhalten,
wenn über ihnen Wolken verhalten.

Dieses Verhältnis aber
bemerkte ich,
der ich hinter dem Schuppen der Maurer stand.

Nein, fuhr kein Blitz
aus der Wolke
und reichte der Henne die Hand.

Kein Habicht nicht,
der aus der Wolke
in makellos Federn fiel.

Von links nach rechts,
wie es die Eisenbahn tat,
zog hin die Wolke, verkleinerte sich.

Und niemand wird jemals gewiß sein,
was jenen vier Eiern
unter der Henne, unter der Wolke,

im Sand der Maurer geschah.

Lamento bei Regen

Trommeln stehen im Regen,
Eimer, wer hielt das Blech
dem Regen hin, daß die Trommel
bodenlos leerläuft, der Eimer
überläuft, aussagt;
niemals verweigert der Regen,
wenns regnet, den Blechtrommelvers:
  Du solltest dich nicht so erregen,
  es regnet nicht deinetwegen.
Aale regnet es strichweis
von einem Fluß in den andern,
an beiden aalreichen Flüssen
stehen die Tafeln, verbieten
den Regen nicht, doch den Köder;
und umgekehrt wie sich Regen
umgekehrt liest, heißt der Text:
  Sie sollten sich nicht so erregen,
  es regnet nicht ihretwegen.
Niederschlag heißt hier Regen,
Farbbänder, farblos gelockt,
aus Schreibmaschinen der Nachlaß
zu früh verstorbner Poeten,
die hundert hellblonden Hymnen,
dazwischen endlos Lamento;
getippt und kopiert ist der Text:
  Wir sollten uns nicht so erregen,
  es regnet nicht unseretwegen.
Hält ihren Kopf in den Regen,
die Frau ohne Schirm steht im Regen
und schreit, weil aus bodenlos Eimern,
weil strichweis Aal ohne Köder,
weil Farbbänder farblos, schreit sie,
bis schweinsledern Polizisten
kommen, schweinsledern verkünden:

Ihr sollt euch nicht so erregen,
es regnet nicht euretwegen.
Nun regnet es auch im Kino,
der Regen auf Spulen läuft ab,
der Film, der die Leinwand durchnäßte
mit Liebe, trennendem Flimmern,
er reißt nicht, sondern sie küssen
sich flüsternd in Pelerinen
und flüstern auf Breitwand und flüstern:
Geliebte, erregt dich der Regen,
es regnet nur unseretwegen.

Inventar oder die Ballade von der zerbrochenen Vase

Wir wollen uns wieder vertragen,
das Bett zum Abschied zerschlagen;
du hast zwar die Vase zerbrochen,
doch ich hab zuerst dran gerochen –
so kommt unser Glück in die Wochen.

Vom Fenstersims rollen die Augen,
ein Buch zerfällt im Spagat;
von Seite zu Seite böser
verlangen die Brillengläser
Andacht und sündige Leser.

Der Schrank springt auf und erbricht
die Hüte, erwürgte Krawatten,
die Hemden, wechselnde Haut,
auch Hosen mit brauchbarem Schlitz;
ein Bein ist des anderen Witz.

Das Bild will zurück in die Heide,
die Ansichtspostkarte nach Rom,
der Koks möchte schwarz sein nicht rot;
im Ofenrohr krümmt sich der Tod,
weil ihm der Erstickungstod droht.

Wer Zähne putzt, kann nicht beichten,
wer beichtet, riecht aus dem Mund
und hält die Hand vor, spricht leise:
Das Streichholz war meine Idee,
auch nehme ich Zucker zum Tee.

Der Tisch, nun zur Ruhe gekommen,
vier Stühle treten sich tot,
die Flasche schnappt nach dem Korken,

der Korken hält dicht und hält still;
ein Korken macht, was er will.

Der Montag kommt wie die Regel:
des Sonntags peinlicher Rest
in alte Zeitung gewickelt;
wir trugen das Päckchen nach Hause,
ein jeder des anderen Pause.

Jetzt wollen wir alles verkaufen,
das Haus mit Inventar,
den Schall der süßen Nachtigall
aus gelben Tapeten befreien,
dem Schrank seinen Inhalt verzeihen.

Wir haben uns wieder vertragen,
das Bett zum Abschied zerschlagen;
du hast zwar die Vase zerbrochen,
doch ich hab zuerst dran gerochen –
so kam unser Glück in die Wochen.

Im Ei

Wir leben im Ei.
Die Innenseite der Schale
haben wir mit unanständigen Zeichnungen
und den Vornamen unserer Feinde bekritzelt.
Wir werden gebrütet.

Wer uns auch brütet,
unseren Bleistift brütet er mit.
Ausgeschlüpft eines Tages,
werden wir uns sofort
ein Bildnis des Brütenden machen.

Wir nehmen an, daß wir gebrütet werden.
Wir stellen uns ein gutmütiges Geflügel vor
und schreiben Schulaufsätze
über Farbe und Rasse
der uns brütenden Henne.

Wann schlüpfen wir aus?
Unsere Propheten im Ei
streiten sich für mittelmäßige Bezahlung
über die Dauer der Brutzeit.
Sie nehmen einen Tag X an.

Aus Langeweile und echtem Bedürfnis
haben wir Brutkästen erfunden.
Wir sorgen uns sehr um unseren Nachwuchs im Ei.
Gerne würden wir jener, die über uns wacht,
unser Patent empfehlen.

Wir aber haben ein Dach überm Kopf.
Senile Küken,
Embryos mit Sprachkenntnissen
reden den ganzen Tag
und besprechen noch ihre Träume.

Und wenn wir nun nicht gebrütet werden?
Wenn diese Schale niemals ein Loch bekommt?
Wenn unser Horizont nur der Horizont
unserer Kritzeleien ist und auch bleiben wird?
Wir hoffen, daß wir gebrütet werden.

Wenn wir auch nur noch vom Brüten reden,
bleibt doch zu befürchten, daß jemand,
außerhalb unserer Schale, Hunger verspürt,
uns in die Pfanne haut und mit Salz bestreut. –
Was machen wir dann, ihr Brüder im Ei?

Die Vogelscheuchen

Ich weiß nicht, ob man Erde kaufen kann,
ob es genügt, wenn man vier Pfähle,
mit etwas Rost dazwischen und Gestrüpp,
im Sand verscharrt und Garten dazu sagt.

Ich weiß nicht, was die Stare denken.
Sie flattern manchmal auf, zerstäuben,
besprenkeln meinen Nachmittag,
tun so, als könnte man sie scheuchen,
als seien Vogelscheuchen Vogelscheuchen
und Luftgewehre hinter den Gardinen
und Katzen in der Bohnensaat.

Ich weiß nicht, was die alten Jacken
und Hosentaschen von uns wissen.
Ich weiß nicht, was in Hüten brütet,
welchen Gedanken was entschlüpft
und flügge wird und läßt sich nicht verscheuchen;
von Vogelscheuchen werden wir behütet.

Sind Vogelscheuchen Säugetiere?
Es sieht so aus, als ob sie sich vermehren,
indem sie nachts die Hüte tauschen:
schon stehn in meinem Garten drei,
verneigen sich und winken höflich
und drehen sich und zwinkern mit der Sonne
und reden, reden zum Salat.

Ich weiß nicht, ob mein Gartenzaun
mich einsperren, mich aussperrn will.
Ich weiß nicht, was das Unkraut will,
weiß nicht, was jene Blattlaus will bedeuten,
weiß nicht, ob alte Jacken, alte Hosen,
wenn sie mit Löffeln in den Dosen

rostig und blechern windwärts läuten,
zur Vesper, ob zum Ave läuten,
zum Aufstand aller Vogelscheuchen läuten.

Der Dichter

Böse,
wie nur eine Sütterlinschrift böse sein kann,
verbreitet er sich auf liniertem Papier.
Alle Kinder können ihn lesen
und laufen davon
und erzählen es den Kaninchen,
und die Kaninchen sterben, sterben aus –
für wen noch Tinte, wenn es keine Kaninchen mehr gibt!

Normandie

Die Bunker am Strand
können ihren Beton nicht loswerden.
Manchmal kommt ein halbtoter General
und streichelt Schießscharten.
Oder es wohnen Touristen
für fünf verquälte Minuten –
Wind, Sand, Papier und Urin:
Immer ist Invasion.

Die Seeschlacht

Ein amerikanischer Flugzeugträger
und eine gotische Kathedrale
versenkten sich
mitten im Stillen Ozean
gegenseitig.
Bis zum Schluß
spielte der junge Vikar auf der Orgel. –
Nun hängen Flugzeuge und Engel in der Luft
und können nicht landen.

Pünktlich

Eine Etage tiefer
schlägt eine junge Frau
jede halbe Stunde
ihr Kind.
Deshalb
habe ich meine Uhr verkauft
und verlasse mich ganz
auf die strenge Hand
unter mir,
die gezählten Zigaretten
neben mir;
meine Zeit ist geregelt.

Aus dem Alltag der Puppe Nana

Die Uhr

Die Puppe spielt mit den Minuten,
doch niemand spielt mehr mit der Puppe –
es sei denn, daß die Uhr drei Schritte macht
und Nana sagt: Nana Nana Nana …

Die Frisur

Die Puppe spielt mit dem Regen,
sie flicht ihn, sie hängt ihn sich, Zöpfe, ums Ohr
und holt aus dem Kästchen den Kamm hervor
und kämmt mit dem Kamm den Regen.

Bei Vollmond

Die Puppe wacht, die Kinder schlafen,
der Mond, verwickelt in Gardinen,
die Puppe hilft und rückt an den Gardinen,
der Mond verdrückt sich und die Puppe wacht.

Schwüler Tag

Die Puppe bekam einen Zollstock geschenkt,
der war gelb, und so spielt sie Gewitter.
Sie knickte den Meter, dem Blitz glich er sehr –
nur donnern, das fiel der Puppe sehr schwer.

Die Tollwut

Die Puppe fand einen ledigen Zahn,
den legte sie in ein Glas.
Da sprang das Glas, der Zahn wieder frei
biß einem Stuhl die Waden entzwei.

Schicksal

Die Puppe spielt mit der Spinne,
die Spinne spielt Jojo.
Die Puppe greift nach dem Faden, das könnte uns allen schaden,
so viel hängt an dem Faden.

Frühling

Die Puppe freut sich, Zelluloid,
es tropft vom Dach auf ihren Kopf
und macht ein Loch –
die Puppe freut sich, Zelluloid.

Herbst

Die Puppe spielt mit den Prozenten,
der Kurs, die Pappel zittert.
Die Blätter, bunte Scheine fallen ab,
die deutsche Mark verwittert.

Im Zoo

Die Puppe ging in den Zoo
und sah der Eule ins Auge.
Seitdem hat die Puppe Mäuse im Blick
und wünscht sich in Voreulenzeiten zurück.

Das lange Lied

Die Puppe singt die Tapete.
Doch weil die Tapete so viele Strophen hat,
wird die Puppe bald heiser sein. –
Wer wird die Tapete zu Ende singen?

Vorsichtige Liebe

Die Puppe saß unter dem Bett der Eltern und hörte alles.
Als sie es mit dem Schaukelpferd gleichtun wollte,
sagte sie zwischendurch immer wieder:
Paß aber auf, hörst du, paß aber auf.

Schlechte Schützen

Die Puppe wurde auf ein Brett genagelt
und mit Pfeilen beworfen.
Doch kein Pfeil traf,
weil die Puppe schielte.

Der Torso

Die Puppe hatte keine Arme mehr,
und als auch die Beine auswanderten,
überlegte sie lange, ob sie im Lande bleiben sollte. –
Sie blieb und sagte: Es geht doch nichts über Europa.

Wachstum

Die Puppe wächst und übersieht die Schränke.
Die Bälle springen, doch die Puppe lacht
von oben, und die Kinder staunen unten
und hätten das von ihrer Puppe nie gedacht.

Die letzte Predigt

Die Puppe spricht, die müden Automaten
verstummen und rappeln nicht mehr Pfefferminz;
die Häuser fallen schwer aufs Knie
und werden fromm – nur weil die Puppe spricht.

Nachmittag

Die Puppe fiel in den Tee,
zerging wie der Zucker im Tee –
und die ihn tranken, entpuppten sich,
bis einer des anderen Puppe glich.

In Memoriam

Die Puppe kostete zwei Mark und zehn –
für diesen Preis schien sie uns schön.
Selbst solltet ihr schönere Puppen sehn,
so kosten sie mehr als zwei Mark und zehn.

Aus himmlischen Töpfen

Wer hat dieses Spielchen ausgedacht?
Die Köche springen in den Hof,
erschrecken die Nonnen
oder auf Treppen fassen sie zu,
im Keller, im Speicher,
auf Gängen atemlos,
Hände behaart,
mit Löffeln schlagen sie
und rühren auf,
was gerade sich setzte,
und schöpfen ab, was ihm galt –
dem Bräutigam.

Theater

Köche, Nonnen und Vögel,
dann Wind aus der Kulisse,
und ganz am Anfang bricht ein Glas,
daß Scherben noch genug sind, wenn am Ende
die Nonnen flüchten – Kurs Südost. –
Auch Vögel kommen meistens in den Himmel,
weil sie den Köchen und dem Wind
an Federn überlegen sind.

Vorsicht

Ergingen Nonnen sich am Strand
und hielten mit gewaschnen Händen
schwarz Regenschirme,
daß die Hitze
nicht Einfalt bräune. –

Kleine Füße traten Muscheln,
daß kein Ohr sei,
wenn Agneta, die Novize, sich verspräche,
was oft vorkommt.

Keine Taube

Es begegneten sich eine Möwe
und eine Nonne.
Und die Möwe
hackte der Nonne die Augen aus.
Die Nonne aber hob ihren Schleier,
lud wie Maria den Wind ein,
segelte blind und davon. –
Blieb der katholische Strand,
glaubte an blendende Segel,
Muschel rief Muschel ins Ohr:
Geliebte im Herrn und am Strand,
erschien ihr der heilige Geist
auch nicht in Gestalt einer Taube,
so schlug er doch weiß, daß ich glaube.

Die Nonnen

Sie sind nur für den Wind gemacht.
Sie segeln immer, ohne auch zu loten.
Was ihnen himmlisch Bräutigam,
heißt andernorts Klabautermann.
Ich sah einst Nonnen,
eine ganze Flotte.
Sie wehten fort zum Horizont.
Ein schöner Tag, ein Segeltag,
tags drauf Trafalgar, die Armada sank.
Was wußte Nelson schon von Nonnen.

Falada

Genagelt die gelockte Mähne,
windstill vergoldet, Ohren steif:
Faladas Haupt, Falada schweigt.

Blut tropft auf meines Metzgers Marmor,
gerinnt auf Fliesen, Sägemehl
saugt Blut auf aus Faladas Fleisch.

Das Fleisch sei abgehangen, kein Galopp,
kein Traben mehr, der Sattel sei vergessen,
verspricht der Metzger, doch Falada schweigt.

Blauschwarz rasiert die Wangen, zwinkert,
muß montags seine Schürze wechseln,
die hart ward von Faladas Fleisch.

Sein Messer, das die Poren schließt,
die Waage, die nur das Gewicht,
doch keinen Namen nennt – Falada schweigt.

Ich kauf mich los, an kalten Haken
hängt mehr, als ich bezahlen kann;
zehn Hunde draußen, weil Faladas Fleisch ...

Genagelt die gelockte Mähne,
windstill vergoldet, Ohren steif:
Faladas Haupt, Falada schweigt.

Pan Kiehot

Ich sag es immer, Polen sind begabt.
Sind zu begabt, wozu begabt,
begabt mit Händen, küssen mit dem Mund,
begabt auch darin: Schwermut, Kavallerie;
kam Don Quichotte, ein hochbegabter Pole,
der stand bei Kutno auf dem Hügel,
hielt hinter sich das Abendrot
und senkte die weißrotbegabte Lanze
und ritt den unbegabten Tieren,
die auf Motore angewiesen,
direkt ins Feldgrau, in die Flanke ...

Da brach begabt, da küßten unbegabt
– ich weiß nicht, war'n es Schafe Mühlen Panzer –,
die küßten Pan Kiehot die Hände,
der schämte sich, errötete begabt;
mir fällt kein Wort ein – Polen sind begabt.

Askese

Die Katze spricht.
Was spricht die Katze denn?
Du sollst mit einem spitzen Blei
die Bräute und den Schnee schattieren,
du sollst die graue Farbe lieben,
unter bewölktem Himmel sein.

Die Katze spricht.
Was spricht die Katze denn?
Du sollst dich mit dem Abendblatt,
in Sacktuch wie Kartoffeln kleiden
und diesen Anzug immer wieder wenden
und nie in neuem Anzug sein.

Die Katze spricht.
Was spricht die Katze denn?
Du solltest die Marine streichen,
die Kirschen, Mohn und Nasenbluten,
auch jene Fahne sollst du streichen
und Asche auf Geranien streun.

Du sollst, so spricht die Katze weiter,
nur noch von Nieren, Milz und Leber,
von atemloser saurer Lunge,
vom Seich der Nieren, ungewässert,
von alter Milz und zäher Leber,
aus grauem Topf: so sollst du leben.

Und an die Wand, wo früher pausenlos
das grüne Bild das Grüne wiederkäute,
sollst du mit deinem spitzen Blei
Askese schreiben, schreib: Askese.
So spricht die Katze: Schreib Askese.

Racine lässt sein Wappen ändern

Ein heraldischer Schwan
und eine heraldische Ratte
bilden – oben der Schwan,
darunter die Ratte –
das Wappen des Herrn Racine.

Oft sinnt Racine
über dem Wappen und lächelt,
als wüßte er Antwort,
wenn Freunde nach seinem Schwan fragen,
aber die Ratte meinen.

Es steht Racine
einem Teich daneben
und ist auf Verse aus,
die er kühl und gemessen
mittels Mondlicht und Wasserspiegel verfertigen kann.

Schwäne schlafen
dort, wo es seicht ist,
und Racine begreift jenen Teil seines Wappens,
welcher weiß ist
und der Schönheit als Kopfkissen dient.

Es schläft aber die Ratte nicht,
ist eine Wasserratte
und nagt, wie Wasserratten es tun,
von unten mit Zähnen
den schlafenden Schwan an.

Auf schreit der Schwan,
das Wasser reißt,
Mondlicht verarmt und Racine beschließt,
nach Hause zu gehen,
sein Wappen zu ändern.

Fort streicht er die heraldische Ratte.
Die aber hört nicht auf, seinem Wappen zu fehlen.
Weiß stumm und rattenlos
wird der Schwan seinen Einsatz verschlafen –
Racine entsagt dem Theater.

Sonntagsjäger

Schnepfen gehen sie schießen,
tragen in farblosen Tüten
Inhalt,
in Tüten verständlich,
und langsam fettet er durch.

Mürrisch, so heißt der Hund
und hört nicht darauf.
Warum nun die Schnepfe,
die sie getroffen in ihren Inhalt,
auch mürrisch und fettet auch durch?

Farblos mürrisch die Schnepfe.
Mürrisch der Hund, der so heißt
und hört nicht darauf. –
Mürrisch rufen sie mürrisch.
Schnepfen gingen sie schießen.

Geflügel auf dem Zentralfriedhof

Meine Hühner lachen nicht.
Kaum unterscheidet sich ihr Gerüst
vom Efeu und anderen Kletterpflanzen,
dazwischen ein Grabstein
immer denselben Namen
Silbe um Silbe flüstert,
wie Kinder ein schweres Gedicht . . .

Meine Hühner lachen nicht,
messen die Vierecke aus,
ordnen verflossene Schleifen,
stehen, Portale zwischen den Gräbern,
der Kundschaft entgegen,
der schwarzen, sich räuspernden Raupe,
die zögernd, den Hut in der Hand,
das Kästchen bringt voller kaltem
witzlosem Fleisch für die Hühner.

Seht Ihr den Hahn
auf dem Spaten in lockerer Erde?
Manchmal singt er und hackt
bronzene Späne vom Glöckchen.
Draußen hinter den Ulmen,
im Gasthaus zur Pietät,
taucht der Humor seinen Finger
in ein Glas Bier und rührt und rührt . . .

Meine Hühner lachen nicht.

Goethe oder eine Warnung an das Nationaltheater zu Mannheim

Ich fürchte Menschen,
die nach englischem Pfeifentabak riechen.
Ihre Stichworte stechen nicht,
sondern werden gesendet,
wenn ich schon schlafe.

Wie fürchte ich mich,
wenn sie aus Frankfurt kommen,
ihren Tabak mitbringen,
meine Frau betrachten
und zärtlich von Büchern sprechen.

Furcht, Pfeifenraucher
werden mich fragen,
was Goethe wo sagte,
wie das, was er meinte,
heut und in Zukunft verstanden sein will.

Ich aber, wenn ich nun meine Furcht verlöre,
wenn ich mein großes Buch,
das da neunhundert Seiten zählt
und den großen Brand beschreibt,
vor ihren Pfeifen aufschlüge?

Furcht, fängt mein Buch an,
bestimmte Herrn Goethe,
als er mit Vorsatz und Lunte
Weimars Theater in Flammen
aufgehen ließ –

wie ja schon Nero auch Shakespeare
Brandstifter waren und Dichter.

Der Vater

Wenn es in der Heizung pocht,
schauen ihn die Kinder an,
weil es in der Heizung pocht.

Wenn die Uhr schlägt und Bauklötze
stürzen, schaun die Kinder,
weil die Uhr, den Vater an.

Wenn die Milch gerinnt und säuert,
strafen unverrückbar Blicke,
weil sein Blick die Milch gesäuert.

Wenn es scharf nach Kurzschluß riecht,
schaun im Dunkeln alle Kinder
ihn an, weil's nach Kurzschluß riecht.

Erst wenn seine Kinder schlafen,
blickt der Vater in den Spiegel,
weil er noch nicht schlafen kann.

Vom Hörensagen

Mit meinem Ohr habe ich heute
viermal die Feuerwehr gehört.
Ich saß am Tisch mit meinem Ohr
und sagte:
Schon wieder die Feuerwehr.

Ich hätte auch sagen können:
Der große Tütenverbrauch.
Oder:
Die Schuhe müssen zum Schuster.
Oder:
Morgen ist Samstag.
Ich sagte aber:
Schon wieder die Feuerwehr;

doch wer mich richtig verstand,
weiß,
daß ich den Tütenverbrauch,
den Weg der Schuhe zum Schuster,
den Samstag meinte,
das Wochenende.

Abgelagert

Als das Eis zurückging
– sagte der Lehrer –
blieben Felsbrocken liegen,
damit wir von Felsbrocken lernen können.

Beim Einzug in neue Wohnungen
finden wir Spuren
der letzten Mieter:
Haarnadeln und Rasierklingen.

Wenn der Zirkus fortzieht,
suchen die Kinder im gelben Gras
nach Pfennigen
und finden Pfennige.

Meine eben noch frische Hand
weilte zu lange bei dir.
Da sie zurückkommt,
bringt sie mir Staub mit.

Asche, wer immer wünschte,
in allen vier Winden zu sein,
lagerte dennoch auf Schallplatten ab,
die von abgelagerter Musik rund sind.

Was ich beschreiben werde,
es kann nur den Knopf meinen,
der bei Dünkirchen liegenblieb,
nie den Soldaten, der knopflos davonkam.

Zugefroren

Als es kälter wurde,
das Lachen hinter den Scheiben blieb,
nur noch als Päckchen und Brief
zweimal am Tage ins Haus kam,
als es kälter wurde,
rückte das Wasser zusammen.

Wer etwas versenken wollte,
der Dichter vielleicht einen Hammer,
der Mörder drei mittlere Koffer,
der Mond ein Pfund weißen Käse,
wer etwas versenken wollte,
stand vor verriegeltem Teich.

Kein Lot gab mehr Antwort,
kein Stein, der durchfiel,
grünschielende Flaschen lagen dem Eis an,
bodenlos und vergeblich rollte der Eimer,
kein Lot gab mehr Antwort,
und alle vergaßen, wie tief.

Wer Glas zerbricht,
die Jungfrau nicht schon am Sitzen erkennt,
wer hinter dem Spiegel ein Ei aufstellt
und vor dem Spiegel die Henne,
wer Glas zerbricht,
weiß immer noch nicht, was der Frost verbirgt.

Die Gardinenpredigt

Die aus den Beichtstühlen klettern:
halbverbrauchte Athleten,
draußen vor dem Portal
schnappen sie wieder nach Luft,
wollen
– als wäre das üblich –
mit einer Sonne boxen
oder den Regen verbiegen.

Doch süßer als Bier,
teurer als kleine gefüllte Frauen,
sterblicher noch als Tabak
ist es, den Urlaub,
die wenigen gottlosen Tage
bei den Gardinen,
im Garten Tüll
zu verbringen.

Langstreckenläufer
ruhen hier aus,
finden in jeder mystischen Masche
Trost und Verzeihen;
so jene Fliege von gestern,
trocken, ohne Begehren,
hält nur noch still:
ein neuer Anteil Gardine.

Dann und wann Mücken,
nahe Verwandte der Engel,
ein Wort,
das dem Radio entrinnt,
vom Wasserstand spricht und vom Wetter,
vom nahen Hurrikan ROSA,
der sich uns nähert und nähert,
doch immer noch weit ist, weit weg.

Sagt nicht: O Gott
– das gilt hier nicht – sagt:
Heiliger billiger Vorhang,
süße welke Gardine,
du hast den Honig erfunden,
die gaumenlos Freude der Irren,
die frühen Laute Perlmutter –
nimm mich nun auf.

Wer wollte Erlösung,
rief nach dem Arzt oder nach Milch?
Nun kommen sie: Priester und Ambulanzen,
Krankenschwestern und Nonnen.
Mit Sprüchen und Karbol,
mit Orgel und Äther,
mit Brillen und Latein vermessen sie mein Jenseits,
verbrennen sie meine Gardinen.

Frost und Gebiss

Mit blauen Wangen, im kurzen Hemdchen,
der Atem ein Shawl, für wen gestrickt?
Mit bloßen Füßen über die Fliesen,
auf denen der Husten, das Einbein hüpft,
darüber die Orgel weht,
eisige Klingel, kein Amen.

Ein Credo leidet am Schüttelfrost.
Im Miserere bibbert das R.
Ein Schwein, nun auferstanden in Sülze,
zittert klappert,
weil noch zwei Zähne einander finden,
tief im Gelee.

Maschinengewehre liegen im Bett,
können nicht schlafen,
tasten mit knöchernen Salven
die Nacht und die Rollbahn zum Traum ab,
stellen ihn an die Wand,
den bleichen verurteilten Morgen.

Ein Schutzblech hat sich gelöst:
Frost und Gebiß, Deckel und Topf,
die Uhr kotzt in den Eimer,
der Eimer wird nie satt;
Zähneklappern, so heißt
das erste und letzte Gedicht.

Zwischen Marathon und Athen

Die Henne wohnt auf leisen Eiern
und brütet über Start und Ziel.
Die Sonne läuft, besetzt ist die Tribüne
im Schatten, doch die Sonne läuft.

Von Rot verfolgt, um Mittag ohne Schuhe,
durch ein Spalier Konservendosen,
aus denen Löffel Beifall kratzen –
den ersten Rost und letztes Fett.

Vorbei an einem Bündel Präsidenten
mit Gattinnen in Pergament,
drauf Glückwünsche, zart steil geschrieben;
Wir freuen uns – Wir freuen uns …

Worauf denn? Glaubt wer noch an Siege?
An einen Boten, der auf halbgeschmolznen Beinen
ans Ziel kommt, seinem Kanzler stottert:
Sieg, Bonn war eine Messe wert!

Die Strecke stottert Fahnenmaste,
die Fahnen stottern und der Wind;
nur eine Schnecke spricht normal
und überrundet Zatopek.

Diana – oder die Gegenstände

Wenn sie mit rechter Hand
über die rechte Schulter in ihren Köcher greift,
stellt sie das linke Bein vor.

Als sie mich traf,
traf ihr Gegenstand meine Seele,
die ihr wie ein Gegenstand ist.

Zumeist sind es ruhende Gegenstände,
an denen sich montags
mein Knie aufschlägt.

Sie aber, mit ihrem Jagdschein,
läßt sich nur laufend
und zwischen Hunden fotografieren.

Wenn sie ja sagt und trifft,
trifft sie die Gegenstände der Natur
aber auch ausgestopfte.

Immer lehnte ich ab,
von einer schattenlosen Idee
meinen schattenwerfenden Körper verletzen zu lassen.

Doch du, Diana,
mit deinem Bogen
bist mir gegenständlich und haftbar.

Nebel

Nichtschwimmer schwimmen,
und der Grimassenschneider
schneidet nun nicht mehr,
läßt ruhen sein Antlitz.

Den Raucher umgehen ist leicht;
doch wer die Zunge kaut
und sich kaum ausdrückt,
wird seinen Hut ziehen müssen.

Auch Überraschungen:
Wo früher die Oper still stand,
wächst mit erkälteten Lichtern
das Schiff Titanic.

Der Zeitungsausrufer
gibt es nicht auf:
Wer mag im Nebel lesen,
was alles der Nebel verursacht?

In eigener Sache

Man sagt:
Er will den Hähnen die Zukunft nehmen.
Er geht den Hühnern nach,
als gehe es darum, das Ei zu verbessern.

Man sagt:
Er glaubt an Geflügel.
Der Heilige Geist grüßt ihn
in Gestalt einer Henne.

Das alles ist üble Nachrede,
und Wahrheit schreibt so:
Manchmal quält mich der Zahnschmerz,
dann geht es mir wieder besser;

besonders an Sonntagen
wird mir gewiß,
daß solch ein Hinweis
auch Freude bereiten kann.

Später erst,
wenn dieses Gebiß
nicht mehr den einen Nerv betont,
kaue ich Kummer

und sehe den Amseln zu
– es müssen nicht Hühner
und Hähne sein –,
bis daß mir schwarz wird vor Augen.

Zugluft

Während sich mein Auge tagsüber
an den neunundvierzig Gucklöchern,
die ich tagsüber zu bedienen habe,
heftig entzündet, entzündet sich nachts,
vor den restlichen sieben Gucklöchern, mein Herz.

Ich habe alles verkauft.
Die Leute stiegen vier Treppen hoch,
klingelten zweimal, atemlos
und zahlten mir auf den Fußboden,
weil der Tisch schon verkauft war.

Während ich alles verkaufte,
enteigneten sie fünf oder sechs Straßen weiter
die besitzanzeigenden Fürwörter
und sägten den kleinen harmlosen Männern
den Schatten ab, den privaten.

Ich habe alles verkauft.
Bei mir ist nichts mehr zu holen.
Selbst meinen letzten winzigsten Genitiv,
den ich von früher her anhänglich aufbewahrte,
habe ich günstig verkaufen können.

Alles habe ich verkauft.
Den Stühlen machte ich Beine,
dem Schrank sprach ich das Recht ab,
die Betten stellte ich bloß –
ich legte mich wunschlos daneben.

Am Ende war alles verkauft.
Die Hemden kragen- und hoffnungslos,
die Hosen wußten zuviel,
einem rohen blutjungen Kotelett
schenkte ich meine Bratpfanne

und gleichfalls mein restliches Salz.

Kurzschluss

In jedem Zimmer, auch in der Küche, machte ich Licht.
Die Nachbarn sagten: Ein festliches Haus.
Ich aber war ganz alleine mit meiner Beleuchtung,
bis es nach durchgebrannten Sicherungen roch.

Narziss

Vogelfrei bin ich, flieg aber nicht;
denn so frei bin ich:
spiele mit einem einzigen Finger,
laß ruhen den Rest,
der längst ermüdet
von zuviel Vogel und Vogelfreisein.

Leichtfertig bin ich: Blut,
was ist Blut
gegen die saftlose Hand einer Puppe?
Sonntags lecke ich sie,
wie andere
montags mein Blut lecken möchten.

Gutmütig bin ich, dulde seit Wochen
den armen Verwandten in meiner Küche,
koche ihm Linsen
und weise zurück,
was er zu bieten noch hat:
sein bißchen Erstgeburt gegen Linsen.

Verliebt, ja das bin ich,
kaufte mir Schuhe mit narbigen Sohlen,
lauf durch den Schnee:
gutmütig bin ich, leichtfertig bin ich,
vogelfrei bin ich, verliebt, ja das bin ich
in meine Spuren im Schnee.

Überfluss

Überall stehen volle Flaschen.
Ich fürchte den Herrn, der den Korken befiehlt,
der mit Korkenziehern im Sinn umhergeht,
der den Sirup auf Flaschen zog
und nichts zwischen uns und den Überfluß setzte
als Korken.

Kleine Aufforderung zum grossen Mundaufmachen – oder der Wasserspeier spricht

Wer jene Fäulnis,
die lange hinter der Zahnpaste lebte,
freigeben, ausatmen will,
muß seinen Mund aufmachen.

Wir wollen nun den Mund aufmachen,
die schlimmen Goldzähne,
die wir den Toten brachen und pflückten,
auf Ämtern abliefern.

Um dicke Väter
– jetzt, da auch wir schon Väter und immer dicker –
absetzen und ausspeien zu können,
muß man den Mund aufmachen;

wie unsere Kinder bei Zeiten
den Mund aufmachen, die große Fäulnis,
die schlimmen Goldzähne, die dicken Väter
ausspeien werden, absetzen werden.

Drei Wochen später

Als ich von einer Reise zurückkehrte
und meine Wohnung aufschloß,
stand auf dem Tisch jener Aschenbecher,
den ich auszuleeren versäumt hatte. –
So etwas läßt sich nicht nachholen.

Der Ball

Rollt schläfrig ohne Wimpernzucken,
schläft unterm Schrank und wird geweckt,
schläft wieder ein; das macht mich müde.

Weil er so rund ist, werd ich eckig
und stoße mich und stoße ihn,
das läßt ihn rollen, bis er einschläft.

Ich aber kann nicht sitzen bleiben
und Zeuge runden Schlafes sein;
erst wenn er wach wird, schlaf ich ein.

Nur deshalb nahm ich jene Nadel,
mit der mich meine Frau bestrickt;
ich sah ihn schlafen, nahm die Nadel.

Nun weinen meine Söhne beide,
auch meine Frau ging in die Küche.
Ich saug den Ball aus, der erschlafft.

Auf weissem Papier

Möbel in einen entleerten
heisergebrüllten Raum schieben
und nicht mehr ein Stühlchen verrücken.
Hühner an einem windigen Dreieck
anbinden und Futter streuen:
Dieses Körnchen Geometrie,
daran die Eier gesunden.

Auf weißem hellwachem Papier
in die Irre gehen
oder das Plätzchen finden,
da sonntags der Angler sitzt
mit dem unvermeidlichen Köder:
Anmut, Geld, Glück bei den Frauen,
eine Verabredung pünktlich
auf weißem Papier.

Glück

Ein leerer Autobus
stürzt durch die ausgesternte Nacht.
Vielleicht singt sein Chauffeur
und ist glücklich dabei.

Köche und Löffel

Und manche sagen: Koch ist Koch.
Neu, frischgewaschen und gestärkt,
im Schneefall und vor heller Wand
bleiben die Köche unbemerkt,
und nur der Löffel in der Hand
rührt uns, läßt niemanden vergessen:
Die Köche geben uns zu essen.

Wir sollten nicht von Suppen sprechen
– der Suppenkohl kann nicht dafür –
denn Hunger heißt nur, Vorwand für ein Bier,
und Überdruß leckt jedem Löffel Flächen
und sitzt und zählt die Schritte bis zur Tür.

Die Puppen überleben sich,
der Hahn stirbt vor dem Koch
und kräht woanders, dennoch zittern
in dieser Stadt manchmal die Scheiben.
Die Puppen überleben sich,
der Hahn stirbt vor dem Koch.

Es liegt am Fleisch, der Koch lebt nur im Geist.
Die Zeit vergeht, das Rindfleisch wird nicht weich,
wird später, wird im Schlaf noch dauern,
wird zwischen deinen Zähnen kauern;
es liegt am Fleisch, der Koch lebt nur im Geist.

Sie legten beide, jeder legte sich,
sie legten sich zusammen in den Löffel,
nur weil er hohl war, Schlaf vortäuschte,
– auch hohl war Vorwand und nur Widerspruch –
der Schlaf blieb kurz, und kurz vorm Überkochen
hat beide, und ein jeder lag alleine,
derselbe Löffel abgeschöpft.

Hier ist kein Tod, der nicht zum Löffel führt,
und keine Liebe, die nicht ausgehöhlt
an Löffeln leidet und im Löffel bebt,
sich dreht, worum dreht, da sich alles
mit Löffeln nur um Löffel dreht.

Bleib Löffel, geh.
Wem Löffel, Löffel führt wohin.
Wann Löffel, Löffel kam zu spät.
Wer rührt mich, rührt mich und wohin.
Über und über wen balbiert.
Bleib Löffel, geh – und sag mir nicht wohin.

So lernst du langsam Löffel unterscheiden,
kannst dich in Schubladen nicht mehr vermeiden,
du löffelst mit und läßt dich gern vertauschen,
du gibst dich blechern, gleichst dich an,
hörst deinen Nachbarn, wolltest gar nicht lauschen,
doch Löffel liegt dem Löffel an.

Blutkörperchen

Aber nackt
und nur noch in Proportionen anwesend,
tust du mir leid.
Und ich versuche dein Knie zu versetzen.
Dein hohles Kreuz läßt mich nachdenklich werden.
Ich weiß nicht, warum du so häßlich bist,
warum mein Auge nicht von dir abschweifen kann;
etwa ins Grüne oder den Fluß entlang,
der ganz aus Natur ist
und kein Schlüsselbein hat.

Ich liebe dich
soweit das möglich ist.
Ich will für deine weißen
und roten Blutkörperchen
ein Ballett ausdenken.
Wenn dann der Vorhang fällt,
werde ich deinen Puls suchen und feststellen,
ob sich der Aufwand gelohnt hat.

Annabel Lee
Hommage à E. A. Poe

Pflückte beim Kirschenpflücken,
Annabel Lee.
Wollte nach Fallobst mich bücken,
lag, vom Vieh schon berochen,
im Klee lag, von Wespen zerstochen,
mürbe Annabel Lee.
Wollte doch vormals und nie
strecken und beugen das Knie,
Kirschen nicht pflücken,
nie mehr mich bücken
nach Fallobst und Annabel Lee.

Schlug auf beim Bücheraufschlagen,
Annabel Lee.
Öffnete Hähnen den Magen,
lag zwischen Körnern und Glas,
ein Bildnis lag, das war sie,
halbverdaut Annabel Lee.
Wollte doch vormals und nie
sezieren Bücher und Vieh,
Buch nicht aufschlagen,
Magen nicht fragen
nach Bildnis und Annabel Lee.

Saturn

In diesem großen Haus
– von den Ratten,
die um den Abfluß wissen,
bis zu den Tauben,
die nichts wissen –
wohne ich und ahne vieles.

Kam spät nach Hause,
schloß mit dem Schlüssel
die Wohnung auf
und merkte beim Schlüsselsuchen,
daß ich einen Schlüssel brauche,
um bei mir einkehren zu können.

Hatte wohl Hunger,
aß noch ein Hühnchen
mit meinen Händen
und merkte beim Hühnchenessen,
daß ich ein kaltes und totes
Hühnchen aß.

Bückte mich dann,
zog beide Schuhe aus
und merkte beim Schuhausziehen,
daß wir uns bücken müssen,
wenn wir die Schuhe
ausziehen wollen.

Waagerecht lag ich,
rauchte die Zigarette
und war im Dunkeln gewiß,
daß jemand die Hand aufhielt,
als ich meiner Zigarette
die Asche abklopfte.

Nachts kommt Saturn
und hält seine Hand auf.
Mit meiner Asche
putzt seine Zähne Saturn.
In seinen Rachen
werden wir steigen.

Die grosse Trümmerfrau spricht

Gnade Gnade.
Die große Trümmerfrau
hat einen Plan entworfen,
dem jeder Stein unterliegen wird.
Der große Ziegelbrenner will mitmachen.

Die Stadt die Stadt.
Hingestreut liegt Berlin,
lehnt sich mit Brandmauern gegen Winde,
die aus Ost Süd West, aus dem Norden kommen
und die Stadt befreien wollen.

Hier drüben hier
und drüben hängen die Herzen
an einem einzigen Bindfaden,
hüpfen und werden gehüpft, wenn Trümmerfrau
und Ziegelbrenner ihre Liebe zu Faden schlagen.

Liebe Liebe
spielten einst Trümmerfrauen,
rieben mit Schenkeln
Klinker und Ziegel
zu Splitt Mehl Staub Liebe.

Wo wo wo wo
sind die alten Galane geblieben,
wo wilhelminischer Mörtel?
Jahrgänge Jahrgänge –
doch Trümmerfrauen sind keine Weinkenner.

Flaute Flaute
schreien die Trümmerfrauen
und lassen den letzten
wundertätigen Ziegelstein
zwischen den Zähnen knirschen.

Splitt Splitt Splitt Splitt.
Nur noch wenn Zwiebeln
oder ein kleineres Leid
uns mit Tränen versorgen,
tritt Ziegelsplitt aufs Augenlid.

Sonderbar sonderbar
sehen dann Neubauten aus,
zittern ein wenig, erwarten
den klassisch zu nennenden Schlag
mit der Handkante in die Kniekehle.

Sie sie sie sie
gräbt den Sand unterm Pfeiler weg.
Sie sag ich sie
spuckt in die trächtigen
Betonmischmaschinen.

Sie sie sie sie
hat das große Gelächter erfunden.
Wenn immer die große Trümmerfrau lacht,
klemmen Fahrstühle, springen Heizkörper,
weinen die kleinen verwöhnten Baumeister.

Mir gab sie mir,
ihrem ängstlich beflissenen Ziegelersatz,
gab sie den Auftrag,
Wind zu machen, Staub zu machen
und ernsthaft für ihr Gelächter zu werben.

Ich ich ich ich
stand abseits,
hatte die Brandmauer im Auge,
und die Brandmauer
hatte mich im Auge.

Ging ging ging ging
von weit her
auf die Brandmauer los,
als wollte ich
die Brandmauer durchschreiten.

Nahm nahm nahm nahm
einen Anlauf,
der viel versprach;
jene Brandmauer aber war neunzehn Meter breit
und zweiundzwanzig Meter hoch.

Schlug schlug schlug schlug
an der Mauer
mein Wasser ab,
daß es rauschte
und hörte dem zu.

Werbung Werbung
rauschte die Brandmauer.
Niemand will mich als Werbefläche
mieten, haushoch beschriften
und werben lassen.

Ich ich ich ich
will allen Brandmauern,
die nordwärts schauen,
riesengroß Trümmerfrauen
malen oder auch einbrennen.

Trümmerfrau Trümmerfrau
– sollen die Kinder singen –
hat mit dem Ziegelbrenner Ziegelbrenner
einen ganz neuen Plan gemacht.
Alle Steine wissen Bescheid.

Ziegelbrenner Ziegelbrenner
– sollen die Kinder singen –
geht nachts mit der Trümmerfrau Trümmerfrau
durch die Stadt
und schätzt die Stadt ab.

Trümmerfrau Trümmerfrau
– singen die Kinder –
will mit dem Ziegelbrenner Ziegelbrenner
heut eine Wette machen Wette machen –
es geht um viel Schutt.

Lamento Lamento –
die große Trümmerfrau singt ihr Lamento.
Doch alle Sender, drüben und hier,
senden von früh bis spät nur jenen alten
beschissenen Walzerkönig.

Tot sie ist tot
sagen die Baumeister,
verschweigen aber, daß eine unabwendbare Hand
Mittag für Mittag löffelweis toten Mörtel
in ihre Suppen mengt.

Amen Amen.
Hingestreut liegt Berlin.
Staub fliegt auf,
dann wieder Flaute.
Die große Trümmerfrau wird heiliggesprochen.

Der amtliche Tod

Es ist ein Loch, das uns begleitet,
ein Amboß ohne Widerspruch,
ein Papagei, der am Karfreitag schrie,
schrie Lorchen, Lorchen schrie er, Lorchen;
doch aus dem Radio über der Vitrine
vernahm man deutlich, nach der Pause:
Hier, der Südwestfunk – ja, es ist vollbracht.

Ein Kind schlug seinen Brei entzwei,
saß zwischen beiden Hälften Brei,
fraß sich dann durch, durch zweimal Brei,
doch hinterm Brei war neuer Brei,
Kind schlug entzwei, fraß durch, fand Brei,
war nur noch Mund, Darm, Kot und Mund:
Komm, lieber Tod, mach mich gesund.

Es ist ein eingetragener Verein.
Sie rauchen, trinken nicht, sie üben:
Wer kann den Aufschwung, kann die Riesenwelle,
wer faßt das heiße Eisen an:
Die Stange, kreideweiß gemildert? –
An Krebs und Kollaps stirbt der Kranke;
des Sportlers Tod heißt kurz: Die Flanke.

Einhändig fährt mit neuer Klingel
der Tod auf seinem Fahrrad Rad.
Dann steigt er ab und macht ein Foto
von zwei Cousinen, drei Kollegen,
von Leuten, die sich gar nicht mögen,
macht er ein Foto, steigt aufs Rad,
weil er genug belichtet hat.

Es kochte jemand seine Suppe,
nahm Zwiebeln, Knochen, altes Brot,
vergaß das Haar nicht in der Suppe,

und schöpfte schon und rührte mit dem Löffel
die heiße, dann zu kalte Suppe;
denn zwischendurch kam ohne Klopfen
der Tod, der alle Suppen kühlt.

Aurora Varvaro, so schön und keine Stelle,
die nicht im Fleisch stand, wie das Gold im Bier. –
Auf späten Bildern beugte sie den Arm:
Die Elle und die Speiche präpariert,
die Neugierde aufs Schlüsselbein;
ihr Becken war erst wahrhaft nackt,
als sie das Fleisch auszog, den modischen Belag.

Wer bleibt noch bei den Affen stehn,
wer füttert kleine weiße Hasen,
wenn es um Robben geht, um jene Glätte,
die noch im Aufschrei um den Hering wirbt
und taucht und nichts als Tauchen findet. –
Da schreien alle Kinder froh:
Wir leben im möblierten Zoo.

So gibt's im Himmel Hinterhöfe,
dort sitzen blasse Embryos
und warten auf den neunten Monat
und spielen mit der Nabelschnur
und reißen dran, wie heiße Hunde
an einzelnen Gehöften reißen,
wenn Mond und Erde sich verbellen.

Viel Vögel, für den Tod Spione.
Die Eule schaut uns immer an.
Das macht den Vater so betroffen,
einst wollt er einen Kuchen backen,
so hoch und süß wie Babels Kuchen;
der fiel zusammen, weil ein Vogel
den Kuchen wollt zu früh versuchen.

Wer mag noch vor dem Spiegel turnen?
Die Spieler stehen auf und lassen
die Hände bei den Karten liegen.
Auf Ämtern hinterm Stempel sitzt der Tod
und atmet über Formularen:
Der Kanzler hustet,
ob er stirbt?

AUSGEFRAGT

Ausgefragt

Nach großem und nach kleingemünztem Zorn –
beliebtes Beispiel, dem man Zucker gab –,
nach soviel Damals und dem Salto
auf einem Hochseil, das periodenlang
gespannt war – Arbeit ohne Netz –,
will, will ich, will ich ganz und gar...
Wie sieht es aus? – Es sah schon schlimmer aus.
Du hattest Glück? – Es lag am Köder.
Und was hast du gemacht seitdem?
In Büchern steht, wie es sich besser machte.
Ich meine, was hast du getan?
Ich war dagegen. Immer schon dagegen.
Und wurdest schuldig? – Nein. Ich tat ja nichts.
Und hast erkannt, was sich erkennen ließ?
Ja. Ich erkannte Gummi mit der Faust.

Und deine Hoffnung? – Log die Wüsten grün.
Und deine Wut? – Sie klirrt als Eis im Glas.
Die Scham? – Wir grüßen uns von fern.
Dein großer Plan? – Zahlt sich zur Hälfte aus.
Hast du vergessen? – Neuerdings, mein Kopf.
Und die Natur? – Oft fahr ich dran vorbei.
Die Menschen? – Seh ich gern im Film.
Sie sterben wieder. – Ja. Ich las davon...
Wer seift mich ab? Mir ist mein Rücken
so fern wie – Nein! –
ich will nicht mehr vergleichen
und wiederkäuen, Silben stechen
und warten, bis die Galle schreibt.
Ist es jetzt besser? – Es sieht besser aus.
Soll ich noch fragen? – Frag mich aus.

Schulpause

Hat die Uhr sich verzählt?
Hat die Pause die Angst überlebt
und das Spiel auf den stillen Aborten?

Er trägt eine Brille über dem Mund: pronunciation.
Er birgt einen Zettel knapp überm Herzen:
sein gutdekliniertes Geheimnis.

Seltsam steht er im Hof,
mitten im Herbst:
die Konferenz löst sich auf.

Buchstaben fallen und Zahlen,
kleine vernünftige Sätze
aus den Kastanien und Linden über der Hypotenuse.

Meine arme kränkliche Mutter –
Herr Studienrat, üben sie Nachsicht –
stirbt, wenn die Pause vorbei ist.

Fettes Papier blüht im Hof.
Langsam nur weicht der Geruch
später vor Tobruk, bei Kursk,
am Volturno gefallner Primaner.

Grau

Ohne Kehrseite,
doch rückversichert,
immer ein bißchen ich.
  Ziemlich anwesend
  in meinem Übergangsmantel.
  In sich gemustert
  und nur im Prinzip dagegen.
  Wenn man Distanz gewinnt,
  also von Kiel aus betrachtet,
  wurde zumindest der eine Faktor,
  wenn nicht auch dieser,
  zum Teil übersehen.
Es handelt sich um Schattierungen
und ähnliche Werte.
Ein bißchen zärtlich zornig verlegen.
Bißchen müde, bißchen lustig.
Ein bißchen ich, bißchen du, bißchen wenig.
Ein bißchen ja, bißchen nein.
Einerseits sehr.
  Daß niemand zu kurz kommt,
  muß nicht betont werden.
  Wenn Ihnen ein Knopf fehlt,
  mangelt es mir an Kragenstäbchen.
  Unsere Krisen vergleichen sich gerne.
  Denn der Proporz
  verhindert und fördert fast alles.
  Sogenannt etwas außerhalb.
  Dieses ist eine Feineinschätzung.
  Solche Bilanz sollte uns
  wenn nicht froh auch nicht traurig stimmen.
  Denn niemand will hier recht behalten –
  allenfalls im Detail.
Wie geht es Ihnen? – Ganz gut.
Hat es Spaß gemacht? – Teilweise schon.
Wie war denn der Film? – Schwarzweiß.

Zwischen Greise gestellt

Wie sie mit neunzig noch lügen
und ihren Tod vertagen,
bis er Legende wird.

In die fleckigen Hände
frühaufstehender Greise
wurde die Welt gelegt.

Die vielgefältete Macht
und der Faltenwurf alter Haut
verachten die Glätte.

Wir, zwischen Greise gestellt,
kauen die Nägel knapp,
wir wachsen nicht nach.

Hart, weise und gütig
dauern sie in Askese
und überleben uns bald.

Mein grosses Ja bildet Sätze mit kleinem Nein

Ja

Neue Standpunkte fassen Beschlüsse
und bestehen auf Vorfahrt.
Regelwidrig geparkt, winzig,
vom Frost übersprungen,
nistet die Anmut.
Ihr ist es Mühsal, Beruf,
die Symmetrie zu zerlächeln:
Alles Schöne ist schief.
  Uns verbinden, tröste Dich,
  ansteckende Krankheiten.
  Ruhig atmen – so –
  und die Flucht einschläfern.
  Jeder Colt sagt entwederoder...
  Zwischen Anna und Anna
  entscheide ich mich für Anna.
Übermorgen ist schon gewesen.
Heute war wedernoch.
Was auf mich zukommt,
eingleisig,
liegt weiter zurück als Austerlitz.
Zu spät. Ich vergesse Zahlen,
bevor sie strammstehen.
  Grau ist die Messe.
  Denn zwischen Schwarz und Weiß,
  immer verängstigt,
  grämen sich Zwischentöne.
  Mein großes Ja
  bildet Sätze mit kleinem nein:
  Dieses Haus hat zwei Ausgänge;
  ich benutze den dritten.
Im Negativ einer Witwe,
in meinem Ja liegt mein nein begraben.

Schreiben

In Wirklichkeit
  war das Glas nur hüfthoch gefüllt.
    Vollschlank geneigt. Im Bodensatz liegt.
Silben stechen.
Neben dem Müllschlucker wohnen
und zwischen Gestank und Geruch ermitteln.
Dem Kuchen die Springform nehmen.
Bücher,
  in ihren Gestellen,
    können nicht umfallen.
Das, oft unterbrochen, sind meine Gedanken.
Wann wird die Milch komisch?
Im Krebsgang den Fortschritt messen.
Abwarten, bis das Metall ermüdet.
Die Brücke langsam,
  zum Mitschreiben,
    einstürzen lassen.
Vorher den Schrottwert errechnen.
Sätze verabschieden Sätze.
Wenn Politik
  dem Wetter
    zur Aussage wird:
Ein Hoch über Rußland.
Zuhause
  verreist sein; auf Reisen
    zuhause bleiben.
Wir wechseln das Klima nicht.
Nur Einfalt
  will etwas beleben,
    für tot erklären.
Dumm sein, immer neu anfangen wollen.
Erinnere mich bitte, sobald ich Heuschnupfen
oder der Blumenkorso in Zoppot sage.
Rückblickend aus dem Fenster schauen.
Reime auf Schnepfendreck.
Jeden Unsinn laut mitsprechen.

Urbin, ich hab's! – Urbin, ich hab's!
Das Ungenaue genau treffen.
Die Taschen
  sind voller alter Eintrittskarten.
    Wo ist der Zündschlüssel?
Den Zündschlüssel streichen.
Mitleid mit Verben.
An den Radiergummi glauben.
Im Fundbüro einen Schirm beschwören.
Mit der Teigrolle den Augenblick walzen.
Und die Zusammenhänge wieder auftrennen.
  Weil ... wegen ... als ... damit ... um ...
    Vergleiche und ähnliche Alleskleber.
Diese Geschichte muß aufhören.
Mit einem Doppelpunkt schließen:
Ich komme wieder. Ich komme wieder.
Im Vakuum heiter bleiben.
Nur Eigenes stehlen.
Das Chaos
  in verbesserter Ausführung.
    Nicht schmücken – schreiben:

Schlager im Ohr

Nicht mehr das Laub, den Verdacht höre ich fallen.
Sätze,
  die ohne Verb vorsprechen:
    ambulant ambulant ...
Dieses Gehör lebt vom Nächsten.
Dieser Husten kommt ohne Schlaf aus.
Dieses gepfiffene Motiv –
  Jägerchor-Freischütz –
    holte mich jederzeit ab.
Zu Meinerzeit Klopfzeichen.
Zeitlos und immer anders wurde »na also« gesagt.
Also Geräusche sammeln und an die Wand pinnen.
Die Kreissäge meines Großvaters

konnte einen hellen langen Vormittag
zu Dachlatten verschneiden.
Barackenteile für Durchgangslager.
Inge Scherwinski
kratzte gerne
mit Fingernägeln an Fensterscheiben.
Das erinnert mich vor dem Frühstück,
wie das Kind leise,
weil es keinen Apfel besaß,
mit seinen Milchzähnen
in Palmoliveseife biß.
Jetzt lasse ich den Hund von der Kette.
Jetzt, März, tropft es vom Dach,
bis der Polenhelm,
den Fritz auf Kurzurlaub mitbrachte,
seinen Einschuß hat.
Jetzt hat Goldbrunner eine Flanke von Lehner...
Wir hörten Fußball
und Sondermeldungen
über den Drahtfunk.
Das ist das Pausenzeichen. Das ist der Luftwecker,
wenn später Feindverbände über der südlichen Ostsee.
Macht dieses Brummen mal nach, Kinder.
Das ist die Achtacht. Das ist die Ratschbum.
Wer Luftminen nachmachen will,
muß mit der flatternden Zunge...
Geräusche aufarbeiten.
Aber die Brauereipferde auf dem Kopfsteinpflaster.
Und die betriebsame Stille zwischen Opfer und Wandlung.
Heute, seit gestern,
mit schon zerfransten Ohren,
höre ich gleichzeitig:
die Walzstraße und die Hühnerfarm,
Kies und Liebe,
mehrstimmige Überredung
und die Stimme Amerikas.
Was verschweigen wir jetzt?
Stell doch den Wasserhahn ab.

Die Dielen arbeiten.
Manchmal,
  zwischen Küchengeräuschen,
    höre ich mich beim Kartoffelabgießen:
      Gleichschritt, Widersprüche
        und Schlager im Ohr.

Stiller Abend

Was ich noch sagen wollte: Nein.
Beim Verkriechen fotografiert werden.
Wie hieß doch bloß? Wie hieß doch bloß?
Scheintote kratzen sich.
Keiner will zuerst schlafen gehen.
Was ich nicht will,
  rollt, zwischen Jubel,
    auf mich zu.
Spurenverwischen.
  Zwei Amseln auf Dachziegeln:
    gelbe Schnäbel.
Doch Feuergeben erhellt nur doppeltes Zittern.
Gegenstände werden härter abgestellt als gewollt.
Nachgießen.
  Einverständnis.
    Danke.
Die Heizung verplaudert sich.
Wenn ich jetzt aufstehe,
  hin und her gehe,
    vor mich hin rede:
Vom sozialen Wohnungsbau ...
  Vom Prämiensparen ...
    Von Deiner Verwandtschaft ... Nein.
Konfekt wird weniger.
Finger lassen Papier krachen.
Zwischen der Post versprechen Reiseprospekte Gewöhnung
  oder klärende Aussprache
    oder beides am Meer mit Sandstrand.

Oder den Brief portofrei schreiben: Die Hausmitteilung.
Räuspern.
  Den Bodensatz schwenken.
    Süßes wehleidig lutschen.
Telefon hilft: Wir kommen gerne.
Die schlafenden wachsenden Kinder.
Langsamer,
  von Berufssorgen gehemmter Verkehr
    mit der Zimmerdecke und ihren Haarsprüngen.
Aushalten.
  Nichts zerreden.
    Gezänk auf Flaschen ziehen, verkorken.
Zwischen dem schweigenden Paar ist viel Platz.

Ehe

Wir haben Kinder, das zählt bis zwei.
Meistens gehen wir in verschiedene Filme.
Vom Auseinanderleben sprechen die Freunde.
  Doch meine und Deine Interessen
  berühren sich immer noch
  an immer den gleichen Stellen.
  Nicht nur die Frage nach den Manschettenknöpfen.
  Auch Dienstleistungen:
  Halt mal den Spiegel.
  Glühbirnen auswechseln.
  Etwas abholen.
  Oder Gespräche, bis alles besprochen ist.
Zwei Sender, die manchmal gleichzeitig
auf Empfang gestellt sind.
Soll ich abschalten?
  Erschöpfung lügt Harmonie.
  Was sind wir uns schuldig? Das.
  Ich mag das nicht: Deine Haare im Klo.
Aber nach elf Jahren noch Spaß an der Sache.
Ein Fleisch sein bei schwankenden Preisen.
Wir denken sparsam in Kleingeld.

Im Dunkeln glaubst Du mir alles.
Aufribbeln und Neustricken.
Gedehnte Vorsicht.
Dankeschönsagen.
  Nimm Dich zusammen.
  Dein Rasen vor unserem Haus.
  Jetzt bist Du wieder ironisch.
  Lach doch darüber.
  Hau doch ab, wenn Du kannst.
  Unser Haß ist witterungsbeständig.
Doch manchmal, zerstreut, sind wir zärtlich.
Die Zeugnisse der Kinder
müssen unterschrieben werden.
  Wir setzen uns von der Steuer ab.
  Erst übermorgen ist Schluß.
  Du. Ja Du. Rauch nicht so viel.

Advent

Wenn Onkel Dagobert wieder die Trompeten vertauscht
und wir katalytisches Jericho mit Bauklötzen spielen,
weil das Patt der Eltern
oder das Auseinanderrücken im Krisenfall
den begrenzten Krieg,
also die Schwelle vom Schlafzimmer zur Eskalation,
weil Weihnachten vor der Tür steht,
nicht überschreiten will,
  wenn Onkel Dagobert wieder was Neues,
  die Knusper – Kneißchen – Maschine
  und ähnliche Mehrzweckwaffen Peng! auf den Markt wirft,
  bis eine Stunde später Rickeracke ... Puff ... Plops!
  der konventionelle, im Kinderzimmer lokalisierte Krieg
  sich unorthodox hochschaukelt,
  und die Eltern,
  weil die Weihnachtseinkäufe
  nur begrenzte Entspannung erlauben,
  und Tick, Track und Trick –

das sind Donald Ducks Neffen –
wegen nichts Schild und Schwert vertauscht haben,
ihre gegenseitige, zweite und abgestufte,
ihre erweiterte Abschreckung aufgeben,
nur noch minimal flüstern, Bitteschön sagen,
wenn Onkel Dagobert wieder mal mit den Panzerknackern
und uns, wenn wir brav sind, doomsday spielt,
weil wir alles vom Teller wegessen müssen,
weil die Kinder in Indien Hunger haben
und weniger Spielzeug und ABC-Waffen,
die unsere tägliche Vorwärtsverteidigung
vom Wohnzimmer bis in die Hausbar tragen,
in die unsere Eltern das schöne Kindergeld stecken,
bis sie über dreckige Sachen lachen,
kontrolliert explodieren
und sich eigenhändig,
wie wir unseren zerlegbaren Heuler,
zusammensetzen können,
wenn ich mal groß und nur halb so reich
wie Onkel Dagobert bin,
werde ich alle Eltern, die überall rumstehen
und vom Kinder anschaffen und Kinder abschaffen reden,
mit einem richtigen spasmischen Krieg überziehen
und mit Trick, Track und Tick –
das sind die Neffen von Donald Duck –
eine Familie planen,
wo bös lieb und lieb bös ist
und wir mit Vierradantrieb in einem Land-Rover
voller doll absoluter Lenkwaffen
zur Schule dürfen,
damit wir den ersten Schlag führen können;
denn Onkel Dagobert sagt immer wieder:
Die minimale Abschreckung hat uns bis heute –
und Heiligabend rückt immer näher –
keinen Entenschritt weiter gebracht.

Badeleben

Der starre und drollige Blick
riesiger Plastikenten
meidet die Sonne nicht;
die Menschen aber, erkenntlich
an der verbrühten,
morgen schon platzenden Haut,
blinzeln und zählen die Kinder
zwischen den riesigen Enten
und Fröschen monumental.

Budweisers Dosen
und die verschieden heißenden Tuben,
Muschelgeld, Splitt
und den krustig trocknenden Schaum,
wie er dem Meer hier
bei Ebbe vorm Mund steht,
ebnen am Montag,
vor Ankunft restlicher Gäste,
hoteleigne Bulldozer ein.

Am Abend, unter beleuchteten Palmen
und seitlich
der blaugekachelten Niere,
wenn abends üblicher Wind
Chlor quirlt und Moder,
maunzen Guitarren, klagt
verschleppter Stimmbruch der Twens
von Liebe und fernem Krieg
in Vietnam flugstundenfern.

Verschreckt vom honeymoon klammern
die neuen Paare das Glas;
aber es kreisen und werfen
den Schatten Küstenbewacher.
Stehend auf golfschönem Rasen

findet die plötzliche Party
Glück in beschlagenen Gläsern;
den nahenden Hurrikan hatte
der Wettermann Alma genannt.

Plötzliche Angst

Wenn sich im Sommer bei östlichem Wind
Septemberstaub rührt und in verspäteter Zeitung
die Kommentare Mystisches streifen,

wenn sich die Mächte umbetten wollen
und zur Kontrolle neue Geräte
öffentlich zeugen dürfen,

wenn um den Fußball Urlauber zelten
und der Nationen verspielter Blick
große Entscheidungen spiegelt,

wenn Zahlenkolonnen den Schlaf erzwingen
und durch die Träume getarnter Feind
atmet, auf Ellbogen robbt,

wenn in Gesprächen immer das gleiche Wort
aufgespart in der Hinterhand bleibt
und ein Zündhölzlein Mittel zum Schreck wird,

wenn sich beim Schwimmen in Rückenlage
himmelwärts nur der Himmel türmt,
suchen die Ängstlichen rasch das Ufer,

liegt plötzliche Angst in der Luft.

Efeu – die Zuwachsrate Unsterblichkeit

Ach. Einarmig früh schon
beschämte der Geiger
den doppelpfotigen Beifall.

Als er vor Jahresfrist plötzlich verstarb,
wurde uns seine Verbeugung,
dieser Winkel, die Fallsucht zu messen,
zum steingehauenen Maß.

Das nämlich,
wachsende Zuneigung,
hatte er uns voraus.
Nicht nur als Denkmal, zu Lebzeiten schon,
wie diesem Marmor heute,
hinkte auch ihm
fatal die bedeutende Schulter.

Doch was sich neigt, muß nicht stürzen.
Nie wird sein Name platt aufs Gesicht.
Ihm wächst die Ranke:

hilfreich kletternde Pflanze,
die seinen Überhang lindert,
bis sich das Lotrechte
schiefgelacht hat.

Das nämlich, Efeu,
die Zuwachsrate Unsterblichkeit,
hatte er uns voraus.

Mein Freund Walter Henn ist tot

Nie wollte er schlafen gehen.
Seine Müdigkeit blieb sitzen und sprach sich weg.
Er verstand es,
  dicke Worte
    schlank dahergehen zu lassen.
Vor ihm hatte Symmetrie keinen Bestand;
er zerlächelte sie.
Seine Leichtigkeit machte Säulen arbeitslos.
Mit Taubenschritten
  trat auf
    sein Witz.
Die Technik gehorchte ihm meistens.
Für jedes Wunder erfand er sich neue Schwebemaschinen.
Wir sprachen über Vogelscheuchen;
die sollten mobil werden.
Er wog mehr als Bayreuth und weniger
als ein Pfund Kirschen.
Und wollte nicht schlafen gehen.
Nichts besaß er lange.
Alle liebten ihn unerbittlich.
Er spielte um,
  gegen
    und mit Minuten und Geld.
Selbst Wasser trank er süchtig.
Vom Eisbein,
  das er gerne aß,
    ließ er fünf Viertel übrig.
Und fürchtete sich vor dem Zahnarzt.
Und umging seine Probleme:
links und rechts stehende immergrüne Alleebäume.
Und machte runde Frauen glauben,
sie seien fadenscheinige Mädchen.
Und zwirbelte seine einunddreißig Jahre alten Haare.
Und wollte nicht schlafen gehen,
weil er noch sprechen wollte,

weil sein Durst noch hellwach war,
weil sein Theater nie aufhörte,
weil ihm zu jedem Abgang drei Auftritte einfielen,
weil er das Ende nicht fand und nie suchte:
listige Entschuldigungen,
  Papierdrachen,
    Kulissen hin und her geschoben . . .
Doch jetzt ist mein Freund,
  der nie schlafen gehen wollte,
    tot.
Nein. Sagt nicht frühvollendet.
Sprecht nicht von Göttern,
  die ihn liebten,
    wie das Gerücht weiß,
sprecht vom Betrug, von der dummen
  und viereckigen Ungerechtigkeit,
    von der Polizeistunde,
      die da sagt: Schluß machen, Herrschaften!
von uns, den Blutegeln sprecht
und vom Loch, das zurückbleibt:
nicht aufzufüllen – hineinstarren – schlaflos.

König Lear

In der Halle,
in jeder Hotelhalle,
in einem eingesessenen Sessel,
Klub-, Leder-, doch niemals Korbsessel,
zwischen verfrühten Kongreßteilnehmern
und leeren Sesseln, die Anteil haben,
selten, dann mit Distanz gegrüßt,
sitzt er, die von Kellnern umsegelte Insel,
und vergißt nichts.

Diese Trauer findet an sich Geschmack
und lacht mit zwölf Muskeln einerseits.
Viel hört er nicht aber alles
und widerlegt den Teppich.
Die Stukkatur denkt er weg
und stemmt seine Brauen gegen.
Bis sich ihr Blattgold löst,
sprechen Barockengel vor.
Die Kirche schickt Spitzel;
ihm fehlen Komparsen.
Vergeblich ahmen zuviele Spiegel ihn nach.
Seine Töchter sind Anekdoten.

Im Hotel Sacher wird nach Herrn Kortner verlangt.
Herr Kortner läßt sagen, er sei auf der Probe.
In der Halle, in seinem Sessel, stellt jemand sich tot
und trifft sich mit Kent auf der Heide.

Vom Rest unterm Nagel

Wovon erzählen, immer noch vom Knopf
und Bodensatz, der übrig blieb,
von Aschenbechern, Sound and Light,
was übrig blieb, was überblieb,
vom Zinsertrag der kleinen Konten
und von der Zeit, die uns geblieben?

Wovon erzählen, von der Liebe?
Wovon? Noch immer von der Liebe?
Wovon, als ob nur Liebe zählt
und jeder nicht mit seinem Kot allein
auf jedem Abtritt einzeln steht,
mit Fingernägeln: ganz allein.

Das kratzt sich offen, heilt sich nicht
und speichert Reste unterm Nagel:
ich trenn mich nicht, ich putz sie nicht
und weise alle harten Instrumente
zurück: denn Liebe geht mit Geiz
zu Tisch zu Bett und wäscht sich nicht.

Wovon, wenn von der Liebe nicht?
Vom Vorrat, wenn wir fleißig sind,
vom fetten schwarzen abverdienten Rest
will ich erzählen, wenn wir fertig sind
und unsre Nägel, zweimalzehn,
vom Augentauschen dreckig sind.

Offenes Feuer

Ein leeres Haus im Rücken,
und die Gewißheit trocknender Strümpfe;
draußen mühen sich ab altbekannte Gewitter.

Mit imprägnierten Gedanken
in fremder Glut, später in Asche
stochern; denn die erwärmte Seite hat recht.

Genüsse und schöne Gespräche
mit dem erregten schreckhaften Holz;
ich lasse mich leicht überreden.

Das lebt vor sich hin, bis. Mach,
nun mach schon die Tür zu.
Drinnen wird alles wirklich.

Die früher bewohnten Kamine
wurden schon gestern geräumt.
Morgen, kopfunten, hängt kalter Rauch.

Schlaflos

Mein Atem verfehlte das Nadelöhr.
Jetzt muß ich zählen
und heimwärts blättern treppab.

Aber die Kriechgänge
münden in Wassergräben,
in denen Kaulquappen …
Zähl doch mal nach.

Meine Rückspule plappert ihr drittes Jahrzehnt.
Das Bett geht auf Reisen. Und überall legt
der Zoll seine Hand auf: Was führen sie mit?

Drei Strümpfe, fünf Schuhe, ein Nebelgerät. –
Mehrsprachig werden sie nachgezählt:
die Sterne, die Schafe, die Panzer, die Stimmen …
Ein Zwischenergebnis wird ausgezählt.

Silberblick

Wenn ich hotdogs im Speisewagen –
  die Steppe zäunt den Autofriedhof ein –,
wenn rechts mein Auge Landschaft faßt
und links Statistik betet, wenn
ich diesen gelbgenarbten Rücken –
  sein Unterfutter Tuff Basalt Granit –
mit einer Zuwachsrate dreieinhalb Prozent,
wenn ich mir Zuckerrüben beiderseits der Elbe
und Erdgas hier in Küstennähe,
wenn ich vergleiche, doch mein Blick ist zwie –
  die angeschnallte Flugangst stellt sich ein –,
wenn ich, weil Schluchten, leere Pferche
und hüfthoch gelbverfilztes Gras,
mir einen Western denke, Brüder reiten
und treffen sich im gelbverfilzten Gras,
wenn ich den Breitwandwestern reißen lasse
und auf Papier der Southern Pacific Verluste,
die unrentabel für zwölf Dollar zehn
mich und zwei Koffer durch die Landschaft trägt –
  wer hilft mir Preußens Kiefern roden? –
wenn ich vergleiche, doch mein Blick bleibt zwie –
  beschwichtigt, weil auch Neger im Abteil –,
und mich entscheide zwischen Landschaft und Papier,
zwing ich die Augen, doch es schläft
Berlin nach Helmstedt durch die Börde
erst kurz vor San Francisco ein.

Bei Tisch

Damit sich niemand erschreckt
und dem Zählzwang verlobt:
Neunaugen auspunkten.
Vorbehalten bleibt Irrtum.
Die Schwierigkeiten beim Töten,
weil sich Nachleben in der Pfanne:
Gott lebt! Gott lebt!
und krümmt sich kategorisch:
Acht sind es. Acht.

Also den Kopf zur Öse geschlitzt,
eingefädelt den Schwanz.
Denn Legenden und Dill überwintern,
Essig verwischt überschreit.
Allenfalls fragen Kinder:
Neun, sind es neun?
Aber der Lehrer sagt: Saugt sich und nährt sich.
Schaut, welche Unzahl fleißig die Luft küßt.
Schaut, wieviel Glaube ihnen das Wasser ersetzt.

Luft zählt nicht.
Wasser tauft nicht.
Dies und das schmeckt uns,
macht uns gesprächig bei Tisch:
Wie heißt dieser schmackhafte Fisch?

Liebe

Das ist es:
Der bargeldlose Verkehr.
Die immer zu kurze Decke.
Der Wackelkontakt.

Hinter dem Horizont suchen.
Im Laub mit vier Schuhen rascheln
und in Gedanken Barfüße reiben.
Herzen vermieten und mieten;
oder im Zimmer mit Dusche und Spiegel,
im Leihwagen, Kühler zum Mond,
wo immer die Unschuld absteigt
und ihr Programm verbrennt,
fistelt das Wort
jedesmal anders und neu.

Heute, vor noch geschlossener Kasse,
knisterten Hand in Hand
der gedrückte Greis und die zierliche Greisin.
Der Film versprach Liebe.

Doppelportrait

der Fotografin Renate Höllerer gewidmet

Alle Köpfe im Ausschnitt gewinnen.
Wenn ein Hai im Profil durch das Bild schwimmt.
Oder auch Haare extra bei Gegenwind.
Nimm dich zusammen: Postkartengröße.

In meinem Motivsucher stellte sich ein:
ich, die linke gefällige Seite
ausgeleuchtet nach der Rasur
und straff, weil geohrfeigt.

Wenn immer mein Hündchen bellt,
mache ich knips und belichte:
Dich und den Hintergrund.
Meine Geliebte ertrinkt im Entwickler.

Schwarz. Das sind wir auf zwei Stühlen,
wenn wir schweigen, dem Auslöser lauschen:
breit im Format, bei angehaltenem Atem
und verdeckter Blende.

Dreht euch nicht um

Geh nicht in den Wald,
im Wald ist der Wald.
Wer im Wald geht,
Bäume sucht,
wird im Wald nicht mehr gesucht.

Hab keine Angst,
die Angst riecht nach Angst.
Wer nach Angst riecht,
den riechen
Helden, die wie Helden riechen.

Trink nicht vom Meer,
das Meer schmeckt nach mehr.
Wer vom Meer trinkt,
hat fortan
nur noch Durst auf Ozean.

Bau dir kein Haus,
sonst bist du zuhaus.
Wer zuhaus ist,
wartet auf
spät Besuch und macht auf.

Schreib keinen Brief,
Brief kommt ins Archiv.
Wer den Brief schreibt,
unterschreibt,
was von ihm einst überbleibt.

Platzangst

Mama. Sie kommen auf mich zu
und knacken mit den Handgelenken,
die Söhne aus zu gutem Haus.

So wohlerzogen nimmt Gewalt
den Anlauf, nett, studentenhaft,
mit Kußmundfragen: Glauben Sie?
ein nackter Finger: Hoffen Sie?
die Drohung zielt, zum Schlips gebunden,
als Zusatzfrage: Lieben Sie?

Jetzt lockern sie den Knoten, jetzt:
Mitesser überlebensgroß.
Die Söhne aus zu gutem Haus.

Es ist so schön hier, auch bei Regen.
An Zigaretten glaub ich immer noch.
Mein Schnittlauch grünt, die Hoffnung auch.
Und manchmal, wenn ich mich zerstreue,
kehrt mich die Liebe mit Geduld aufs Blech.

Mama. Es hat sich Heiterkeit
verflogen und ist überfällig.
Eng wird es zwischen Ideologen
und Söhnen aus zu gutem Haus.
Sie kommen näher. Ich will raus.

Nach der Aktion

Ihr Gurren stellt die Löwen ab.
Viel Tauben, die das Gift vermieden,
zwängt Frost in unser Dachgebälk.

Wer hört darauf? Es gurgeln heute
auf jeder Wellenlänge Hälse:
Propheten nehmen überhand.

Dem Märchen mangelt Blut im Schuh.
Nichts tropft, um etwas zu beweisen.
Die Klingeln jubeln nach der Tat.

Der Rest drängt siech und böse, übrig:
des Himmels Ratten, Milben im Gefieder. –
Im Keller dauert Taubenmist.

Beim Friseur

Asche am Tresenfuß
oder was nachwuchs:
flüsternd gewaschen verschwitzt.

Ohne Scheitel.
Nur weniges läßt sich,
gegen Bezahlung, entscheiden.

Gespräche mit ihm. Diesmal Vietnam.
Es ist der Spiegel, der mich zögern läßt
zwischen Haarschnitt und Haarschnitt.

Wie sehe ich aus? Meine Ansichten über,
plus Trinkgeld und Unbekanntes,
machen mein Ansehen aus.

Als ich, seitlich Schaufenstern,
Umwege machte,
begann ich, mir Briefe zu schreiben.

Hymne

So kompliziert wie eine Nachtigall,
so blechern wie,
gutmütig wie,
so knitterfrei, althergebracht,
so grün ernst sauer, so durchwachsen,
so ebenmäßig,
so behaart,
so nah dem Wasser, windgerecht,
so feuerfest, oft umgegraben,
so kinderleicht, zerlesen wie,
so neu und knarrend, teuer wie,
so unterkellert, häuslich wie,
so leicht verloren, blankgegriffen,
so dünn geblasen, schneegekühlt,
so eigenhändig, mündig wie,
so herzlos wie,
so sterblich wie,
so einfach wie meine Seele.

Mein Schutzengel

Er schüttet mich aus:
das Kind mit dem Bade.

Ich springe nicht gerne:
wer springt, fällt in Gnade.

Soviel ich auch stemme:
er zinkt die Gewichte.

Will ich mit der Tante:
beschützt er die Nichte.

Zerwerfe ich Scheiben:
er handelt mit Kitt.

Und geh ich verloren:
mein Finder geht mit.

Der Delphin

dem Apostel Paulus und Peter Weiß gewidmet

Ich, gelehrig, sah im Sprung meinen Lehrer:
den Konvertiten hinter dem Mikrofon.
Hörte ihn abschwören und zerlachte ihm seine Beichte.
Schülergelächter. Delphinengelächter.
Er stülpte sich um, lächerlich um:
Damals war ich, heute bin ich.
Doch als er altbackenen Kuchen erbrochen
und frische Semmel getischt hatte,
als Saulus, gleich nach der Häutung,
in mir – ich sprang! –
den belehrbaren Delphin entdeckte,
als ich dran glauben sollte, dran glauben sollte,
säuerte Angst mein Gelächter:
ich sicherte den Ausgang,
tauchte und schwamm mich frei.

Kettenrauchen

Während ich meine Suppe und meine Bilanz
wie die Weichteile aller Schalentiere,
wacht meine immer vorletzte Zigarette und löst sich ab.

Nein sagt der Arzt und raucht.
Sie lebt vor sich hin.
Kippen zeugen von mir.

Nur keine Pause, das automatische Schifferklavier
und ein Film, der nicht reißt,
wenn sie sich küssen küssen.

Ich will nicht schlafen. Das läßt sich nicht träumen.
Monatelang einen Parkplatz suchen
und im Opel rauchend verhungern.

Mariechen von Guadalupe, du hörst mir zu,
wenn ich bete, drei Päckchen pro Tag:
weiße Asche in deinem Schoß.

Nein, ich schnall mich nicht an,
laß glimmen in hohler Hand.
Sagt nicht Tod. Sagt Entwöhnung.

Kleiner Komplex

Wie wir uns,
Fleck auf dem Schlips,
dankbar erkennen.
Schwitzende Butter oder die Angst
Margarine zu heißen.

Rechtsansprüche

Nicht mehr zu kurz kommen
und bis in die Träume
nach Heringen Schlange stehen.
Über geschlossener Wolkendecke
kämpfen wir um den Fensterplatz.

Die Erstgeburt

Dann werde ich meinen Söhnen Linsen kochen.
Der Vater, der kann das.
Dann werden sie handeln;
und jener wird Esau sein,
der seinen Vater liebt und seines Vaters Küche.

Tour de France

Als die Spitzengruppe
von einem Zitronenfalter
überholt wurde,
gaben viele Radfahrer das Rennen auf.

Sonntagmorgen

Wie sie zärtlich in sich gekehrt,
ernst besorgt um den fingerlang Kratzer,
ihren Wagen
und seine Stoßstange waschen.

Zweimal daneben

Als ich am Abzug den Druckpunkt suchte,
nicht durchriß,
gezielte Fahrkarten schoß.
Glück haben: lachende Nieten ziehen.

Dekadenz

Obgleich frische Eier Aspirin enthalten,
haben die Hähne Kopfschmerzen,
treten aber trotzdem;
wie nervös die Küken im Frühjahr ausschlüpfen.

Die Peitsche

Weil jeder Leiche etwas entsprießt,
weil keine Haut dicht
und kein Geheimnis niet- oder nagelfest ist,
fängt langsam an wie das Gold
der Frühling unter dem Schnee.

Noch schläft die Peitsche und in der Peitsche
aufgerollt der April.
Noch sägt jemand Holz, denkt dabei an den Winter;
und eine Frau geht vorbei,
doch er dreht sich nicht um.

Ein Junge steht auf dem Hof,
schielt und hält eine Peitsche.
Dann dreht er sich langsam, dreht
und schielt nicht mehr, nein er dreht
und knallt haushoch mit der Peitsche.

Karfreitag im Gebirge

Der Schnee vergeht, die Hähne bleiben.
Gebirge krähen, scharfe Kämme,
drei Bündel heiser spitze Winkel
und klappen auf und drängen Keile
und spalten Holz, den nackten Baum,
an dem zur Zeit die Schrauben reifen.

Die Flaschen bersten, Sirup läuft,
füllt alle Fugen, Brillenfutterale.
Wir sehen nichts mehr, Sirup läuft,
versüßt die Ohren, klebt Verschlüsse.
Die Schlüssel irren, Bitternis im Bart,
blutwitternd vor verschränkten Türen.

Wir fanden eine Venus unterm Schnee.
Sie schien erfroren, ihre Scham
glich einer oftgesprungnen Tasse.
Wir rieben ihren spröden Leib –
es lag noch vieles unterm Schnee,
für Auferstehung Zeitvertreib.

Jetzt erst erkennen wir sie wieder:
ein Arsenal gerollter Peitschen.
Es knattert halbmast, ist wer tot?
Als könnten Hähne sich aus Fahnen wickeln,
die schwarzen Fetzen treten Wind,
der Wind legt Eier, brütet Wind.

Orpheus

Weil ich mich damals zum Publikum zählte,
nahm ich Platz in der siebzehnten Reihe.
So, die Hände überm Programm,
hielt ich es aus bis kurz nach der Pause:

den Kapellmeister strich ich durch,
dem Klavier ins Gebiß, der Flöte ein Auge
weg und das Blech gefüllt – womit denn? – mit Blei.
Es galt, die Hälfte aller Instrumente zu enthaaren.

Wer schnitt mir damals den Film ab?
Platzanweiser bekamen Gewalt,
warfen mich Geigen vor, Hemdbrüsten,
was von Noten schwarz-weiß lebt, liniert.

Die Harfenistin, trotzdem ein Weib,
beugte sich über mich, trug ein mildtätig Kleid.
So ging ich in ihre Saiten ein,
verstehe mich nur noch auf Finger:

Wohlklang, ich überhöre mich, hüte mich,
nach ihrem Programm zu verlangen.

Der Dampfkessel-Effekt

Immer zum Zischen bereit.
Schneller gezischt als gedacht.
Nicht mehr mit Fäusten,
zischend wird argumentiert.
Bald wird es heißen:
Er wurde zu Tode gezischt.
Aber noch lebt er und spricht.
Auf seine Frage gab Zischen Antwort.
Seht dieses Volk, im Zischen geeint.
Zischoman. Zischoplex. Zischophil.
Denn das Zischen macht gleich,
kostet wenig und wärmt.
Aber es kostete wessen Geld,
diese Elite, geistreich und zischend,
heranzubilden.
Als wollte Dampfablassen
den nächstliegenden Nero bewegen,
jeweils den Daumen zu senken.
Pfeifen ist schön. Nicht jeder kann pfeifen.
Dieses jedoch, anonym,
macht ängstlich und läßt befürchten . . .

In Ohnmacht gefallen

Wir lesen Napalm und stellen Napalm uns vor.
Da wir uns Napalm nicht vorstellen können,
lesen wir über Napalm, bis wir uns mehr
unter Napalm vorstellen können.
Jetzt protestieren wir gegen Napalm.
  Nach dem Frühstück, stumm,
  auf Fotos sehen wir, was Napalm vermag.
  Wir zeigen uns grobe Raster
  und sagen: Siehst du, Napalm.
  Das machen sie mit Napalm.
Bald wird es preiswerte Bildbände
mit besseren Fotos geben,
auf denen deutlicher wird,
was Napalm vermag.
Wir kauen Nägel und schreiben Proteste.
  Aber es gibt, so lesen wir,
  Schlimmeres als Napalm.
  Schnell protestieren wir gegen Schlimmeres.
  Unsere berechtigten Proteste, die wir jederzeit
  verfassen falten frankieren dürfen, schlagen zu Buch.
Ohnmacht, an Gummifassaden erprobt.
Ohnmacht legt Platten auf: ohnmächtige Songs.
Ohne Macht mit Guitarre. –
Aber feinmaschig und gelassen
wirkt sich draußen die Macht aus.

Irgendwas machen

Da können wir doch nicht zusehen.
Wenn wir auch nichts verhindern,
wir müssen uns deutlich machen.
(Mach doch was. Mach doch was.

Irgendwas. Mach doch was.)
Zorn, Ärger und Wut suchten sich ihre Adjektive.
Der Zorn nannte sich gerecht.
Bald sprach man vom alltäglichen Ärger.
Die Wut fiel in Ohnmacht: ohnmächtige Wut.
Ich spreche vom Protestgedicht
und gegen das Protestgedicht.
(Einmal sah ich Rekruten beim Eid
mit Kreuzfingern hinterrücks abschwören.)
Ohnmächtig protestiere ich gegen ohnmächtige Proteste.
Es handelt sich um Oster-, Schweige- und Friedensmärsche.
Es handelt sich um die hundert guten Namen
unter sieben richtigen Sätzen.
Es handelt sich um Guitarren und ähnliche
die Schallplatte fördernde Protestinstrumente.
Ich rede vom hölzernen Schwert und vom fehlenden Zahn,
vom Protestgedicht.

Wie Stahl seine Konjunktur hat, hat Lyrik ihre Konjunktur.
Aufrüstung öffnet Märkte für Antikriegsgedichte.
Die Herstellungskosten sind gering.
Man nehme: ein Achtel gerechten Zorn,
zwei Achtel alltäglichen Ärger
und fünf Achtel, damit sie vorschmeckt, ohnmächtige Wut.
Denn mittelgroße Gefühle gegen den Krieg
sind billig zu haben
und seit Troja schon Ladenhüter.
(Mach doch was. Mach doch was.
Irgendwas. Mach doch was.)
Man macht sich Luft: schon verraucht der gerechte Zorn.
Der kleine alltägliche Ärger läßt die Ventile zischen.
Ohnmächtige Wut entlädt sich, füllt einen Luftballon,
der steigt und steigt, wird kleiner und kleiner, ist weg.
Sind Gedichte Atemübungen?
Wenn sie diesen Zweck erfüllen – und ich frage,
prosaisch wie mein Großvater, nach dem Zweck –,
dann ist Lyrik Therapie.
Ist das Gedicht eine Waffe?

Manche, überarmiert, können kaum laufen.
Sie müssen das Unbehagen an Zuständen
als Vehikel benutzen:
sie kommen ans Ziel, sie kommen ans Ziel:
zuerst ins Feuilleton und dann in die Anthologie:
Die Napalm-Metapher und ihre Abwandlungen
im Protestgedicht der sechziger Jahre.
Es handelt sich um Traktatgedichte.
Gerechter Zorn zählt Elend und Terror auf.
Alltäglicher Ärger findet den Reim auf fehlendes Brot.
Ohnmächtige Wut macht atemlos von sich reden.
(Mach doch was. Mach doch was . . .)
Dabei gibt es Hebelgesetze.
Sie aber kreiden ihm an, dem Stein,
er wolle sich nicht bewegen.
Tags drauf ködert der hilflose Stil berechtigter Proteste
den treffsicheren Stil glatter Dementis.
Weil sie in der Sache zwar jeweils recht haben,
sich im Detail aber allzu leicht irren,
distanzieren sich die Unterzeichner
halblaut von den Verfassern und ihren Protesten.
(Nicht nur Diebe kaufen sich Handschuhe.)
Was übrig bleibt: zählebige Mißverständnisse
zitieren einander. Fehlerhafte Berichtigungen
lernen vom Meerschweinchen
und vermehren sich unübersichtlich.

Da erbarmt sich der Stein und tut so,
als habe man ihn verrückt:
während Zorn, Ärger und Wut einander ins Wort fallen,
treten die Spezialisten der Macht
lächelnd vor Publikum auf. Sie halten fundierte Vorträge
über den Preis, den die Freiheit fordert;
über Napalm und seine abschreckende Wirkung;
über berechtigte Proteste und die erklärliche Wut.
Das alles ist erlaubt.
Da die Macht nur die Macht achtet,
darf solange ohnmächtig protestiert werden,

bis nicht mehr, weil der Lärm stört,
protestiert werden darf. –
Wir aber verachten die Macht.
Wir sind nicht mächtig, beteuern wir uns.
Ohne Macht gefallen wir uns in Ohnmacht.
Wir wollen die Macht nicht; sie aber hat uns. –
Nun fühlt sich der gerechte Zorn mißverstanden.
Der alltägliche Ärger mündet in Schweigemärsche,
die zuvor angemeldet und genehmigt wurden.
Im Kreis läuft die ohnmächtige Wut.
Das fördert den gleichfalls gerechten Zorn
verärgerter Polizisten:
ohnmächtige Wut wird handgreiflich.
Die Faust wächst sich zum Kopf aus
und denkt in Tiefschlägen Leberhaken knöchelhart.
(Mach doch was. Mach doch was ...)
Das alles macht Schule und wird von der Macht
gestreichelt geschlagen subventioniert.
Schon setzt der Stein, der bewegt werden wollte,
unbewegt Moos an.
Geht das so weiter? – Im Kreis schon.
Was sollen wir machen? – Nicht irgendwas.
Wohin mit der Wut? – Ich weiß ein Rezept:

Schlagt in die Schallmauer Nägel.
Köpft Pusteblumen und Kerzen.
Setzt auf dem Sofa euch durch.
  Wir haben immer noch Wut.
  Schon sind wir überall heiser.
  Wir sind gegen alles umsonst.
  Was sollen wir jetzt noch machen?
  Wo sollen wir hin mit der Wut?
Mach doch was. Mach doch was.
Wir müssen irgendwas,
mach doch was, machen.
  Los, protestieren wir schnell.
  Der will nicht mitprotestieren.
  Los, unterschreib schon und schnell.

Du warst doch immer dagegen.
Wer nicht unterschreibt, ist dafür.
Schön ist die Wut im Gehege,
bevor sie gefüttert wird.
Lang lief die Ohnmacht im Regen,
die Strümpfe trocknet sie jetzt.
Wut und Ventile, darüber Gesang;
Ohnmacht, dein Nadelöhr ist der Gesang:
Weil ich nichts machen kann,
weil ich nichts machen kann,
hab ich die Wut, hab ich die Wut.
Mach doch was. Mach doch was.
Irgendwas. Mach doch was.
Wir müssen irgendwas,
hilft doch nix, hilft doch nix,
wir müssen irgendwas,
mach doch was, machen.
Lauf schweigend Protest.
Lief ich schon. Lief ich schon.
Schreib ein Gedicht.
Hab ich schon. Hab ich schon.
Koch eine Sülze. Schweinekopfsülze:
die Ohnmacht geliere, die Wut zittre nach.
Ich weiß ein Rezept; wer kocht es mir nach?

Die Schweinekopfsülze

Man nehme: einen halben Schweinekopf
samt Ohr und Fettbacke,
lasse die halbierte Schnauze, den Ohransatz,
die Hirnschale und das Jochbein anhacken,
lege alles mit zwei gespaltenen Spitzbeinen,
denen zuvor die blaue Schlachthofmarkierung
entfernt werden sollte,
mit nelkengespickter Zwiebel, großem Lorbeerblatt,
mit einer Kinderhand Senfkörner
und einem gestrichenen Suppenlöffel mittlere Wut

in kochendes Salzwasser,
wobei darauf zu achten ist,
daß in geräumigem Topf alle Teile
knapp mit Wasser bedeckt sind
und der Ohrlappen, weil er sonst ansetzt,
nicht flach auf den Topfboden gedrückt wird.
Fünf Viertel Stunden lasse man kochen,
wobei es ratsam ist, nach dem ersten Aufkochen
mit der Schaumkelle
die sämigen, braungrauen Absonderungen
der inneren Schnauzenteile sowie der Ohrmuschel
und der halbierten leeren Hirnschale
abzuschöpfen, damit wir zu einer klaren,
wenn auch geschmacksärmeren Sülze kommen,
zumal sich die rasch zum Protest gerinnende Wut,
wie jede ohnmächtige, also eiweißhaltige Leidenschaft,
wenn sie nicht rasch gleichmäßig unterrührt wird,
gern in weißen Partikeln dem Schaum mitteilt.
Inzwischen wiege man vier Zwiebeln
und zwei geschälte
und vom Gehäuse befreite Äpfel
möglichst klein,
schneide zwei Salzgurken –
niemals Dill-, Senf- oder Delikateßgurken –
zu winzigen Würfeln,
zerstoße in Gedanken wie im Mörser
eine gefüllte Schlüsselbeinkuhle schwarzen Pfeffer
und lasse die restliche Wut
mit beigelegter Ingwerwurzel
und wenig geriebener Zitronenschale
auf kleiner Flamme ohnmächtig ziehen.
Sobald – nach einer Stichprobe in die Fettbacke –
das Kopffleisch weich ist,
die Backenzähne im Zahnbett gelockert sind,
aber noch haften,
und sich die besonders geleespendenden Hautteile
vom Ohr und an den Spalträndern
der beigelegten Spitzbeine zu lösen beginnen,

nehme man alle Teile
sowie die nelkengespickte Zwiebel
und das Lorbeerblatt aus dem Topf,
suche mit der Schaumkelle den Topfboden
nach Knochensplittern
und den sich leicht lösenden Vorderzähnen
sowie nach dem kiesig knirschenden Sand
der Ohrmuschel ab und lasse, während der Sud
auf kleingestelltem Feuer weiter ziehen sollte,
alles auf einer Platte,
möglichst bei offenem Küchenfenster
und verengten Pupillen, abkühlen.
Jetzt gilt es, die Weichteile der Schnauze,
die Fettbacke samt eingebettetem Auge
und das darunter gelagerte Fleisch
von den Knochen zu lösen.
Es sei angeraten, auf weiche
bis schnittfeste Knorpelteile
sowie auf den gallertartigen Ohrbelag,
der sich mit dem Messerrücken leichthin
vom eigentlichen Ohrlappen schaben läßt,
nicht zu verzichten,
weil gerade diese Teile,
desgleichen das lamellenförmige Zahnfleisch
und der hornige,
zur Speise- und Luftröhre leitende Zungenansatz,
unserer Sülze den speziellen
und leidenschaftlichen Sülzgeschmack geben.
Auch scheue man sich nicht,
die während der Arbeit immer wieder rasch
von einem Geleefilm überzogenen Hände
über dem dampfenden Sud abtropfen zu lassen,
weil so der Prozeß des natürlichen Gelierens
abermals unterstützt wird;
denn unsere Schweinekopfsülze
soll ganz aus sich und mitgeteilter Wut,
also ohne Macht und Gelantinepapier steif werden.
Alsdann würfle man das

von den Knochen gelöste Fett und Fleisch,
desgleichen die Knorpel und Weichteile,
lege sie mit den gewiegten Zwiebeln und Äpfeln,
den winziggewürfelten Gurken,
dem gestoßenen Schwarzpfeffer
und einem satten Griff Kapern in den Sud.
Mit – nach Geschmack –
löffelweis unterrührtem Estragonessig –
es wird empfohlen, kräftig zu säuern,
weil Essig kalt gerne nachgibt –
lasse man alles noch einmal aufkochen,
gebe jetzt erst,
nach wenig Bedenken,
die mittlerweile
auf kleiner Flamme
schön eingedickte Wut
ohne die ausgelaugte Ingwerwurzel bei
und fülle alsdann eine zuvor
mit kaltem Wasser geschwenkte Steingutschüssel.
Diese stelle man an einen kühlen,
wenn möglich zugigen Ort
und lade sich für den nächsten Abend
freundliche Gäste ins Haus,
die eine hausgemachte Schweinekopfsülze
zu schätzen wissen.
Sparsamer Nachsatz: Wer ungern etwas verkommen läßt,
der lasse Großknorpel und Knochen
sowie die gespaltenen Spitzbeine
noch einmal auskochen,
verfeinere mit Majoran, Mohrrüben, Sellerie,
gebe, falls immer noch restliche Wut im Hause,
eine Messerspitze dazu
und gewinne so eine schmackhafte Suppe,
die, wenn man Wruken, Graupen, sonstige Kümmernisse
oder geschälte Erbsen beilegt,
kinderreichen Familien ein zwar einfaches,
aber nahrhaftes Essen zu ersetzen vermag.

Der Epilog

Schon hat gerechter Zorn seinen Schneider gefunden.
Sonntag glättet alltäglichen Ärger.
Ach, mit der Suppe, ohnmächtig, verkochte die Wut.
  Erschöpft und gezähmt sitzen wir sanft um den Tisch.
  Kleine Gewinne erfreuen den Vater; Sorge will kürzen,
  denn abgestimmt, Punkt für Punkt, wird unser Haushalt.
So läßt uns Fallsucht in Ohnmacht fallen.
Immer noch werden Proteste zur Kenntnis genommen
und – auf Verlangen – im Protokoll erwähnt.
  Es liegt ein Antrag auf Unterlassung vor:
  Nie mehr soll ohne Macht protestiert werden.
Stimmlos, weil nicht beschlußfähig,
vertagen wir uns auf morgen.

Mehr Obst essen

Ich war in der Rheinlust,
wo die Gewählten
bei taktischem Bier
Wahlen verwetten.
Die Krise am Stammtisch.
Wer hält das aus,
dieses Rechtbehalten?

Gesund will die kleine Wut überleben.
In einen Apfel großspurig beißen.
Hör dir nur zu:
Blutet das Zahnfleisch,
lärmen im Kleinhirn die Zähne.
Obst, kurz vorm Schlafen, ist lauter als
und übertönt übertönt …

Jetzt wieder rauchen.
Asche auf Kerne Gehäuse.
Stille und Widerspruch,
wenige Züge lang
nehmen sie zu.

Politische Landschaft

Uns Geschädigten, denen das Wissen
  Mühe macht beim Verlernen,
    ordnet die Geografie wirre Geschichte:
Seitlich Adenau und bis an das Flüßchen Hunte,
  zwischen Galen und Frings,
    buchen die Sozis kleine Gewinne,
      mühen sich ab beim Verlernen.
Doch immerfort tagt am Wannsee die Konferenz;
  immerfort werden in Eifellava, Basalt,
    in grauen Globke – nie wieder in Travertin –
      die Kommentare gezwungen.
Denn das soll bleiben bleiben
  und sich nie mehr vertagen dürfen:
    von der Jaksch bis zur Veba,
      unausgesetzt wird zuendegedacht.
Schuld und die Forstwirtschaft
  oder was nachwächst: Schonungen
    geben dem Land Enge und Hoffnung,
damit Nutzholz und eine neue Generation
  schon morgen vergißt,
    wie verschuldet, wie abgeholzt
      Schwarzwälder waren.
Schön ist das Land und Natur
  stützt die Kurse und Reiseprospekte,
    denn ein Blick bis zur Elbe
      oder vom Bocksberg nach drüben zum Marx
– wie sie sich abschirmen; wie wir uns abschirmen –,
  wo immer sich ernste Berge im Wege stehn
    und der Gedanke nicht flügge wird,
      lohnen sich Blicke
        vom Blessing über den Rhein.
Oh, ihr linken und rechten Nebenflüsse:
  die Barzel fließt in die Wehner.
    Abwässer speisen das Sein.

Grauwacke, Rehwinkel, laubgesägt Tannen,
Karst, Abs und Kulmbacher Bier,
altfränkische Wolken über dem Heideggerland.

Neue Mystik
oder: Ein kleiner Ausblick auf die utopischen Verhältnisse
nach der vorläufig allerletzten Kulturrevolution

Als unsere Fragebögen lückenhaft blieben
und die formierten Mächte sich ratlos näher kamen,
begann die Verschmelzung aller Systeme mit der Telepathie.

Während noch Skeptiker abseits standen,
wurden schon volkseigne Tische gerückt,
Geister gerufen, mit Hegel
und anderen Mystikern gefüttert,
bis es klopfte und leserlich Antwort gab.

Auf jener Tagung spiritistischer Leninisten in Lourdes,
deren Arbeitsgruppen das fortschrittliche Tibet
und die Errungenschaften der Therese von Konnersreuth
mit Hilfe der Schrenk-Notzing-Methode behandelten,
wurden die Vertreter aufklärender Dekadenz gemaßregelt:
Fortan fiel Pfingsten auf jeweils den 1. Mai.

Im folgenden Jahr,
während der telepathischen Karwoche,
überführten Zen-Pioniere,
geleitet von den vierdimensionalen Sozial-Jesuiten,
gefolgt von indischen Kühen
und den großen Sensitiven astraler Hindu-Kombinate,
des Stalin wächserne Leiche in Etappen nach Rom.

Als man, nach paladinischer Weisung
(Eusapia Paladino, geb. 1854 in Neapel,
mediale Vorkämpferin der Neuen Mystik),
auf der windigen Insel Gotland
ein gelbhaariges Medium gefunden hatte,
wurde es zur Heldin des sozialistischen Mystizismus erklärt
und kurz nach jenem tragischen Autounfall –
versprengte Sozialdemokraten

und marxistische Revisionisten
gestanden später den Anschlag –
heiliggesprochen.

Die in Texas und in der Äußeren Mongolei
zwecks Umschulung an Schutzlagertischen
konzentrierten Konterrevolutionäre
nehmen fortan
von Sitzung zu Sitzung ab.

Ständig tagt unser Vollzirkel dialektischer Psychokinese.
Denn immer noch gibt die Heilige Antwort.
Um einen Tisch sitzt die Welt und holt Rat bei ihr.
Sie, die irrationale, rüstet uns ab,
sie, die telekinetische, hilft uns, das Soll zu erfüllen,
sie, die okkulte, ernährt und verwaltet uns,
nur sie, die parteiliche und unfehlbare,
sie, die gebenedeite und schmerzensreiche,
sie, die liebliche Sensitive,
füllt unsere Fragebögen,
benennt unsere Straßen,
säubert uns gründlich,
erlöst uns vom Zweifel,
nimmt uns das Kopfweh.

Fortan müssen wir nicht mehr denken,
nur noch gehorchen
und ihre Klopfzeichen auswerten.

Gesamtdeutscher März
Gustav Steffen zum Andenken

Die Krisen sprießen, Knospen knallen,
in Passau will ein Biedermann
den Föhn verhaften, Strauß beteuert,
daß er nicht schuld sei, wenn es taut;
in Bayern wird viel Bier gebraut.

Der Schnee verzehrt sich, Ulbricht dauert.
Gesamtdeutsch blüht der Stacheldraht.
Hier oder drüben, liquidieren
wird man den Winter laut Beschluß:
die Gärtner stehn Gewehr bei Fuß.

In Schilda wird ein Hochhaus, fensterlos,
das Licht verhüten; milde Lüfte
sind nicht gefragt, der alte Mief
soll konservieren Würdenträger
und Prinz Eugen, den Großwildjäger.

Im Friedenslager feiert Preußen
das Osterfest, denn auferstanden
sind Stechschritt und Parademarsch;
die Tage der Kommune sind vorbei,
und Marx verging im Leipz'ger Allerlei.

Bald wärmt die Sonne und der greise,
schon legendäre Fuchs verläßt
zum Kirchgang-Wahlkampf seinen Bau;
der Rhein riecht fromm nach Abendland,
und Globke lächelt aus dem Zeugenstand.

Heut gab es an der Grenze keinen Toten.
Nun langweilt sich das Bild-Archiv.
Seht die Idylle: Vogelscheuchen
sind beiderseits der Elbe aufmarschiert;
jetzt werden Spatzen ideologisiert.

Oh, Deutschland, Hamlet kehrte heim:
»Er ist zu fett und kurz von Atem ...«
und will, will nicht, auf kleiner Flamme
verkocht sein Image: Pichelsteiner Topf;
die Bundesliga spielt um Yoricks Kopf.

Bald wird das Frühjahr, dann der Sommer
mit all den Krisen pleite sein –
glaubt dem Kalender, im September
beginnt der Herbst, das Stimmenzählen;
ich rat Euch, Es-Pe-De zu wählen.

Kleines Fest

Bevor die Preise uns, den Lohn erklettern
– galvanisiert pocht morgen schon der Knöchel
auf feste Werte Leitmotive –,
soll Heiterkeit aufkommen, leichte Brisen
bewegen uns und kräuseln unsre Krisen.

Wir zählen Schätze auf: ein Brillenschoner
wird oft gefragt, bleibt später liegen.
Brief oder Geld – und auch der Glanz von innen –
zum Kapital geschlagen; Kerzenlicht
verkündet aller Hoffnung letzte Schicht.

Wer gibt? Wer reizt? Und wer sitzt vorne?
Nach sieben Stunden Pfennigskat
hat jeder Zeit gewonnen, nur die Mark
verlor und wollte heimwärts rollen
und sich ersäufen im ersoffnen Silberstollen.

In Ecken, von der Müdigkeit gestützt,
erholt sich Sünde und macht mäßig Spaß.
Erst gegen Morgen – nüchtern wieder –
rafft sich der Hausherr auf zum Manifest:
Gott unterliegt dem Warentest!

Wir, im Konsum vereint, auf Raten fällig
– auf Eis gelegt, wird jeder Gaumen taub,
liegt zwischen Hühnchen leichenbitter
und Vorrat, der an Notstand glaubt –,
uns wird Geschmack vom Mund geraubt.

Der Spott gedrosselt, Ironie blockiert:
mein Handel bleibt auf Tränensäcken sitzen.
Ach, wären Märkte offen, wäre Liebe frei,
es müßten die Tendenzen sich versteifen;
an Stützungskäufen läßt sich Impotenz begreifen.

Die Gäste gehen, halten Maß.
Doch mein Gelächter schreit nach Staubzulage,
und Kichern wirbt in Aschenbecherhalden
für blauen Himmel über Ruhr und Rhein. –
Ich lüfte, doch die Luft sagt: Nein.

Bevor es verjährt

Unter Verschluß liegt es.
Es kommt nicht oft vor.
Wirft seinen Schatten: es.
Und atmet laut durch die Nase,
hüstelt, nähert sich: es tritt ein.

Wenn sie,
  die Tür,
    nicht schließen will,
weil sich das Holz verzogen hat,
weil sich ein Haar ins Schloß
geschlichen, weil eine Schulter...

Wenn sie
  nicht schließt,
    die Tür,
und Zugluft die alten Papiere
wach hält, weiß ich,
es kommt Besuch.

Den Fuß hält es zwischen.
Es klopft nicht an.
Sitzt schon, bevor es eingetreten.
Und will nicht gehen,
bevor es verjährt.

Der Neubau

Beim Ausschachten,
im März,
stießen wir auf Scherben,
die vom Museum abgeholt wurden.
Das Fernsehen drehte die Übergabe.

Beim Ausgießen der Fundamente,
im Mai,
trat ein Italiener zwischen die Verschalung
und ging verschütt.
Ermittelt wurde menschliches Versagen.

Beim Versetzen der Fertigteile,
im Juni und Juli,
vergaß jemand seinen Henkelmann
in den Hohlräumen der Außenwände.
Diese Bauweise ist ein Isolierverfahren der Firma Schlempp.

Beim Installieren der Leitungen,
im späten September,
verschwanden Fotokopien und ähnliches Ostmaterial
hinter dem Putz.
Die Fernheizung wurde angeschlossen.

Beim Verlegen der Fußböden,
bevor im November die Anstreicher kamen,
verlagerten wir die Vergangenheit des Bauleiters Lübke
unter die Böden.
Später versiegelten wir das Parkett.

Jetzt,
ab Dezember,
ist der Neubau bewohnt;
doch klagen die Mieter über Nebengeräusche.
Sie werden sich gewöhnen müssen.

Gemüsetest

Erftperle Ingelfinger Ehrentrup.
Gut eingewogen, sortenrein,
die Unterschiede zwischen jung und fein –
die jungen dürfen braune Kerne haben –,
doch sei die Bohne, ob gebrochen,
wie Wachsbrechbohnen, Kanada,
Schnittbohnen, Stufe eins, Prinzeß,
jung rund grün schlank und fadenfrei;
so sei die Bohne: fadenfrei.
  Denn nicht nur mit der Bombe, mit Konserven
  gilt es zu leben: Rote Beete
  sind dankbar, preiswert und empfehlen sich
  in Sonderdosen für den Ostermarsch.
  Wie sanft sie protestieren, Hülsenfrüchte,
  selbst wenn sie steinfrei, Linsen etwa,
  sind von der Schote her Protest;
  nicht nur die Bombe unterliegt dem Test.
Heut testen wir Gemüsesorten.
Es eignet sich für Notstandszeiten
das deutsche Büchsensauerkraut.
Doch Vorsicht bei der Sorte Nanz:
zerkocht, geschmacksarm, wenn auch ohne
Rückstände, die der Pflanzenschutz
auf Weißkohlsorten gerne haften läßt,
versagte dieses Sauerkraut beim Test.
  Denn ohne Essig ohne Bleiche,
  ganz ohne Süßstoff muß es sauer sein.
  Bei Gurken rundet Ananas Geschmack,
  süß-sauer von der Firma Otto Frenzel.
  Ob Salz Senf Dill, wir fanden alle Gurken
  dank Glasverpackung ohne Blechgeschmack;
  bei Grünen Erbsen lag es oft am Lack.
Wir, die wir alles, Moos und Algen testen –
auch Löwenzahn ersetzt zur Not Gemüse –,
wir weisen hin auf Riesenstangenspargel

mit Köpfen extrastark aus Gifhorn und Formosa.
Von Pilzen sei der Pilzform wegen abgeraten,
auch sind bei Pfifferlingen Maden zugelassen,
getestet als Hotelkost, dritte Wahl.
Zuletzt sei auf Spinat verwiesen;
nicht nur bei Kindern hebt er die Moral.

Kleckerburg

Gestrichnes Korn, gezielte Fragen
verlangt die Kimme lebenslang:
Als ich verließ den Zeugenstand,
an Wände, vor Gericht gestellt,
wo Grenzen Flüsse widerlegen,
sechstausend Meter überm Mief,
zuhause, der Friseur behauchte
den Spiegel und sein Finger schrieb:
Geboren wann? Nun sag schon, wo?
  Das liegt nordöstlich, westlich von
  und nährt noch immer Fotografen.
  Das hieß mal so, heut heißt es so.
  Dort wohnten bis, von dann an wohnten.
  Ich buchstabiere: Wrzeszcz hieß früher.
  Das Haus blieb stehen, nur der Putz.
  Den Friedhof, den ich, gibts nicht mehr.
  Wo damals Zäune, kann heut jeder.
  So gotisch denkt sich Gott was aus.
  Denn man hat wieder für viel Geld.
  Ich zählte Giebel, keiner fehlte:
  das Mittelalter holt sich ein.
  Nur jenes Denkmal mit dem Schwanz
  ist westwärts und davon geritten.
Und jedes Pausenzeichen fragt;
denn als ich, zwischen Muscheln, kleckerte mit Sand,
als ich bei Brentau einen Grabstein fand,
als ich Papier bewegte im Archiv
und im Hotel die Frage in fünf Sprachen:
Geboren wann und wo, warum?
nach Antwort schnappte, beichtete mein Stift:
  Das war zur Zeit der Rentenmark.
  Hier, nah der Mottlau, die ein Nebenfluß,
  wo Forster brüllte und Hirsch Fajngold schwieg,
  hier, wo ich meine ersten Schuhe
  zerlief, und als ich sprechen konnte,

das Stottern lernte: Sand, klatschnaß,
zum Kleckern, bis mein Kinder-Gral
sich gotisch türmte und zerfiel.
Das war knapp zwanzig Jahre nach Verdun;
und dreißig Jahre Frist, bis mich die Söhne
zum Vater machten; Stallgeruch
hat diese Sprache, Sammeltrieb,
als ich Geschichten, Schmetterlinge spießte
und Worte fischte, die gleich Katzen
auf Treibholz zitterten, an Land gesetzt,
zwölf Junge warfen: grau und blind.
Geboren wann? Und wo? Warum?
Das hab ich hin und her geschleppt,
im Rhein versenkt, bei Hildesheim begraben;
doch Taucher fanden und mit Förderkörben
kam Strandgut Rollgut hoch, ans Licht.
Bucheckern, Bernstein, Brausepulver,
dies Taschenmesser und dies Abziehbild,
ein Stück vom Stück, Tonnagezahlen,
Minutenzeiger, Knöpfe, Münzen,
für jeden Platz ein Tütchen Wind.
Hochstapeln lehrt mein Fundbüro:
Gerüche, abgetretne Schwellen,
verjährte Schulden, Batterien,
die nur in Taschenlampen glücklich,
und Namen, die nur Namen sind:
Elfriede Broschke, Siemoneit,
Guschnerus, Lusch und Heinz Stanowski;
auch Chodowiecki, Schopenhauer
sind dort geboren. Wann? Warum?
Ja, in Geschichte war ich immer gut.
Fragt mich nach Pest und Teuerung.
Ich bete läufig Friedensschlüsse,
die Ordensmeister, Schwedennot,
und kenne alle Jagellonen
und alle Kirchen, von Johann
bis Trinitatis, backsteinrot.
Wer fragt noch wo? Mein Zungenschlag

ist baltisch tückisch stubenwarm.
Wie macht die Ostsee? – Blubb, pifff, pschsch...
Auf deutsch, auf polnisch: Blubb, pifff, pschsch...
Doch als ich auf dem volksfestmüden,
von Sonderbussen, Bundesbahn
gespeisten Flüchtlingstreffen in Hannover
die Funktionäre fragte, hatten sie
vergessen, wie die Ostsee macht,
und ließen den Atlantik röhren;
ich blieb beharrlich: Blubb, pifff, pschsch...
Da schrien alle: Schlagt ihn tot!
Er hat auf Menschenrecht und Renten,
auf Lastenausgleich, Vaterstadt
verzichtet, hört den Zungenschlag:
Das ist die Ostsee nicht, das ist Verrat.
Befragt ihn peinlich, holt den Stockturm her,
streckt, rädert, blendet, brecht und glüht,
paßt dem Gedächtnis Schrauben an.
Wir wollen wissen, wo und wann.
Nicht auf Strohdeich und Bürgerwiesen,
nicht in der Pfefferstadt – ach, wär ich doch
geboren zwischen Speichern auf dem Holm! –
in Strießbachnähe, nah dem Heeresanger
ist es passiert, heut heißt die Straße
auf polnisch Lelewela – nur die Nummer
links von der Haustür blieb und blieb.
Und Sand, klatschnaß, zum Kleckern: Gral...
In Kleckerburg gebürtig, westlich von.
Das liegt nordwestlich, südlich von.
Dort wechselt Licht viel schneller als.
Die Möwen sind nicht Möwen, sondern.
Und auch die Milch, ein Nebenarm der Weichsel,
floß mit dem Honig brückenreich vorbei.
Getauft geimpft gefirmt geschult.
Gespielt hab ich mit Bombensplittern.
Und aufgewachsen bin ich zwischen
dem Heilgen Geist und Hitlers Bild.
Im Ohr verblieben Schiffssirenen,

gekappte Sätze, Schreie gegen Wind,
paar heile Glocken, Mündungsfeuer
und etwas Ostsee: Blubb, pifff, pschsch ...

Sechsundsechzig

In diesem Eidechsenjahr –
wirklich, auf sonnigem Putz
atmeten viele verspielt...

In diesem Jahr unterwegs –
was mich beschleunigt, wächst,
gibt Zeichen, hat überholt...

In diesem Jahr kinderleicht –
Jahr, das befürchten läßt: Schrott...

In diesem kosmischen Jahr –
fortschreitend witzlos verläuft...

In diesem Jahr auf ein Jahr –
Jahr ohne Gag Richtung Mond...

In diesem Bilderschirmjahr –
Eckbälle wurden verschossen,
Schreckschüsse saßen im Tor...

Im sechsundsechzigsten Jahr
tobte im Kies, zu Füßen der Mauer:
ein unwiderrufner Befehl,
bewegter Protest,
ledige Wut:
zwei Eidechsenschwänze.

Luft holen

Seife und Äpfel kaufen.
Möwen habe ich schon beschrieben.
Diese sind kleiner.

Eisgrütze auf den Grachten igelt sich ein.
Wer hat die Mädchen
mit Graupeln beworfen: zu fettes Essen?

Man sagt, die Königin subventioniere
die Fahrräder.
Und eine der Tulpen heißt: Lustige Witwe.

Es ist schon so, daß die Zwiebel,
wenn man sie streichelt,
am Ende ja sagt.

Tagsüber lache ich vor mich hin.
Das darf man hier:
vorsichhinlachen und luftholen.

Im Botanischen Garten

Die Farbenreiber leben vom Herbst.
Fünfhundert Sorten Erica,
darunter das Kräutchen Calluna der Besenheide.
  Am Sonntag Familienauftrieb:
  neben Begonien und weißer Vollendung,
  nahe dem Ricinus,
  wächst das Vivil für den übrigen Groschen,
  unseren Atem zu klären.
Nacktsamer und Farne.
Leguminosae – unsere Liebe, Hülsenfrucht,
Scheinhasel, Zaubernuß, flüchtet sich ins Latein. –
Auf verwaschenen Schildchen
springt sie und springt
von der kanadischen Felsenbirne,
zu deren Füßen Kastanien spotten,
zum morgenländischen Lebensbaum,
der kein Laub wirft und Friedhöfen nahe steht.
  Wir lernten uns bei der blassen Miß Winett kennen.
  Im Jahre neununddreißig züchtete Otto Greul
  seine Teehybride Gretl Greul.
Wegen deiner verzweigten Verwandtschaft
stritten wir uns
unterm getüpfelten Blasenstrauch.
  Diese Rose vorm weißen Tausendschön,
  neben der kniehoch kriechenden Floribunda,
  diese Rose wurde nach einem General benannt:
  Mac Arthur. Mac Arthur. Die Rose Mac Arthur.
Nichts schreckt die Kinder,
denn zwischen Anzuchten sind alle gerollten Schlangen
sonntäglich ruhende Schläuche,
montags die Pyrenäen zu wässern,
dienstags das Amurland und so weiter...
  Dort, unterm Judasbaum,
  Herzblätter wirft er,
  wird eine Bank frei.

Vermont

Zum Beispiel Grün. In sich zerstritten Grün.
Grün kriecht bergan, erobert seinen Markt;
so billig sind geweißte Häuser hier zu haben.

Wer sich dies ausgedacht, dem fällt
zum Beispiel immer neues Grün
in Raten ein, der wiederholt sich nie.

Geräte ruhen, grünlich überwunden,
dabei war Rost ihr rötester Beschluß,
der eisern vorlag, nun als Schrott zu haben.

Wir schlugen Feuerschneisen, doch es wuchs
das neue Grün viel schneller als
und grüner als zum Beispiel Rot.

Wenn dieses Grün erbrochen wird.
Zum Beispiel Herbst: die Wälder legen
den Kopfschmuck an und wandern aus.

Ich war mal in Vermont, dort ist es grün . . .

Falsche Schönheit

Diese Stille,
  also der abseits in sich verbißne Verkehr,
    gefällt mir,
und dieses Hammelkotelett,
  wenn es auch kalt mittlerweile und talgig,
    schmeckt mir,
das Leben,
  ich meine die Spanne seit gestern bis Montag früh,
    macht wieder Spaß:
ich lache über Teltower Rübchen,
unser Meerschweinchen erinnert mich rosa,
Heiterkeit will meinen Tisch überschwemmen,
und ein Gedanke,
  immerhin ein Gedanke,
    geht ohne Hefe auf;
      und ich freue mich,
        weil er falsch ist und schön.

März

Schon wieder mischen sie Beton.
Von rostiger Armierung taut
die letzte Hemmung, Fertigteile
verfügen sich und stehen stramm:
Komm. Paß dich an. Komm. Paß dich an.
Als meine Wut den Horizont verbog,
als ich den Müll nicht schlucken wollte,
als ich mit kleinen spitzen Verben
Bereifung schlitzte – Warum parken Sie? –,
als ich den Pudding durch ein Haarsieb hetzte
und ihm sein rosa Gegenteil bewies,
als ich mir Schatten fing, als Schattenfänger
bezahlt, danach veranlagt wurde,
als ich die Nägel himmelwärts
durch frischgestrichne Bänke trieb,
als ich Papier, mit Haß bekritzelt,
zu Schiffchen faltete und schwimmen ließ,
als Liebe einen Knochen warf
und meine Zunge sich Geschmack erdachte,
als ich beschloß, die Gürtelrose zu besprechen,
nur weil im Welken noch drei Gramm Genuß,
als ich, es nieselte, die Bronze leckte
und schwellenscheu die Fotzen heilig sprach,
als meine Finger läufig wurden
und längs den Buden jedes Astloch deckten,
als ich die Automaten, bis game over,
bei kleinen Stößen Klingeln lehrte,
als jede Rechnung unterm Strich
auf minus neunundsechzig zählte,
als ich bei Tauben lag und schwören mußte:
Nie wieder werde ich mit Möwen! –
als ich ein Ohr besprang, um Ablaß bat:
Zu trocken sind die Engel und zu eng! –
als nur noch Kopfstand mir Vokabeln gab:
Ich liebe dich. Ich liebe dich. –

Als Winterfutter aus den Mänteln
geknöpft und eingemottet wurde,
als sich das Treibhaus bunt erbrach –
Lautsprecher in den März gestellt –,
als Kitzel Krätze Fisch und Lauch
sich stritten, brach der Frühling aus:
Ich hab genug. Komm. Zieh dich aus.

MARIAZUEHREN

Mariazuehren

Schau, die Kartoffel
und ihre Keime,
wie geil die Weiden im März
und eine Wolke – als lehre das Wetter Fortschritt –
den Deich landeinwärts rückt.

Dein Lichtmesser schlägt aus.
Zwei Sekunden lang halten die Aale
auf ihrem Weg zu den Kühen still
und beten, bis sie gerinnt,
die Milch an: ein grützige Foto.

Ich setze ein Zeichen und lösche es mit dem nächsten.
Die Hühner, die Nonnen, die Vögel, die Scheuchen ...
Und als ich heimkam, zerredet ganz und hartgesotten,
ging ich zu, kamen mir Pilze entgegen,
Schirmlinge und Boviste, entwurzelte Pimmel,
die himmelwärts zeugen.

Schau, wie das laufende halbe Schwein
die Schnecke rittlings beschleunigt.
Schau, wie die Köchin in mir
mit ihrer Möse Zitronen preßt.
Schau, was ich wegließ.

Deine wechselnden Blenden.
Dein Täschchen voller Krimskram, Tabletten
und verkniffener Tränen ...

Maria, knips mal die Spuren,
die Reste, den Abschaum und meine Kippen,
die ich seit Tagen, um Dich zu ehren
und mich zu beweisen – den Rauch.

Ein masurisches Handchenvoll, aber säuft und frißt
in sich rein, was ich tische: den Steinbutt (in Dill)
nachdem er belichtet, mit raschem Pinsel getuscht
und mystifiziert... (Das ist Anschauung, Ausbeutung;
von Kunst quasselt nur das Gewerbe.)

Krachende Äpfel.
Das Schweigen, nachdem die Zähne.
Ich hinterließ.

Dein Auslöser jetzt, jetzt und jetzt,
weil olle Dreher mit seinem Speckballen
das säuregebissene Kupferblech höht...

Schau, wie der Fischkopf,
den ich auf langer Stange über den Deich hielt,
damit er noch einmal,
wo sich die Elbe von weither auskotzt,
jetzt im siedenden Sud zerfällt
und beide Augen weiß – Glücksbringer –
in Deiner Suppe, Maria, kugeln, damit Du satt
und nicht mehr mit Deinem Dings...
Doch später, entwickelt, sagte der Rotbarsch,
er sei gegen Farbe.

Akwakolor Akwakolor behaupten auf seichtem Wasser
die colorierten Enten.
Aber graustichig ist mein Traum,
und verregnet fliehen auf beiden Ufern der Stör
die Horizonte...

Auf einmal (wieder) Gefühl.
Stottern auf neuem Papier.
Als hätten Deine Engel, die Fliegen...
Hier ist kein Streit.
Fremd stehen sich gegenüber,
warten auf Zufall, bilden Legende...

Mit ihrem Tuch nahm sie den Schweiß ab
und überlieferte sein Gesicht.
Ich zeichne bei Ebbe, damit die Flut,
dies, das, Dich und auch Dich in den Sand.
(Könnte ich wie der Staub,
bis ich mich nicht mehr verstehe.)

Was sich engfügt häuft lagert.
Was seinen Raum einbringt.
Jetzt bin ich fünfundvierzig und noch immer erstaunt.

Schau, wie frei ich im Ausschnitt
und die Schwärze, den Zwang,
der auf Weiß besteht, grausiebe.
Schau das gebettete Auge.
Schau die Puppe, nachdem der Besuch ging.
Schau den gebrauchten Tisch.
Plappernde Fundsachen.
Die Gräte der Gräte.
Mit Sorgfalt leichthin: Mariazuehren.

ACH BUTT,
DEIN MÄRCHEN GEHT BÖSE AUS

Worüber ich schreibe

Über das Essen, den Nachgeschmack.
Nachträglich über Gäste, die ungeladen
oder ein knappes Jahrhundert zu spät kamen.
Über den Wunsch der Makrele nach gepreßter Zitrone.
Vor allen Fischen schreibe ich über den Butt.

Ich schreibe über den Überfluß.
Über das Fasten und warum es die Prasser erfunden haben.
Über den Nährwert der Rinden vom Tisch der Reichen.
Über das Fett und den Kot und das Salz und den Mangel.
Wie der Geist gallebitter
und der Bauch geisteskrank wurden,
werde ich – mitten im Hirseberg –
lehrreich beschreiben.

Ich schreibe über die Brust.
Über Ilsebill schwanger (die Sauregurkengier)
werde ich schreiben, solange das dauert.
Über den letzten Bissen geteilt,
die Stunde mit einem Freund
bei Brot, Käse, Nüssen und Wein.
(Wir sprachen gaumig über Gott und die Welt
und über das Fressen, das auch nur Angst ist.)

Ich schreibe über den Hunger, wie er beschrieben
und schriftlich verbreitet wurde.
Über Gewürze (als Vasco da Gama und ich
den Pfeffer billiger machten)
will ich unterwegs nach Kalkutta schreiben.

Fleisch: roh und gekocht,
lappt, fasert, schrumpft und zergeht.
Den täglichen Brei,
was sonst noch vorgekaut wurde: datierte Geschichte,
das Schlachten bei Tannenberg Wittstock Kolin,

was übrigbleibt, schreibe ich auf:
Knochen, Schlauben, Gekröse und Wurst.

Über den Ekel vor vollem Teller,
über den guten Geschmack,
über die Milch (wie sie glumsig wird),
über die Rübe, den Kohl, den Sieg der Kartoffel
schreibe ich morgen
oder nachdem die Reste von gestern
versteinert von heute sind.

Worüber ich schreibe: über das Ei.
Kummer und Speck, verzehrende Liebe, Nagel und Strick,
Streit um das Haar und das Wort in der Suppe zuviel.
Tiefkühltruhen, wie ihnen geschah,
als Strom nicht mehr kam.
Über uns alle am leergegessenen Tisch
werde ich schreiben;
auch über dich und mich und die Gräte im Hals.

Aua

Und säße gegenüber drei Brüsten
und wüßte nicht nur das eine, das andere Gesäuge
und wäre nicht doppelt, weil üblich gespalten
und hätte nicht zwischen die Wahl
und müßte nie wieder entweder oder
und trüge dem Zwilling nicht nach
und bliebe ohne den übrigen Wunsch . . .

Aber ich habe nur andere Wahl
und hänge am anderen Gesäuge.
Dem Zwilling neide ich.
Mein übriger Wunsch ist üblich gespalten.
Und auch ganz bin ich halb nur und halb.
Immer dazwischen fällt meine Wahl.

Nur noch keramisch (vage datiert) gibt es,
soll es Aua gegeben haben: die Göttin
mit dem dreieinigen Quell,
dessen einer (immer der dritte) weiß,
was der erste verspricht und der zweite verweigert.

Wer trug dich ab, ließ uns verarmen?
Wer sagte: Zwei ist genug?
Schonkost seitdem, Rationen.

Arbeit geteilt

Wir – das sind Rollen.
Ich und du halten, du die Suppe schön warm –
ich den Flaschengeist kühl.

Irgendwann, lange vor Karl dem Großen,
wurde ich mir bewußt,
während du dich nur fortgesetzt hast.
Du bist – ich werde.
Dir fehlt noch immer – ich brauche schon wieder.
Dein kleiner Bezirk gesichert –
meine ganz große Sache gewagt.
Sorg du für Frieden zuhaus – ich will mich auswärts beeilen.

Arbeit geteilt.
Halt mal die Leiter, während ich steige.
Dein Flennen hilft nichts, da stelle ich lieber den Sekt kalt.
Du mußt nur hinhalten, wenn ich dir von hinten rein.

Meine kleine tapfere Ilsebill
auf die ich mich voll ganz verlassen kann,
auf die ich eigentlich stolz sein möchte,
die mit paar praktischen Griffen alles wieder heilheil macht,
die ich anbete anbete,
während sie innerlich umschult,
ganz anders fremd anders und sich bewußt wird.

Darf ich dir immer noch Feuer geben?

Vorgeträumt

Vorsicht! sage ich, Vorsicht.
Mit dem Wetter schlägt auch das bißchen Vernunft um.
Schon ist Gefühl zu haben, das irgendwie ist:
irgendwie komisch, unheimlich irgendwie.
Wörter, die brav ihren Sinn machten,
tragen ihr Futter gewendet.
Zeit bricht um.
Wahrsager ambulant.
Zeichen am Himmel – runenhafte, kyrillische –
will wer wo gesehen haben.
Filzschreiber – einer oder ein Kollektiv – verkünden
auf Kritzelwänden der U-Bahnstationen: Glaubt mir glaubt!

Jemand – es kann auch ein Kollektiv sein – hat einen Willen,
den niemand bedacht hat.
Und die ihn fürchten, päppeln ihn hoch mit Furcht.
Und die ihr Vernünftlein noch hüten,
schrauben die Funzel kleiner.
Ausbrüche von Gemütlichkeit.
Gruppendynamische Tastversuche.
Wir rücken zusammen: noch vermuten wir uns.

Etwas, eine Kraft, die noch nicht, weil kein Wort taugt,
benannt worden ist, verschiebt, schiebt.
Das allgemeine Befinden meint diesen Rutsch
(zugegeben: wir rutschen) mehrmals und angenehm
vorgeträumt zu haben: Aufwärts! Es geht wieder aufwärts.

Nur ein Kind – es können auch Kinder im Kollektiv sein –
ruft: Da will ich nicht runter. Will ich nicht runter.
Aber es muß.
Und alle reden ihm zu: vernünftig.

Fleisch

Rohes faules tiefgefroren gekocht.
Es soll der Wolf (woanders der Geier)
anfangs das Feuer verwaltet haben.
In allen Mythen war listig die Köchin:
in nasser Tasche hat sie drei Stückchen Glut,
während die Wölfe schliefen (die Geier
umwölkt waren) bei sich verborgen.
Sie hat das Feuer vom Himmel gestohlen.

Nicht mehr mit langen Zähnen gegen die Faser.
Den Nachgeschmack Aas nicht vorschmecken mehr.
Sanft rief das tote Holz, wollte brennen.
Erst versammelt (weil Feuer sammelt)
zündeten Pläne, knisterte der Gedanke,
sprangen Funke und Namen für roh und gekocht.

Als Leber schrumpfte über der Glut,
Eberköpfe in Lehm gebacken,
als Fische gereiht am grünen Ast
oder gefüllte Därme in Asche gebettet,
als Speck auf erhitzten Steinen zischte
und gerührtes Blut Kuchen wurde,
siegte das Feuer über das Rohe,
sprachen wir männlich über Geschmack,
verriet uns der Rauch,
träumten wir von Metall,
begann (als Ahnung) Geschichte.

Was uns fehlt

Vorwärts? Das kennen wir schon.
Warum nicht rückentwickeln, rasch
und ohne zu zeitweilen.
Jeder darf irgendwas mitnehmen, irgendwas.

Schon entwickeln wir uns –
und blinzeln links rechts – zurück.
Unterwegs lassen sich einige abwerben:
Wallenstein stellt Regimenter auf.
Wegen der Mode schert jemand gotisch-ekstatisch aus
und wird (in Brabanter Tuch) von einem Pestjahr erwischt.
Während die Völkerwanderung hinläppert,
spaltet sich eine Gruppe (wie bekannt) mit den Goten.
Die ihre Zukunft als späte Marxisten gesucht hatten,
wollen nun frühe Christen sein oder Griechen
vor oder nach der dorischen Säuberung.

Endlich sind alle Daten gelöscht.
Keine Erbfolge mehr.
Angekommen sind wir steinzeitlich blank.
Doch habe ich meine Schreibmaschine dabei
und reiße aus Riesenlauchblättern DIN A4 große Bögen.
Die Faustkeiltechnologie, Feuermythen,
die Horde als erste Kommune (wie sie Konflikte austrägt)
und das ungeschriebene Mutterrecht
wollen beschrieben werden;
auch wenn keine Zeit geht, sofort.

Auf Lauchblätter tippe ich: Die Steinzeit ist schön.
Ums Feuer sitzen: gemütlich.
Weil eine Frau das Feuer vom Himmel geholt hat,
herrschen die Frauen erträglich.
Was uns fehlt (einzig) ist eine griffige Utopie.
Heute – aber das gibt es nicht: heute –
hat jemand, ein Mann, seine Axt aus Bronze gemacht.

Jetzt – aber das gibt es nicht: jetzt –
diskutiert die Horde, ob Bronze Fortschritt ist oder was.

Ein Amateur, der wie ich aus der Gegenwart kommt
und seine Weitwinkelkamera mitgenommen hat,
will uns, weil die Geschichte knallhart begonnen hat,
der kommenden Zeit überliefern:
in Farbe oder Schwarzweiß.

Gestillt

Die Brust meiner Mutter war groß und weiß.
Den Zitzen anliegen.
Schmarotzen, bevor sie Flasche und Nuckel wird.
Mit Stottern, Komplexen drohen,
wenn sie versagt werden sollte.
Nicht nur quengeln.

Klare Fleischbrühe läßt die Milch einschießen
oder Sud aus Dorschköpfen trüb gekocht,
bis Fischaugen blind
ungefähr Richtung Glück rollen.

Männer nähren nicht.
Männer schielen heimwärts, wenn Kühe
mit schwerem Euter die Straße
und den Berufsverkehr sperren.
Männer träumen die dritte Brust.
Männer neiden dem Säugling
und immer fehlt ihnen.

Unsere bärtigen Brustkinder,
die uns steuerpflichtig versorgen,
schmatzen in Pausen zwischen Terminen,
an Zigaretten gelehnt.

Ab vierzig sollten alle Männer wieder gesäugt werden:
öffentlich und gegen Gebühr,
bis sie ohne Wunsch satt sind und nicht mehr weinen,
auf dem Klo weinen müssen: allein.

Doktor Zärtlich

Fehlt was?
Was fehlt denn?
Dein Atem im Nacken.
Etwas, das lutscht kaut leckt.
Die Kälberzunge, der Mäusebiß.

Es geht ein Wunsch um die Welt nach Nuschelworten,
die keinen Sinn geben.
Kinder lispeln ihn, Greise, die unter der Decke
mit ihrem Daumen für sich bleiben.
Und deine Haut, nun befragt, erschrickt unterm Test:
Scheu, die im Dunkeln (als uns Gesellschaft verging)
nicht abgelegt wurde.

Jemand heißt Doktor Zärtlich
und lebt noch immer verboten versteckt.

Was fehlt,
nennt die zählende Wissenschaft: Streicheleinheiten,
für die es keinen,
vorerst keinen Ersatz gibt.

Demeter

Mit offenem Auge
erkennt die Göttin,
wie blind der Himmel ist.

Rings werfen Wimpern versteinert Schatten.
Kein Lid will fallen und Schlaf machen.

Immer Entsetzen,
seitdem sie den Gott
hier auf dem Brachfeld sah,
wo die Pflugschar gezeugt wurde.

Rundum ist das Maultier willig über der Gerste.
Das ändert sich nicht.

Wir, aus dem Kreis gefallen,
machen ein Foto
überbelichtet.

Wie ich mich sehe

Spiegelverkehrt und deutlicher schief.
Schon überlappen die oberen Lider.
Das eine Auge hängt müde, verschlagen das andere wach.
Soviel Einsicht und Innerei,
nachdem ich laut wiederholt
die Macht und ihren Besitz verbellt habe.
(Wir werden! Es wird! Das muß!)

Seht die porigen Backen.
Noch oder wieder: Federn blase ich leicht
und behaupte, was schwebt.
Wissen möchte das Kinn, wann es zittern darf endlich.
Dicht hält die Stirn; dem Ganzen fehlt ein Gedanke.
Wo, wenn das Ohr verdeckt ist
oder an andere Bilder verliehen,
nistet in Krümeln Gelächter?

Alles verschattet und mit Erfahrung verhängt.
Die Brille habe ich seitlich gelegt.
Nur aus Gewohnheit wittert die Nase.
Den Lippen,
die immer noch Federn blasen,
lese ich Durst ab.

Unterm Euter der schwarzweißen Kuh:
ich sehe mich trinken
oder dir angelegt, Köchin,
nachdem deine Brust
tropfend über dem garenden Fisch hing;
du findest mich schön.

Am Ende

Männer, die mit bekanntem Ausdruck
zu Ende denken,
schon immer zu Ende gedacht haben;
Männer, denen nicht Ziele – womöglich mögliche –
sondern das Endziel – die entsorgte Gesellschaft –
hinter Massengräbern den Pflock gesteckt hat;
Männer, die aus der Summe datierter Niederlagen
nur einen Schluß ziehen: den rauchverhangenen Endsieg
auf gründlich verbrannter Erde;
Männer, wie sie auf einer der täglichen Konferenzen,
nachdem sich das Gröbste als technisch machbar erwies,
die Endlösung beschließen,
sachlich männlich beschlossen haben;
Männer mit Überblick,
denen Bedeutung nachläuft,
große verstiegene Männer,
die niemand, kein warmer Pantoffel
hat halten können,
Männer mit steiler Idee, der Taten platt folgten,
sind endlich – fragen wir uns – am Ende?

Streit

Weil der Hund, nein, die Katze
oder die Kinder (deine und meine)
nicht stubenrein sind und herhalten müssen,
weil Besuch zu früh ging
oder Frieden zu lange schon
und alle Rosinen gewöhnlich.

Wörter, die in Schubladen klemmen
und für Ilsebill Haken und Öse sind.
Sie wünscht sich was, wünscht sich was.

Jetzt geh ich.
Ich geh jetzt nochmal ums Haus.
Rindfleisch fasert zwischen den Zähnen.
Himmel Nacht Luft.
Jemand entfernt, der auch ums Haus geht, nochmal.

Nur der Rentner und seine Frau,
die nebenan im Pißpott wohnen,
sind ohne ein Wort zuviel
schon schlafen gegangen.

Ach, Butt! Dein Märchen geht böse aus.

Helene Migräne

Sitzt im gespaltenen Baum,
ist wetterfühlig über gezupften,
mit der Pinzette gezupften Brauen.
Schlägt es um, kommt ein Hoch, wird es schön,
reißt ihr die Seide den Faden lang.
Alle fürchten den Umschlag,
huschen auf Strümpfen, verhängen das Licht.
Es soll ein verklemmter Nerv sein: hier oder hier oder hier.
Man sagt, es lege sich innen, noch tiefer innen was quer.
Ein Leiden, das mit der letzten Eiszeit begann,
als sich Natur noch einmal verschob.
(Auch soll die Jungfrau, als ihr der Engel
klirrend zu nah kam, danach ihre Schläfen
mit Fingerspitzen punktiert haben.)

Seitdem verdienen die Ärzte.
Seitdem übt Glaube sich autogen ein.
Der Schrei, den alle gehört haben wollen;
selbst Greise erinnern Entsetzen:
als Mutter im Dunkeln stumm lag.
Schmerz, den nur kennt, wer ihn hat.

Schon wieder droht,
stößt Tasse auf Teller zu laut,
stirbt eine Fliege,
stehen frierend die Gläser zu eng,
schrillt der paradiesische Vogel.
»Helene Migräne« singen vorm Fenster die Kinder.
Wir – ohne Begriff – härmen uns aus Distanz.
Sie aber, hinter Rolläden, hat ihre Peinkammer bezogen,
hängt am sirrenden Zwirn und wird immer schöner.

Manzi Manzi

Zwischen getrennten Betten
ist auf Rufweite
von den Geschlechtern die Rede.

Ausreden! Laß mich ausreden.
Du hast nichts mehr zu sagen.
Du hast Jahrhunderte lang.
Dir schalten wir einfach den Ton ab.
Ohne Text bist du
nicht mal mehr komisch bist du.

Manzi Manzi! rufen die Kinder
der Ilsebill aus dem Märchen nach.
Sie hat zerschlagen, was lieb und teuer ist.
Sie hat mit stumpfem Beil
das bißchen Einundalles gekappt.
Sie will aus sich, nur noch aus sich
und kein gemeinsames Konto mehr.

Aber uns gab es doch: ich und du – wir.
Ein doppeltes Ja im Blick.
Ein Schatten, in dem wir erschöpft,
vielgliedrig dennoch ein Schlaf
und Foto waren, auf dem wir uns treu.

Haß bildet Sätze.
Wie sie abrechnet, mich fertigmacht,
aus ihrer Rolle wächst, überragt
und zuende redet: Ausreden! Laß mich ausreden!
Und gewöhn dir endlich das Uns und das Wir ab.

Manzi Manzi! stand in Tontäfelchen geritzt,
die als minoische Funde (Knossos, erste Palastperiode)
lange Zeit nicht entziffert wurden.
Man hielt das für Haushaltsrechnungen,

Fruchtbarkeitsformeln,
mutterrechtlichen Kleinkram.

Aber schon anfangs (lange vor Ilsebill)
agitierte die Göttin.

Wie im Kino

Eine Frau, die ihr Haar streichelt
oder in ihren Lieben rasch blättert,
sich nicht erinnern kann.
Zwischendurch möchte sie rothaarig sein
oder ein bißchen tot oder Nebenrolle
in einem anderen Film.

Jetzt zerfällt sie in Ausschnitte und Textilien.
Ein Frauenbein für sich genommen.
Sie will nicht glücklich sein, sondern gemacht werden.
Wissen will sie, was er jetzt denkt.
Und die andere, falls es sie gibt,
will sie rausschneiden aus dem Film: schnippschnapp.

Handlung läuft: Blechschaden, Regen
und der Verdacht im Kofferraum.
Am Wochenende zeichnen Männerslips ab.
Behaart – enthaart: beliebige Glieder.
Eine Ohrfeige verspricht, was später wie echt klingt.

Jetzt will sie sich wieder anziehen,
doch vorher schaumgeboren sein
und nicht mehr fremd riechen.
Zu mager vom vielen Joghurtessen
weint Ilsebill unter der Dusche.

Ilsebill zugeschrieben

Das Essen wird kalt.
Ich komme jetzt nicht mehr pünktlich.
Kein »Hallo hier bin ich!« stößt die gewohnte Tür.
Auf Umwegen, um mich dir anzunähern,
habe ich mich verstiegen: in Bäume, Pilzhänge,
entlegene Wortfelder, abseits in Müll.
Nicht warten. Du mußt schon suchen.

Ich könnte mich in Fäulnis warm halten.
Meine Verstecke haben drei Ausgänge.
Wirklicher bin ich in meinen Geschichten
und im Oktober, wenn wir Geburtstag haben
und die Sonnenblumen geköpft stehen.

Weil wir nicht heute den Tag
und das bißchen Nacht leben können,
schlage ich dir Jahrhunderte vor,
etwa das vierzehnte.
Nach Aachen unterwegs sind wir Pilger,
die vom Pfennig zehren
und die Pest zu Hause gelassen haben.

Das hat mir der Butt geraten.
Schon wieder Flucht.
Doch einmal – ich erinnere mich –
hast du mich mitten in einer Geschichte,
die ganz woanders hin, übers Eis nach Litauen wollte,
bei dir gefunden: auch du bist Versteck.

Mehrwert

Oder gefrorener Jubel,
den ich gesammelt, zur Ansicht gesammelt habe.

Die Gläser auf meinem Brett
mögen seitliches Licht; nicht jedes Glas böhmisch.

Täglich sind zwei besonders.
Soviel Liebe zu Scherben bereit.

Weithergeholt Atem, der nicht zerbrach.
So überlebt ohne Namen

Luft und ihr Mehrwert:
die Glasbläser, liest man, wurden nicht alt.

Wie ich ihr Küchenjunge gewesen bin

Die Pfanne aus Kupfer blank.
Ihre Frühmorgenstimme. Hier! rief ich: Hier!
und lief auf sie zu, sooft ich versuchte,
ihren Töpfen davonzulaufen.

Auf Ostern habe ich Lämmerzungen – die evangelischen,
die katholischen – wie meine Sünderseele gehäutet.
Und wenn sie im November Gänse gerupft hat,
habe ich Federn, den Flaum geblasen,
damit der Tag in Schwebe blieb.

Sie hatte die Ausmaße der Hauptkirche Sankt Marien,
doch ging nie mystische Zugluft,
war es nie kühl in ihr.
Ach, ihre Schlafkiste,
in der es nach Ziegenmilch roch,
in die Fliegen gefallen waren.
In ihrem Stallgeruch gefangen.
Ihr Schoß war Wiege.
Wann war das?

Unter dem Nonnenrock – Äbtissin war sie –
stand die Zeit nicht still,
fand Geschichte statt,
wurde der Streit um Fleisch und Blut
und Brot und Wein wortlos entschieden.
Solange ich ihr Küchenjunge gewesen bin,
habe ich nie frieren oder mich schämen müssen.

Die dicke Gret: ein halber Kürbis
lacht und spuckt Kerne.
Nur selten sah ich sie
Bier in Brotsuppe rühren;
worauf sie stark pfefferte: ihre Trauer
schmeckte nicht nach.

Drei Fragen

Wie kann ich,
wo uns Entsetzen in Blei gießen sollte,
lachen,
beim Frühstück schon lachen?
Wie sollte ich,
wo Müll, nur noch der Müll wächst,
von Ilsebill, weil sie schön ist,
und über die Schönheit reden?
Wie will ich,
wo die Hand auf dem Foto
bis zum Schluß ohne Reis bleibt,
über die Köchin schreiben:
wie sie Mastgänse füllt?

Die Satten treten in Hungerstreik.
Der schöne Müll.
Das ist zum Kaputtlachen ist das.

Ich suche ein Wort für Scham.

Zuviel

Zwischen den Feiertagen,
sobald es spät still genug ist,
lese ich Orwells utopischen Roman »1984«,
den ich 1949 zum erstenmal
ganz anders gelesen habe.

Beiseite, neben dem Nußknacker und dem Päckchen Tabak,
liegt ein statistisches Buch,
dessen Zahlen die Weltbevölkerung,
wie sie ernährt – nicht ernährt wird,
bis zum Jahre 2000 steigern – verknappen.
In Pausen,
wenn ich nach meinem Tabak greife
oder eine Haselnuß knacke,
holen mich Schwierigkeiten ein,
die im Vergleich mit Big Brother
und dem globalen Eiweißmangel
klein sind,
aber nicht aufhören wollen, privat zu kichern.

Jetzt lese ich über Verhörmethoden in naher Zukunft.
Jetzt will ich mir Zahlen merken:
gegenwärtige Mortalitätsmuster
der Kindersterblichkeit in Südasien.
Jetzt zerfaser ich von den Rändern her,
weil vor den Feiertagen das nachgelassene Gezänk
in Päckchen verschnürt wurde: Ilsebills Wünsche ...

Zur Hälfte füllen Nußschalen den Aschenbecher.
Das ist zuviel alles.
Etwas muß gestrichen werden: Indien
oder der Oligarchische Kollektivismus
oder die familiäre Weihnacht.

Esau sagt

Zu Linsen begnadigt.
In einem Meer Linsen ertrinken.
Auf meinem linsengefüllten Kissen.
Hoffnung findet sich linsengroß.
Und alle Propheten wollen nur immer
die wunderbare Linsenvermehrung.

Und als er auferstanden am dritten Tag,
war sein Verlangen nach Linsen groß.

Zum Frühstück schon.
Eingedickt, bis der Löffel steht.
Zu Hammelnacken mit Majoran frisch.
Oder erinnerte Linsen: Einmal, als König Bathory
von der Jagd ins Lager zurückkam,
hat ihm die Nonne Rusch einen Fasan (vorjährig zäh)
mit Linsen polnisch zu Suppe verkocht.

Mit einem Beutel voll ging ich und ohne Furcht.
Seit mir sind Erstgeburten zu haben.
Ausgezahlt lebe ich linsengerecht.
Mein Brüderchen plagt sich.

Geteert und gefedert

Sie mochte mich nur gerupft.
Federn – ich schreibe
über Möwenkonflikte
und gegen die Zeit.

Oder ein Junge mit seinem Atem,
wie er den Flaum über die Zäune
nach nirgendwo trägt.

Flaum, das ist Schlaf und Gänse nach Kilo und Preis.
Jedem Bett seine Last.
Während sie rupfte zwischen den dummen Knien
und die Federn, wie es geschrieben steht, flogen,
schlief daunenweich die verordnete Macht.

Geflügel für wen?
Aber ich blies, hielt in Schwebe.
Das ist Glaube, wie er sich überträgt;
Zweifel geteert und gefedert.

Neulich habe ich Federn,
wie sie sich finden,
mir zugeschnitten.
Erst Mönche, Stadtschreiber später,
Schriftführer heute halten die Lüge in Fluß.

Aufschub

Die Messerspitze Erlösersalz.
Aufschub noch einmal, als meine Frage: welches
Jahrhundert spielen wir jetzt? küchengerecht
beantwortet wurde: Als der Pfefferpreis fiel...

Neunmal nieste sie über die Schüssel,
in der das Hasenklein in seinem Sud lag.
Sie wollte sich nicht erinnern,
daß ich ihr Küchenjunge gewesen bin.
Finster blickte sie auf die Fliege im Bier
und wollte mich (kein Aufschub mehr)
bei Pest und Gelegenheit loswerden...

Suppen, in denen die Graupe siegt.
Als sie den Hunger wie eine Mahlzeit lobte,
als sie ursächlich und nicht über Rübchen lachte,
als sie den Tod auf der Küchenbank
mit grauen Erbsen (Peluschken genannt)
für Aufschub gewann...

So hockt sie in mir und schreibt sich fort...

Hasenpfeffer

Ich lief und lief.
Gegen die Wegweiser, mit meinem Heißhunger
lief ich Geschichte bergab, war Rutsch und Geröll,
strampelte flächig, was ohnehin flach lag,
ein gegenläufiger Bote.

Wiedergekäute Kriege,
die Sieben die Dreißig,
die nordischen Hundert lief ich mir ab.
Nachzügler, die aus Gewohnheit hinter sich blickten,
sahen mich schwinden und Haken schlagen.
Und die mich warnten: Magdeburg brennt! ahnten nicht,
daß ich die gerade noch heile Stadt
lachend durchlaufen würde.

Keinem Faden nach, nur dem Gefälle.
Zerstückelte fügten sich,
von den Pestkarren sprangen, vom Rad geflochten,
aus Feuern, die in sich sanken,
hüpften Hexen mit mir ein Stück Wegs.

Ach, die Durststrecken jahrelanger Konzile,
der Hunger nach Daten,
bis ich ihr zulief: atemlos und verzehrt.

Sie hob den Deckel vom Topf und rührte im Sud.
»Was gibt's denn, was gibt's?«
»Hasenpfeffer, was sonst. Ahnte ich doch, daß du kommst.«

Die Köchin küsst

Wenn sie den Mund,
der lieber summt als trällert,
öffnet und stülpt: seimigen Brei, Gaumenklöße
oder ein Stück mit praktischen Zähnen
aus mürbem Schafsnacken, der linken Gänsebrust beißt
und mir – in ihrem Speichel gewendet –
mit Zungenschub überträgt.

Vorgekaut Faserfleisch.
Durch den Wolf gedreht, was zu zäh.
Ihr Kuß füttert.
So wandern Forellenbäckchen, Oliven,
auch Nüsse, der Kern des Pflaumensteins,
den sie mit Backenzähnen geknackt hat,
Schwarzbrot im Bierschluck gespült,
ein Pfefferkorn heil
und Brockenkäse, den sie im Kuß noch teilt.

Hinfällig schon und in Kissen gedrückt,
von Fieber, Ekel, Gedanken kopfüber verzehrt,
lebte ich auf (immer wieder) von ihren Küssen,
die nie leer kamen oder nur sich meinten.
Und ich gab zurück:
Muschelfleisch Kälberhirn Hühnerherz Speck.

Einmal aßen wir einen Hecht von der Gräte;
ich ihren, sie meinen.
Einmal tauschten wir Täubchen aus;
und selbst die Knöchlein noch.
Einmal (und immer wieder) küßten wir uns an Bohnen satt.
Einmal, nach immer dem gleichen Streit
(weil ich die Miete versoffen hatte)
versöhnte ein Rettich uns über Rübendistanz.
Und einmal machte im Sauerkraut Kümmel uns lustig,
den wir tauschten und tauschten: hungrig nach mehr.

Als Agnes, die Köchin,
den sterbenden Dichter Opitz küßte,
nahm er ein Spargelköpfchen mit auf die Reise.

Leer und alleine

Hosen runter, Hände wie zum Gebet,
trifft mein Blick voll:
die dritte Kachel von oben, die sechste von rechts.
Durchfall.
Ich höre mich.
Zweitausendfünfhundert Jahre Geschichte,
frühe Erkenntnis und letzte Gedanken
lecken einander, heben sich auf.

Es ist die übliche Infektion.
Rotwein fördert
oder Zank auf der Treppe mit Ilsebill.
Angst, weil die Zeit – die Uhr meine ich –
chronischen Dünnpfiff hat.

Was nachkleckert: Frühstücksprobleme.
Da will kein Kot sich bilden kompakt,
und auch die Liebe fällt bodenlos durch.

So viel Leere
ist schon Vergnügen: allein auf dem Klo
mit dem mir eigenen Arsch.
Gott Staat Gesellschaft Familie Partei ...
Raus, alles raus.
Was riecht, bin ich.
Jetzt weinen können.

Runkeln und Gänseklein

Im November,
wenn das Spülwasser ausgegossen,
die letzten Farben verbraucht
und die Gänse gerupft sind,
auf Sankt Martin pünktlich
kochte Agnes, die immer wußte,
was wann gekocht wird,
den Hals in lappiger Haut, Magen und Herz,
die Flügel beide: das Gänseklein
mit Runkeln und gewürfeltem Kürbis
lange auf kleinem Feuer und in Gedanken
an einen schwedischen Fähnrich, der Axel geheißen
und wiederzukommen versprochen hatte:
Bald im November.

Mitgekocht wurden:
ein Händchenvoll Graupen, Kümmel, Majoran
und wenig vom Bilsenkraut gegen die Pest.
Das alles: den Magen kaute, vom Flügelbein nagte,
am Halswirbel saugte der Maler Möller,
dem Agnes tischte, während der Dichter Opitz
die sanfte Brühe, die weiche Runkel
löffelte löffelte und keine Worte fand –
wenn auch überall im November
und trüben Sud ein Gänseherz schwamm,
das seinen Vergleich suchte.

Bei Kochfisch Agnes erinnert

Auf den Kabeljau heute,
den ich in Weißwein und Gedanken an Dorsch,
als er noch billig – Pomuchel! Pomuchel! –,
auf schwacher Hitze gekocht habe,
legte ich, als sein Auge schon milchig
und Fischaugen weiß dem fiebrigen Opitz
übers leere Papier rollten,
grüne Gurken in Streifen geschnitten,
dann, von der Hitze genommen, Dill in den Sud.

Über den Kochfisch streute ich Krabbenschwänze,
die unsere Gäste – zwei Herren, die sich nicht kannten –,
während der Kabeljau garte, gesprächig
und um die Zukunft besorgt,
mit Fingern gepult hatten.

Ach Köchin, du schaust mir zu,
wenn ich mit flachem Löffel
dem zarten Fleisch helfe: willig gibt es die Gräte auf
und will erinnert, Agnes, erinnert werden.

Nun kannten die Gäste sich besser.
Ich sagte, Opitz, in unserem Alter, starb an der Pest.
Wir sprachen über Künste und Preise.
Politisch regte nichts auf.
Suppe von sauren Kirschen danach.
Mitgezählt wurden frühere Kerne:
als wir noch Edelmann Bettelmann Bauer Pastor…

Spät

Ich kenne nur,
soweit sie sich zeigt,
die Natur.

Mit tastendem Griff
sehe ich sie in Stücken,
nie
oder nur, wenn das Glück mich schlägt,
ganz.

Was soviel Schönheit,
die sich am Morgen schon
in meinem Kot beweist,
soll oder zweckt,
weiß ich nicht.

Deshalb gehe ich zögernd schlafen,
denn der Traum macht den Gegenstand fließend
und redet ihm Sinn ein.

Ich will wach bleiben.
Vielleicht rührt sich der Stein
oder Agnes kommt
und bringt, was mich müde macht:
Kümmel oder Dill.

Dampft, wird beschaut.
Riecht nicht fremd, will gesehen werden,
namentlich sein.
Exkremente. Der Stoffwechsel oder Stuhlgang.
Die Kacke: was sich ringförmig legt.

Mach Würstchen! Mach Würstchen! rufen die Mütter.
Frühe Knetmasse, Schamknoten
und Angstbleibsel: was in die Hose ging.

Erkennen wir wieder: unverdaut Erbsen, Kirschkerne
und den verschluckten Zahn.
Wir staunen uns an.
Wir haben uns was zu sagen.
Mein Abfall, mir näher als Gott oder du oder du.

Warum trennen wir uns hinter verriegelter Tür
und lassen Gäste nicht zu,
mit denen wir vortags an einem Tisch lärmend
Bohnen und Speck vorbestimmt haben?

Wir wollen jetzt (laut Beschluß) jeder vereinzelt essen
und in Gesellschaft scheißen;
steinzeitlich wird Erkenntnis möglicher sein.

Alle Gedichte, die wahrsagen und den Tod reimen,
sind Kot, der aus hartem Leib fiel,
in dem Blut rinnselt, Gewürm überlebt;
so sah Opitz, der Dichter,
den sich die Pest als Allegorie verschrieb,
seinen letzten Dünnpfiff.

Unsterblich

Als ich die mir versprochenen Fenster
in jede Richtung aufstieß,
war ich sicher,
abgelebt nichts zu sehen.

Aber auf flache Landschaft,
die sauber besiedelt war,
und gegenüber in offene Fenster,
aus denen Männer und Frauen alt sahen,
gegen den heiter bis wolkigen Himmel,
Stare auch in den Birnen,
Schulkinder, die der Bus gebracht hatte,
den Sparkassenneubau,
die Kirche mit Uhr
sah ich: halb zwei.

Auf meine Beschwerde kam Antwort:
Das sei übliches Nachleben
und höre bald auf.
Schon grüßen die alten Nachbarn.
Sie wollen aus allen Fenstern
mich wirklich gesehen haben.
Und Ilsebill kommt überladen
vom Einkauf zurück.
Morgen ist Sonntag.

Klage und Gebet der Gesindeköchin Amanda Woyke

Als ihr die Würmchen,
hießen Stine Trude Lovise,
weil der Halm faulgeregnet, vom Hagel erschlagen,
von Dürre und Mäusen gebissen war,
daß gedroschen kein Rest blieb,
Hirse nicht körnte, Grütze nicht pappte,
kein Haferschleim süß und Fladenbrot sauer wurde,
weghungerten alle drei,
bevor es dusterte zweimal im März – denn auch die Ziege
war einem Kosaken ins Messer gesprungen,
fortgetrieben die Kuh von fouragierenden Preußen,
kein Huhn mehr scharrte,
von den Gurretauben blieb Taubenmist nur,
und auch der Kerl mit dem Zwirbelbart,
der die Würmchen Stine Trude Lovise
mit seinem Prügel wie nichts gemacht hatte,
weil Amanda ihm jedesmal beinebreit,
war außer Haus schon wieder und gegen Handgeld
nach Sachsen, Böhmen, Hochkirch gelaufen,
denn der König, der König rief –
als nun drei Kodderpuppen,
die Stine Trude Lovise hießen,
schlaff baumelten,
wollte Amanda nicht glauben
und lassen los.

Und als die Mädchen
blaß, blau und hungerkrumm,
grämlich verfrühte Greisinnen,
grad geboren, kaum abgestillt – bald hätte
Lovise laufen wollen – in eine Kiste gelegt,
zugenagelt, verschaufelt waren,
klagte Amanda laut
und hielt den Ton vor der Wimmerschwelle:

ein zittriges Heulen,
in dem viel ai mai wai nai jainte,
das zwischen langgezwirntem Euhhh und Euühhh
dennoch Sätze (was der Mensch im Schmerz sagt) zuließ:
Das mecht nich jelaidet sain.
Das mecht selbig den Daibel äwaichen.
Das mecht ain Kujon fier Jerechtigkait haißen.
Das mecht Liebgottchen välaiden.
Dem mecht Jeschrai elendlich blaiben.
Nai ist kain Liebgottchen nich,
och wenn jeschrieben steht...

Sie schrie drei klirrklare Märztage lang,
bis ihre Klage feingesiebt nur noch Iiiih hieß.
(Und auch in den anderen Katen
in Zuckau, Ramkau, Kokoschken,
wo wem was weggedarbt war,
wurde geschrien: Ihhh...)

Das kümmerte niemand.
Als sei nichts, schlug der Holunder aus.
Buchweizen, Hafer blieben nicht taub.
Pflaumen zum Trocknen genug.
Es lohnte, in die Pilze zu gehen.
Und am Strick eine Kuh, kam gezwirbelt der Kerl zurück
aus Winterquartieren, auch diesmal wie jedesmal invalid.
Der hatte seit Zorndorf Finger zwei weniger,
der kam nach Torgau einäugig lachend,
der trug nach Hochkirch die Narbe über dem Deetz,
was ihn dußliger noch als damlich machte.
Der richtete aber den Prügel ihr,
weil sie stillhielt,
um Marjellen wie nichts zu machen,
die Lisbeth, Annchen, Martha und Ernestine hießen
und lebig blieben,
so daß auch Liebgottchen gut fürs Gebet wieder war:
Er werde schon wissen, warum so viel Leid.
Ihm sei das Kreuz ja ewiglich aufgeladen.

Er lohne die Mühe
und habe Liebe, himmlische Mehlschütten voll...

Da war viel Jiehte behiete drin,
Reimworte später auf die Kartoffelblüte –
und Hoffnung körnchengroß,
daß Stine Trude Lovise nun Engel seien
und satt.

Übers Wetter geredet

Plötzlich will keiner mehr Vorfahrt haben.
Wohin denn und warum schnell?
Nur hinten – doch wo ist hinten? –
drängeln sie noch.

Ob jene Zahlreichen,
die weit entfernt hungern,
doch sonst kaum auffallen,
daran gehindert werden dürfen,
ist eine Frage, die beiläufig
immer wieder gestellt wird.
Die Natur – so heißt es nun auch im Dritten Programm –
wird sich zu helfen wissen.
Sachlich sein.
Bei uns bleibt genug zu tun.
Die vielen kaputten Ehen.
Methoden, nach denen zwei mal zwei vier ist.
Notfalls Beamtenrecht.

Am Abend stellen wir zornig fest,
daß auch das Wetter vorausgesagt falsch war.

Am Hungertuch nagen

Immer schon sprach aus hohlem Bauch
die Mehlschütte Trost,
und Schnee fiel wie zum Beweis.

Nagte er nur die verhängte Karwoche lang,
wäre das Fasten ein Spaß,
Fladen mit nichts zu beißen,
aber es deckt den Winter über bis in den März
das Tuch totenstill meine Gegend,
während woanders die Speicher schlau
und die Märkte gesättigt sind.

Gegen den Hunger ist viel geschrieben worden.
Wie schön er macht.
Wie frei von Schlacke seine Idee ist.
Wie dumm die Made im Speck bleibt.
Und immer schon gab es Schweizer,
die sich vor Gott (oder sonstwem)
wohltätig zeigten: es fehlte ja nur
das Notwendigste.

Als aber endlich genug war
und Amanda Woyke mit Korb, Hacke und ihren Töchtern
in die Kartoffeln ging, saßen woanders Herren am Tisch
und sorgten sich um den fallenden Preis der Hirse.

Es ist die Nachfrage, sagte Professor Bürlimann,
die immer alles am Ende regelt –
und lächelte liberal.

Alle beide

Er sagt nicht meine, die Frau sagt er.
Die Frau will das nicht.
Das muß ich erst mit der Frau besprechen.

Angst zum Krawattenknoten gezurrt.
Angst, nachhause zu kommen.
Angst, zuzugeben.
Verängstigt sind beide einander Besitz.

Die Liebe klagt ihre Ansprüche ein.
Und das gewohnte Küßchen danach.
Nur noch Gedächtnis zählt.
Beide leben vom Streitwert.
(Die Kinder merken vorm Schlüsselloch was
und beschließen für später das Gegenteil.)

Aber, sagt er, ohne die Frau hätte ich nicht soviel.
Aber, sagt sie, er tut, was er kann und noch mehr.
Ein Segen, der Fluch, und als Fluch Gesetz wurde.
Ein Gesetz, das immer sozialer wird.
Zwischen den Einbauschränken, die abgezahlt sind,
bildet der Haß
Knötchen im Teppich: nicht pflegeleicht.

Beide entdecken einander,
wenn sie sich fremd genug sind,
nur noch im Kino.

Zum Fürchten

Im Wald laut rufen.
Die Pilze und Märchen
holen uns ein.

Jede Knolle treibt jüngeren Schrecken.
Noch unter eigenem Hut,
doch die Angsttrichter rings
sind schon gestrichen voll.

Immer war schon wer da.
Zerstörtes Bett – bin ich es gewesen?
Nichts ließ mein Vorgänger stehn.

Wir unterscheiden: schmackhafte
ungenießbare giftige Pilze.
Viele Pilzkenner sterben früh
und hinterlassen gesammelt Notizen.

Reizker, Morchel, Totentrompete.

Mit Sophie gingen wir in die Pilze,
bevor der Kaiser nach Rußland zog.
Ich verlor meine Brille
und nahm den Daumen;
sie fand und fand.

Sophie

Wir suchen
und meinen zu finden;
aber anders heißt er
und ist auch anders verwandt.

Einmal fanden wir einen,
den gab es nicht.
Meine Brille beschlug,
ein Häher schrie,
wir liefen davon.

In den Wäldern um Saskoschin
sollen sie sich verglichen haben.
Weil immer noch kenntlich,
wurden die Pfifferlinge verlacht.

Pilze bedeuten.
Nicht nur die eßbaren
stehen auf einem Bein
für Gleichnisse stramm.

Sophie, die später Köchin wurde
und auch politisch,
kannte alle beim Namen.

Hinter den Bergen

Was wäre ich ohne Ilsebill!
rief der Fischer
zufrieden.

In ihre Wünsche kleiden sich meine.
Was in Erfüllung geht, zählt nicht.
Außer uns alles erfunden.
Nur das Märchen ist wirklich.
Immer kommt, wenn ich rufe, der Butt.
Ich will, ich will, ich will wie Ilsebill sein!

Höher, tiefer, güldener, doppelt so viel.
Schöner noch als gedacht.
Gespiegelt bis ins Unendliche.
Und weil kein Tod, kein Leben mehr als Begriff.
Jetzt das Rad noch einmal erfinden dürfen.

Kürzlich träumte ich reich:
alles war da wie gewünscht,
Brot, Käse, Nüsse und Wein,
nur fehlte ich, mich zu freuen.
Da verliefen sich wieder die Wünsche
und suchten hinter den Bergen
ihren doppelten Sinn: Ilsebill oder mich.

Auf der Suche nach ähnlichen Pilzen

Ein Wurf Boviste,
glücklich gefunden,
daneben.

Als ich recht bekam,
gab ich den Rest, alles,
verloren.

Dieser Hut paßt
einen Kopf kürzer
auf Maß.

Nimm es diffus;
auch das Licht
schummelt sich durch.

Zwar sind es Boviste,
doch falsche,
genau.

Fortgezeugt

Ein Gedanke entvölkert.
Rattenlos
rollt ins Abseits.

Der Gegenzeuge tritt auf.
Unten will oben.
Nicht keine, die andere Ordnung.

Es steht der Pilz
schirmlings
und lüftet die Wurzel.

Wann kappt der endliche Schnitt?
Doch staunend auch du
und offen.

Zeug fort – beiß ab.
Aber es bleibt nur
drohend beim Spiel.

Lena teilt Suppe aus

Aus Kesseln tief,
in denen lappiger Kohl und Graupen schwammen
oder Kartoffeln verkocht mit verkochten Wruken
und Fleisch nur Gerücht war,
es sei denn, es fielen Kaldaunen ab
oder ein Pferd krepierte zu günstigem Preis,
schöpfte Lena sämige Erbsen,
von denen nur Schlauben geblieben,
und Knorpel und Knöchlein,
die der Schweinsfuß, das Spitzbein gewesen waren
und nun im Kessel, wenn Lena tief rührte, lärmten,
wie vor dem Kessel, in Schlange gestellt,
die mit dem Blechnapf lärmten.

Nie blindlings, auch nicht mit fischender Kelle.
Ihr Suppenschlag hatte Ruf.
Und wie sie erhöht neben dem Kessel stand,
linkshändig auf ihrer Schiefertafel Zählstriche reihte,
mit rechter Hand rührte, dann einen halben Liter genau
in Napf nach Napf kippte
und aus gerunzeltem Winterapfelgesicht
nicht in den Kessel schaute,
sondern, als sähe sie was, in die Zukunft blickte,
hätte man hoffen, irgendwas hoffen können.
Dabei sah sie hinter sich,
sah sich vergangene Suppen schöpfen,
vor, nach den Kriegen, im Krieg,
bis sie sich jung sah neben dem Kessel.

Die Bürger jedoch,
wie sie abseits in ihren Mänteln standen
und Lena Stubbe erhöht sahen,
fürchteten sich vor ihrer andauernden Schönheit.
Deshalb beschlossen sie,
der Armut einen verklärenden Sinn zu geben:
als Antwort auf die soziale Frage.

Alle

Mit Sophie,
so fängt mein Gedicht an,
gingen wir in die Pilze.
Als Aua mir ihre dritte Brust gab,
lernte ich zählen.
Wenn Amanda Kartoffeln schälte,
las ich dem Fluß ihrer Schalen
den Fortgang meiner Geschichte ab.
Weil Sibylle Miehlau Vatertag feiern wollte,
nahm sie ein schlimmes Ende.
Eigentlich wollte Mestwina den heiligen Adalbert
nur liebhaben, immerzu liebhaben.
Während die Nonne Rusch polnische Gänse rupfte,
habe ich nichtsnutz flaumige Federn geblasen.
Agnes, die keine Tür
ins Schloß fallen ließ,
war sanftmütig immer nur halb da.
Die Witwe Lena zog Kummer an,
weshalb es bei ihr nach Wruken und Kohl roch.
Wigga, die Zuflucht, der ich entlief.
Schön wie ein Eiszapfen ist Dorothea gewesen.
Maria lebt noch und wird immer härter.

Aber – sagte der Butt – eine fehlt.
Ja – sagte ich – neben mir
träumt sich Ilsebill weg.

Bratkartoffeln

Nein, mit Schmalz.
Es müssen alte mit fingernden Keimen sein.
Im Keller, auf trocknem Lattenrost,
wo das Licht ein Versprechen bleibt von weither,
haben sie überwintert.

Vor langer Zeit, im Jahrhundert der Hosenträger,
als Lena die Streikkasse unter der Schürze
schon in den sechsten Monat trug.

Ich will mit Zwiebeln und erinnertem Majoran
einen Stummfilm flimmern, in dem Großvater,
ich meine den Sozi, der bei Tannenberg fiel,
bevor er sich über den Teller beugt, flucht
und mit allen Fingern knackt.

Doch nur geschmälzt und in Gußeisen.
Bratkartoffeln mit
Schwarzsauer und ähnlichen Mythen.
Heringe, die sich in Mehl freiwillig wälzen,
oder bibbernde Sülze, in der gewürfelte Gürkchen
schön und natürlich bleiben.

Zum Frühstück schon aß Otto Stubbe,
bevor er zum Schichtwechsel auf die Werft ging,
seinen Teller voll leer;
und auch die Sperlinge vor den Scheibengardinen
waren schon proletarisch bewußt.

Verspätet

Ilsebill aus dem Haus.
Ich bin nicht hier.
Eigentlich hatte ich Agnes erwartet.
Was sonst geschieht – Tellerklappern –,
gehört zu Amanda: ihr täglicher Abwasch.

Lena war da.
Vielleicht haben wir nur vergessen,
genaue Zeit abzusprechen.

Ich traf mich mit Sophie, während von allen Kirchen
die Vesper geläutet wurde.
Wir küßten uns wie im Kino.

Kalt stehen Reste: Hühnchen, was sonst.
Angefangen lungert ein Satz.
Selbst Fremdes riecht nicht mehr neu.
Im Schrank fehlt ein Kleid: das Großgeblümte
für Feste mit Dorothea gedacht,
die immer in Lumpen ging.

Als es noch die Musik gab,
konnten wir Gleiches zusammen verschieden hören.
Oder Liebe, das Foto: Billy und ich
auf dem weißen Dampfer, der Margarete hieß
und zwischen den Seebädern dicken Rauch machte.

Natürlich bin ich verspätet.
Aber Maria wollte nicht warten.
Jetzt sagt der Butt ihr die Zeit.

Wortwechsel

Im ersten Monat wußten wir nicht genau,
und nur der Eileiter hatte begriffen.
Im zweiten Monat stritten wir ab,
was wir gewollt, nicht gewollt,
gesagt, nicht gesagt hatten.
Im dritten Monat veränderte sich der faßbare Leib,
aber die Wörter wiederholten sich nur.
Als mit dem vierten Monat das Neue Jahr begann,
begann nur das Jahr neu; die Wörter blieben verbraucht.
Erschöpft, aber noch immer im Recht,
schrieben wir den fünften, den sechsten Monat ab:
Es bewegt sich, sagten wir unbewegt.
Als wir im siebten Monat geräumige Kleider kauften,
blieben wir eng und stritten uns
um den dritten, versäumten Monat;
erst als ein Sprung über den Graben
zum Sturz wurde –
Spring nicht! Nein! Wart doch. Nein. Spring nicht! –,
sorgten wir uns: Stammeln und Flüstern.
Im achten Monat waren wir traurig,
weil die Wörter, im zweiten und vierten gesagt,
sich immer noch auszahlten.
Als wir im neunten Monat besiegt waren
und das Kind unbekümmert geboren wurde,
hatten wir keine Wörter mehr.
Glückwünsche kamen durchs Telefon.

Mannomann

Hör schon auf.
Machen Punkt.
Du bist doch fertig, Mann, und nur noch läufig.

Sag nochmal: Wird gemacht.
Drück nochmal Knöpfchen und laß sie tanzen die Puppen.
Zeig nochmal deinen Willen und seine Brüche.
Hau nochmal auf den Tisch, sag: Das ist meiner.
Zähl nochmal auf, wie oft du und wessen.
Sei nochmal hart, damit es sich einprägt.
Beweise dir noch einmal deine große, bewiesene,
deine allumfassende Fürundfürsorge.

Mannomann.
Da stehst du nun da und im Anzug da.
Männer weinen nicht, Mann.
Deine Träume, die typisch männlich waren, sind alle gefilmt.
Deine Siege datiert und in Reihe gebracht.
Dein Fortschritt eingeholt und vermessen.
Deine Trauer und ihre Darsteller ermüden den Spielplan.
Zu oft variiert deine Witze; Sender Eriwan schweigt.
Leistungsstark (immer noch) hebt deine Macht sich auf.

Mannomann.
Sag nochmal ich.
Denk nochmal scharf.
Blick nochmal durch.
Hab nochmal recht.
Schweig nochmal tief.
Steh oder fall noch ein einziges Mal.

Du mußt nicht aufräumen, Mann; laß alles liegen.
Du bist nach deinen Gesetzen verbraucht,
entlassen aus deiner Geschichte.

Und nur das Streichelkind in dir
darf noch ein Weilchen mit Bauklötzen spielen. –
Was, Mannomann, wird deine Frau dazu sagen?

Mein Schuh

Mit ihm zerstritten.
Läuft gegenläufig davon.
Kommt flüchtig entgegen.

Mütze trifft Schuh:
Auswärts sie, heimwärts er.
Beide auf Abschied gedellt:
vergriffen vergangen.

Allseits mein Schuh.
Wem ich entlaufen, was mich eingeholt,
lese ich seiner Sohle ab:

Als ich noch barfuß.
Als mir kein Senkel aufgehen wollte.
Als ich mir witzig daneben stand.
Als er noch knarrte, anstößig ich.

Und die Geschichte der Köchin in mir,
wie sie für General Rapp (weil die Franzosen)
jenen knolligen Pilz fein in die Suppe.
Aber er aß nicht.
Nur seine Gäste.
Unter denen Graf Posadovski.
Dessen Stiefel sie später.

Da kommen gelaufen: das Schwein und sein Leder.
Wie gehts? – Auf und ab.
Fünf mal sechs.
Die Unruhe ausschreiten.
Stühle scheuen.

Nicht pfeifen, weil ja kein Wald
und die Angst möbliert.
Den Schuh ermüden.

Oder auf langer Stange rund um den Platz
oder ihm Wurzeln einreden
oder vom großen Auslauf träumen.

Schon auf Strümpfen geh ich dem Faden nach,
sammel, was blieb: Standpunkte
aus der Familie der Kopffüßler:
mittlerweile verkrautet.

Kinderstunde

Dein Vater, Helene, der sich beruflich bücken muß,
sammelt Federn Pilze Geschichten,
in denen Federn geblasen und Kinder,
die in die Pilze gingen, verloren gehen.

Oft, wenn ich Pilze und Federn sammle,
finde ich Wörter, die Richtlinie und Beschluß heißen.
Sie riechen nicht, fliegen nicht,
sind aber gut für Geschichten,
in denen verboten ist, Federn zu blasen,
in denen alles, was Pilz genannt wird,
tödlich, ohne Widerspruch tödlich ist.

Nur noch im Fernsehen dürfen im tiefen Wald
Kinder verloren gehen,
bis eine Feder, die sich in Schwebe hält,
ihnen den Weg zeigt aus der Geschichte.

Jetzt kritzel ich über alles schnelles Gestrüpp,
damit du dich dennoch glücklich verlaufen kannst.

Übers Jahresende in Budissin

Und fand in der Ruine von Sankt Nikolai
über der Spree einen Hinweis in Stein gehauen:
das Kind einer Tochter der Köchin in mir –
sorbischer Zweig.

Privat im Sozialismus.
Wie dünn das Eis trägt,
wo Vergangenheit Türme erhält.
Wir nicht vergessen: eingemauert der Mönch und die Nonne.

Den Dom zweit ein niedriges Gatter.
Simultan, wenn auch durch eigens gesegnete Türen,
können Katholen und Evangelen.

Doch draußen der eine sich selbst vergatternde Glaube.
Abseits lastet das Zuchthaus, Gelbes Elend genannt.

Wir wollten dem Kind Spielräume finden.
Ich ging dann doch entlang Gemäuer
alleine ins Neue Jahr.
Über Kopfstein auf Kies: erbrochene Gurken,
Silvestermüll – ein Scherbengericht.

Schöne Aussicht

Mit dem Schrei 10 Uhr 15
hat ein Kind mehr,
kaum abgenabelt,
Gewicht, Länge und seinen Namen,
der nie umstritten auf Lauer lag.

Schon ähnelt wird soll es.
Ein Mädchen mehr
mit dem Spalt,
der offen blieb,
als die Aussicht vernagelt wurde.

Pappi

Flatterherz, kalter Schweiß
und katastrophale Sandkastenträume,
weil immer alles halbfertig knickt.
  Doch sonst ist Pappi in Ordnung.
Abend für Abend gehört Pappi uns.
Nur mittwochs geht Pappi fremd.
Er hat eine Freizeitausrüstung gekauft,
muß Vatertag feiern mit seinen Typen;
auch wenn ihn das ankotzt, sagt er, er muß.
Wie er uns leidtut, manchmal,
wenn er statt Zucker Salz nimmt
und seine Tabletten meint: Knötchen schnüren den Magen.
Es ist auch zuviel, sagt Omi, entschieden zuviel.
Und das seit Ende der Steinzeit, als Zukunft begann:
immerzu strammstehen und Neues schaffen: jawoll!
Pappi vergißt sich jetzt manchmal.
Wir hören ihn seufzen und gucken uns an.
Verständlich, daß Pappi auch mal für sich sein muß.

Pappi weint auf dem Klo
und will nicht mehr, will nicht mehr wollen.
Nichts ist ihm wichtig.
Immerzu hat er Gefühle.
Alles findet er komisch.
Seine Krawatten und die kompletten Spielzeuglokomotiven,
in die er, wie Omi sagt, all seine Liebe gesteckt hat,
hat er dem Roten Kreuz geschenkt.
Pappi schnallt ab; nur Mutti, die donnerstags fremd geht,
spurt noch und spricht zerstreut von Terminen.

Torso weiblich

An einem Mittwoch, Helene,
dreieinhalb Wochen nach deiner Geburt,
wurde ein Torso (Bruchstück, das ahnen läßt)
freigeschaufelt und schön befunden.
Man tanzte auf Straßen, rief altgriechisch das Wort.

Das war zwei Wochen vor Ende der Watergatezeit.
Du kannst das lesen später,
wer auf der Insel Zypern
die Ferien störte.
Wie üblich wurden die Toten gezählt:
Türken Griechen Touristen.

Doch die Geschichte schlug um.
Wiedererrichtet soll werden,
was ohne Arm und Bein
immer nur Rumpf gewesen
und den Kopf auf dem Wendehals
über gekitteter Bruchstelle trägt.

Die Demokratie – der weibliche Stein.
Ich sag dir, Helene, kein Mann –
und wäre es Männersache, beschlossen –
könnte ihn heben, verwerfen;

deshalb lächelt er brüchig.

Was Vater sah

An einem Freitag wie heute,
zwischen den Spielen der Zwischenrunde –
Chile schon draußen, Polen liegt vorn –
kam nach Ultraschall und genauem Schnitt
durch Haut, Fettmantel, Muskelgewebe
und Bauchfell,
nach zarter Öffnung der nun
griffig im klaffenden Leib nackten Gebärmutter,
ärschlings und zeigte ihr Semmelchen –
während entfernt Geschichte: die Privilegien
der Lübecker Stadtfischer, welche seit 1188
durch Barbarossa verbrieft sind,
auch von der DDR endlich anerkannt wurden –
endlich durch Zugriff Helene zur Welt.

Geboren – Halleluja – aus Steißlage willentlich.
Ach Mädchen, bald blühen die Wicken.
Hinterm Sandkasten wartet auf dich Holunder.
Noch gibt es Störche.
Und deine Mutter heilt wieder,
klafft nicht mehr,
ist bald wieder zu, wieder glatt.
Verzeih uns deine Geburt.
Wir zeugten – es war Oktober –
nachdem wir Brechbohnen grün,
drauf Birnen gedünstet
zu fettem Hammel von Tellern gegessen hatten.

Ich übersah den Knoten
in deiner Nabelschnur nicht.
Was, Helene, soll nie vergessen werden?

Federn blasen

Das war im Mai, als Willy zurücktrat.
Ich hatte mit Möwenfedern den sechsten tagsüber
mich gezeichnet: ältlich schon und gebraucht,
doch immer noch Federn blasend,
wie ich als Junge (zur Luftschiffzeit)
und auch zuvor,
soweit ich mich denke (vorchristlich steinzeitlich)
Federn, drei vier zugleich,
den Flaum, Wünsche, das Glück
liegend laufend geblasen
und in Schwebe (ein Menschenalter) gehalten habe.

Willy auch.
Sein bestaunt langer Atem.
Woher er ihn holte.
Seit dem Lübecker Pausenhof.
Meine Federn – einige waren seine – ermatten.
Zufällig liegen sie, wie gewöhnlich.

Draußen, ich weiß, bläht die Macht ihre Backen;
doch keine Feder,
kein Traum wird ihr tanzen.

Im Apfelgarten

Verstört und die Glieder vereinzelt.
Wörter und Fallobst.
Nur kurz weichen die Schwalben,
weil die Nato
mit ihrem niedrigen Düsenmanöver,
und lassen Federn leicht.

Fürsorge Mückenspray.
Licht überredet
uns außer Haus.

Später, obgleich keine Zeit ist,
schaut eine Kuh unbegreiflich.
Dir springt im Schlaf Maus oder
Frosch auf die Stirn.
Das Fallobst nehmen wir mit.

Liebe geprüft

Dein Apfel – mein Apfel.
Jetzt beißen wir gleichzeitig zu:
schau, wie auf ewig verschieden.
Jetzt legen wir Apfel und Apfel
Biß gegen Biß.

Doch aber

Mit Brille neuerdings
mehr Pickel freundlicher sehen.

Im Ausschnitt befangen,
fältchengetreu (begabter für Liebe)
doch ohne Einsicht in jenen Zusammenhang,
den das Gebirge als Horizont diktiert.

Aber die eigenen brüchigen Nähte
sind mir jetzt näher.
Neu und entsetzt
sehe ich meinen Abfall
und wie die Linien wackeln.

Dein Ohr

Gutzureden wahrsagen.
Wollte mich ausgesprochen versenken.
Wollte verstanden sein dumm.
Nur zwischen Gänsefüßchen oder gedruckt
bleigefaßt lügen.

Was keinen Grund findet aber Antwort bekommt:
logische Ketten,
geständiges Flüstern,
die Pause ausgespart,
Sprachschotter Lautgeröll.

In den Wind gehißt,
flattert dein Ohr,
hört sich flattern.

Beim Fädeln spleißen die Wörter danebengesagt.

Wie ohne Vernunft

Mein Zufall wirft:
Krabben und Kippen.
Auszählen jetzt,
den Wurf lesen
und deine und meine Hölzchen,
(die abgebrannten)
hier und dort
krisengerecht überkreuz legen.

Das trennt.
So nah wir liegen,
schwimmen doch Fische von anderen Küsten
dort, wo wir meinten,
uns trockengelegt zu haben.

Ähnlich getäuscht verläuft sich draußen,
was wir (noch immer) Gesellschaft nennen:
Frauen, die ihren Mann stehen,
verheulte Männer,
Tiere ohne Duftmarken und Adresse.

Auf unserer Langspielplatte
streiten (in Zimmerlautstärke)
Tancredi und Clorinda.

Später streicheln wir uns gewöhnlich.

NOVEMBERLAND

Für Peter Rühmkorf

Das Unsre

Breit liegt das Land, in dessen Lied wie in Prospekten
sich Schönheit weit gehügelt austrägt, gegen Norden flach,
besiedelt, eng (in dieser Zeit) bis unters Dach.
Wo sich die Kinder einst vor Vaters Zorn versteckten,

ist keine Zuflucht mehr, nein, nichts schließt mehr geheim.
So offen sind wir kenntlich, allseits ausgestellt,
daß jeder Nachbar, ringsum alle Welt
als Unglück treiben sieht, was unsres Glückes Keim.

Wo wir uns finden, hat verkehrte Konjunktur
uns fett gemacht. Dank Leid und Kummer satt,
schlug mästend Elend an als freien Marktes Kur;
und selbst auf unsre Sünden gab's Rabatt.
Still liegt Novemberland, verflucht zum tugendhaften Fleiß,
in Angst vorm Jüngstgericht, dem überhöhten Preis.

Novemberland

Da komm ich her. Das feiert jährlich alle Neune.
Von dem ich weg will über selbsterdachte Zäune,
doch in verkehrten Schuhen dahin laufe, wo ich heiße
und ruchbar bin für die zurückgelaßne Scheiße.

Das bleibt veränderlich sich gleich
und ähnelt unterm Schutt der Moden –
mal sind es Jeans, dann wieder Loden –
den abgelebten Fotos aus dem Dritten Reich.

Novembertote, laßt sie ruhn!
Wir haben mit uns Lebenden genug zu tun.
Doch diese sind nicht jene, jene sind erwacht
und haben sich als Täter das gleiche ähnlich ausgedacht.
Nicht abgebucht noch steuerfrei ist der Gewinn
aus Schuldenlast, für die ich haftbar bin.

Späte Sonnenblumen

November schlug sie, schwarz in schwarz vor Hell.
Noch ragen Strünke, sind der Farben Spott,
im Regen schräg und suchen sich Vergleiche,
auch Reime, etwa Gott und Leiche.

Noch immer tauglich, stehn sie mir Modell,
weil ausgesägt vor Himmeln, deren Grau
im Ausschnitt und total zerfließt,
drauf eine Meldung sich als Botschaft liest:

Geschieden sind wie Mann und Frau
nach kurzer Ehe Land und Leute.
Karg war die Ernte, reich die Beute.
Ach, Treuhand hat uns abgeschöpft.
Wer bei Verdacht schon Sonnenblumen köpft,
dem werden Zeugen fehlen, den erwischt die Meute.

Allerseelen

Ich flog nach Polen, nahm November mit.
Die Frage, was, wenn polnisch meine Zunge
mir wörtlich wäre und tödlich folgsam beim Ulanenritt –
ich rauchte tief katholisch und auf Lunge –,

blieb wortreich ohne Antwort, deutsch auf deutsch vernarrt:
Zwar schmeichle der Gedanke, sei bizarr, apart,
doch müsse ich bei heimischer Kontrolle
zu Markte tragen meine eingefärbte Wolle.

So nachbarlich durchnäßt, so ferngerückt verloren,
so anverwandt vom Lied und Leid im Lied besessen,
so heimlich zugetan, doch taub auf beiden Ohren,
sind Freunde wir, bis Schmerz, weil nie vergessen
die Narbe (unsre) pocht; umsonst war alles Hoffen:
Die Gräber alle stehn auf Allerseelen offen.

Sturmwarnung

Im Radio angekündigt, kam von England ein Orkan.
Nur wenig Tote diesmal, überhoch die Schäden
an Sachen, Material, von Klimasorgen nicht zu reden:
Die Stürme könnten, wie der allgemeine Wahn,

sich mehren, bis matt wir sind von einheitlicher Last
und ausgeschlossen wären aus dem Club der Reichen,
denn selbst die D-Mark ließe sich erweichen,
wenn zügelloses Wetter dauerhaft als Gast

hier heimisch wünscht zu werden, wie der Fremden Flut,
die frech, trotz Drogensucht und aidsverseuchtem Blut,
mit uns sich mischen möchte, will uns trüb durchrassen,
so daß wir sie, nicht uns mehr hassen. –
Schon wieder, angekündigt, ein Orkan zuviel,
der keine Grenzen kennt, klopft an und fordert laut Asyl.

Vorm ersten Advent

Was teuer wird: das Leben, der Kredit, Benzin!
Im kahlen Garten spärlich Hagebutten glühn.
Auf allgemeinem Grau ein Farbenklecks
erinnert uns an Ehestreit und sommerlichen Sex.

So abgefackelt nach nur bißchen Lustgewinn
krümmt sich Novemberland, bekümmert vom Gebrüll:
kein Penis mehr, doch tausendmal ein Skin
steht für Gewalt und unversorgten Müll.

Der gilt als schlau, der rechnet in Prozenten
den fremden Anteil nach bei deutschen Renten,
als könnte jenen eine Rechnung dienen,
die schweigend grinsen hinter den Gardinen,
wenn draußen Mölln ist, unsre kleine Stadt,
die sich ganz unverhofft ein Fest bereitet hat.

Außer Plan

Auf alte Zeitung, die im Garten treibt, unstetig,
und sich an Dornen reißt, auf Suche nach Ästhetik,
schlägt wütig Gegenwart, ein rüder Hagelschauer;
November spottet aller Schönschrift Dauer.

Schaut nur, die blassen stilgerechten Knaben,
die sich, auf Wunsch, der Stunde Null verschrieben haben.
Jetzt jammern sie, weil selbst auf Stasispitzel
Verlaß nicht ist, um Zeilenschwund und momentanen Kitzel.

Betreten reisen sie, wie altgewohnt, zur nächsten Vernissage,
auf Spesen mürrisch von Premiere zu Premiere
und reden sich bei Billigsekt und Klatsch in Rage;
da kommt Gewalt dem fixen Wortfluß in die Quere
und brüllt aufs neue überlieferten Jargon:
verschreckt (ganz außer Plan) wacht auf das Feuilleton.

Andauernder Regen

Die Angst geht um, November droht zu bleiben.
Nie wieder langer Tage Heiterkeit.
Die letzten Fliegen fallen von den Scheiben,
und Stillstand folgt dem Schnellimbiß der Zeit.

Des Bauherrn Ängste gründen sich auf Fundamente,
denn Pfusch von gestern könnte heut zutage treten.
Die Jugend bangt – schon früh vergreist – um ihre Rente.
Und auch des Volkes Diener üppige Diäten

sind ängstlich rasch verdoppelt worden.
Die Skins mit Schlips und Scheitel kriegen Orden.
Wer dieser Wirtschaft Zukunftsmärkte lobt,
den hat der Zeitgeist regelrecht gedopt,
dem steht Zweidrittelmehrheit stramm, aus Angst geeint;
ein Narr, der im Novemberregen weint.

Die Festung wächst

Liegt brach das Land zum Fraß der Krähenschar.
Der Maulwurf mehrt sich, und verdächtig häufig
sind längs den Zäunen fremde Hunde läufig.
Wir sollen zahlen: auf die Hand und bar.

Weil in der Mitte liegend, reich und ungeschützt,
hat planend Furcht ein Bauwerk ausgeschwitzt:
als Festung will Novemberland sich sicher machen
vor Roma, Schwarzen, Juden und Fellachen.

Nach Osten hin soll Polen Grenzmark sein;
so schnell fällt nützlich uns Geschichte ein.
Das Burgenbauen war schon immer unsre Lust,
den Wall zu ziehn, die Mauer zu errichten,
und gegen Festungskoller, Stumpfsinn, Lagerfrust
half stets ein Hölderlin im Brotsack mit Gedichten.

Entlaubt

Der Nußbaum leer, hat alles fallenlassen.
Die Körbe schwer, aus schwarzem Schalenbrei
zieh Tinten ich, die Unschuld, die sich weiß beteuert, hassen.
Aus bittrem Sud fließt meine Litanei.

Was wirft hier Blasen, sprengt Beton,
der unsren Parkplatz überm kommunalen Sumpf
so sicher machte? Gehegte Ordnung jeglicher Fasson
ist außer Kurs, und Glieder, ledig, ohne Rumpf,

sind unterwegs, im Gleichschritt wie geübt.
Gestreckte Arme grüßen irgendwas.
Drauf ein Gebrüll, das nur sein Echo liebt,
aus Köpfen, die gedunsen sind vom Haß,
bis daß – Peng, Krach! –, welch komisch echter Knall...
Komm! Laß uns Nüsse knacken nach dem jüngsten Fall.

Nach kurzer Krankheit

Verschnupft das Land, die Grippe sucht uns heim
und macht aufs Krippenkind sich einen Fieberreim.
Aktive Viren, wach zu neuem Kult,
den wir besänftigt glaubten, pfleglich eingelullt.

Bis uns die Augen triefen und der Blick getrübt,
verrotzt, weil nun auch Taschentücher fehlen,
wird alte Klage jung vertont geübt,
auf daß wir eine Stimme sind beim Hustentropfenzählen.

Kaum ausgeschwitzt, doch noch vom Brüllen heiser,
verhallt Gewalt, bellt leis und auf Verlangen leiser.
Kaum abgeklungen, schrumpft die Grippe zur Legende
und findet in der Talkshow prompt ihr gutes Ende:
ganz locker wird vom Hocker diskutiert,
warum der Mensch sich bei Gelegenheit vertiert.

Komm, Nebel, komm! Und mach uns anonym.
Wir sind ertappt auf frischer (unterlaßner) Tat.
Versalzen welkt nun unser harmloser Salat,
der treuherzig, wie einst Minister Blüm,

mit Gästen rechnete, für die brav andre zahlen.
So lebten wir begünstigt auf Kredit,
doch jemand, der (ein Gott?) am Nebelvorhang zieht,
verriet schon jetzt die Zahlen nächster Wahlen.

Fein rausgeputzt, verkürzt auf Mittelmaß,
der Riß verklebt, der Klassen gröbster Unterschied
bemäntelt. Kein Rüchlein (nein!) erinnerte ans Gas,
und nur die dritte Strophe galt (halblaut) im Lied.
Auf Siegers Seite lebten wir, behütet und getrennt,
bis uns die Einheit schlug, die keine Gnade kennt.

Wer kommt?

Novemberschwärze vor verwaschnem Hell:
die letzten Sonnenblumen stehen schwarz Modell.
Seitab verglühen restlich Hagebutten.
Weil oben ohne, nässen Bäume ohne Kutten

gestaffelt und vereinzelt, auch der Nußbaum leer.
Fern übt mit Waffenschein ein einsames Gewehr.
Den häßlich kleinen Unterschied vertuscht der Nebel.
Ach, wüßt ich dem Adventsgebrüll doch einen Knebel.

Wer kommt, ist da, multipliziert?
Im Radio angekündigt, nur wie üblich, ein Orkan,
der seine Wut gewöhnlich unterwegs verliert.
Vor jähem Frost geschützt der blanke Wasserhahn,
verschnürt die Päckchen, fertig zum Versand;
demnächst droht Weihnacht dem Novemberland.

AUS EPISCHEN
UND
DRAMATISCHEN WERKEN
1955–1963

Pepita

Am Hafen liegen Kohlen,
die sind schwarz, nur schwarz.
Pepita, zieh dein weißes Kleid an.

Dein Fleisch ist neu.
Rufe die Fliegen nicht
und die Finger,
die nach den Zeitungen tasten.
Sinnlos ist deine Zunge.
Pepita, Pepita, was heißt Pepita.
Am Hafen liegen Kohlen,
am Himmel verlöschen die Fische
und ihre Gräten, Gitarren, Pepita.
Oder der Tod, ein Tourist
setzt sich und nimmt die Sonnenbrille ab.
Pepita, ruft er, komm her,
bringe die Zeitung,
wir wollen Kreuzworträtsel lösen – Pepita.

Am Hafen liegt Salz,
weiß und verblendet.
Pepita, zieh dein schwarzes Kleid an.

Ich habe sieben Jahre auf eine Schnecke gewartet,
nun hab ich vergessen, wie eine Schnecke aussieht.
Als etwas kam, nackt und empfindlich,
suchte ich einen treffenden Namen.
Ich sagte Gefühl, Geduld, sagte Glück,
doch es glitt tonlos vorbei.

Befürchtung

Als wir über den großen Regenbogen
nach Hause wollten,
waren wir sehr müde.

Wir hielten uns an seinem Geländer
und fürchteten,
daß er verblassen könnte.

Als ich über den großen Regenbogen
nach Hause wollte,
war ich sehr müde.

Ich hielt mich an dir und an seinem Geländer
und fürchtete,
daß ihr beide, du und der Regenbogen,
blaß werden könntet.

Der Güterzug

Der Güterzug, der Güterzug.
Sie blasen sich die Lichter aus,
verkaufen ihrer Katz das Haus.
Sie tragen sich einander nach
und unterwandern sich beim Schach
sie überbrücken ihre Lücken
mit wunderschönen Eselsbrücken;
darüber lärmt der Güterzug,
ist länger als Personenzug.

Sie schlagen sich einander vor,
bedienen das Gespräch.
Mit Rücksicht, Vorsicht, Übersicht
bläst einer aus des andern Licht,
fährt mitten durch ihr Kurzgesicht;
der Güterzug, der Güterzug.

Sie nehmen sich die Arbeit ab,
sie geben sich die Ehre.
Sie haben einen Panzerschrank,
der schützt die große Leere.
Der eine nennt den andern krank,
sie stehen stolz am Bahnsteigrand
und grüßen mit erhobner Hand;
den Güterzug, den Güterzug.

Ein Autobus, ein Autobus,
besetzt mit Langeweile.
Das Auto überholt den Fluß,
der Fluß hat keine Eile.
Sie sind sich immer weit voraus,
sie blasen sich die Lichter aus,
sie sitzen vor und hinterm Bier,
die Nacht durchschreit ein wütend Tier:
der Güterzug, der Güterzug
ist länger als Personenzug.

Am Atlantikwall

Noch waffenstarrend, mit getarnten Zähnen,
Beton einstampfend, Rommelspargel,
schon unterwegs ins Land Pantoffel,
wo jeden Sonntag Salzkartoffel
und freitags Fisch, auch Spiegeleier:
wir nähern uns dem Biedermeier!

Noch schlafen wir in Drahtverhauen,
verbuddeln in Latrinen Minen
und träumen drauf von Gartenlauben,
von Kegelbrüdern, Turteltauben,
vom Kühlschrank, formschön Wasserspeier:
wir nähern uns dem Biedermeier!

Muß mancher auch ins Gras noch beißen,
muß manch ein Mutterherz noch reißen,
trägt auch der Tod noch Fallschirmseide,
knüpft er doch Rüschlein seinem Kleide,
zupft Federn sich vom Pfau und Reiher:
wir nähern uns dem Biedermeier!

Die schwarze Köchin

Schwarz war die Köchin hinter mir immer schon.
Daß sie mir nun auch entgegenkommt, schwarz.
Wort, Mantel wenden ließ, schwarz.
Mit schwarzer Währung zahlt, schwarz.
Während die Kinder, wenn singen, nicht mehr singen:
Ist die Schwarze Köchin da? Ja – Ja – Ja!

Stehaufmännchen

Begraben unten, und wir gingen
die Wette ein: begraben unten
kommt nicht mehr raus, ans Licht, Geflimmer,
rührt nicht mehr mit und löffelt weder;
denn auch der Löffel lag im Keller
verschmolzen mit, als aber draußen
Aurora mit der Trillerpfeife
die Finsternis zurückpfiff, stand:
Matern auf bleigegoßnen Sohlen,
mit Herz Milz Nieren, hatte Hunger
und löffelte, aß, schiß und schlief.

Der Schlag saß tief, ich fiel vom Türmchen.
Das kümmerte die Tauben nicht.
War nur noch Inschrift, flach aufs Pflaster,
und wer vorbeiging, las kursiv:
Hier liegt und liegt und liegt flach, liegt,
der fiel von oben, der da liegt;
kein Regen wäscht ihn, Hagel tippt
ihm weder weder: Briefchen, Wimpern
noch öffentliche Diskussionen;
doch kommt Aurora auf zwei Beinen
und knallt das Pflaster, drauf ich liege,
steht erst der Riemen, dann das Männchen
und spritzt und zeugt und lacht sich schief.

Erschossen war er durch und durch;
man plante grade einen Tunnel,
und durch ihn durch, der frischerschossen,
fuhr bald darauf die Eisenbahn.
Die Sonderzüge, Könige,
die mußten durch mich durch, wenn sie
die Könige in meinem Rücken
besuchen wollten, und der Papst
sprach in neun Sprachen durch dies Loch.

So war er Trichter, Tunnel, Tüte,
und Zoll stand grün auf beiden Seiten;
erst als Aurora mit dem schweren
berühmten Auferstehungshammer
mich vorn und hinten stöpselte,
stand auf Matern, einst frischerschossen,
und atmete sprach lebte schrie!

Aber auch Eddi Amsel …

Hier Nickelswalde – dort Schiewenhorst.
Perkunos Pikollos Potrimpos!
Zwölf Nonnen ohne Kopf und zwölf Ritter ohne Kopf.
Gregor Materna und Simon Materna.
Der Riese Miligedo und der Räuber Bobrowski.
Kujawischer Weizen und Urtobaweizen.
Mennoniten und Deichbrüche …
Und die Weichsel fließt,
und die Mühle mahlt,
und die Kleinbahn fährt,
und die Butter schmilzt,
und die Milch wird dick,
bißchen Zucker drauf,
und der Löffel steht,
und die Fähre kommt,
und die Sonne weg,
und die Sonne da,
und der Seesand geht,
und die See leckt Sand …
Barfuß barfuß laufen die Kinder
und finden Blaubeeren
und suchen Bernstein
und treten auf Disteln
und graben Mäuse aus
und klettern barfuß in hohle Weiden …
Doch wer Bernstein sucht,
auf die Distel tritt,
in die Weide springt
und die Maus ausgräbt,
wird im Deich ein totes vertrocknetes Mädchen finden:
das ist des Herzog Svantopolk Töchterchen,
das immer im Sand nach Mäusen schaufelte,
mit zwei Schneidezähnen zubiß,
nie Strümpfe, nie Schuhe trug …
Barfuß barfuß laufen die Kinder,

und die Weiden schütteln sich,
und die Weichsel fließt immerzu,
und die Sonne mal weg mal da,
und die Fähre kommt oder geht
oder liegt fest und knirscht,

während die Milch dick wird, bis der Löffel steht, und langsam die Kleinbahn fährt, die schnell in der Kurve läutet. Auch knarrt die Mühle, wenn der Wind acht Meter in der Sekunde. Und der Müller hört, was der Mehlwurm spricht. Und die Zähne knirschen, wenn Walter Matern von links nach rechts mit den Zähnen. Desgleichen die Großmutter: Quer durch den Garten hetzt sie das arme Lorchen. Schwarz und trächtig bricht Senta durch ein Spalier Saubohnen. Denn sie naht schrecklich, hebt winklig den Arm: Und in der Hand am Arm steckt der hölzerne Kochlöffel, wirft seinen Schatten auf das krause Lorchen und wird größer, immer fetter, mehr und mehr… Aber auch Eddi Amsel…

Mein Onkel

Neun stiegen über den Gartenzaun,
mein Onkel war dabei.
Neun traten nieder den Januarschnee,
mein Onkel im Schnee dabei.
Ein schwarzer Lappen vor jedem Gesicht,
mein Onkel vermummt und dabei.
Neun Fäuste meinten ein zehntes Gesicht,
des Onkels Faust schlug entzwei.
Und als neun Fäuste müde waren,
schlug Onkels Faust noch zu Brei.
Und als alle Zähne gespien waren,
erstickte mein Onkel Geschrei.
Und Itzich Itzich Itzich hieß
des Onkels Litanei.
Neun Männer entwichen über den Zaun,
mein Onkel war dabei!

AUS DEM TAGEBUCH EINER SCHNECKE

Später mal, Franz, wenn du enttäuscht bist,
wenn du den Kehrreim des Liedchens »Zwecklos«,
der die Zeile »Hatjadochkeinenzweck« wiederholt,
mühsam gelernt, in Gesellschaft gesungen,
aus Trotz vergessen
und auf Abendschulen neu gelernt hast,
später mal, Franz,
wenn du siehst,
daß es so und auch so und selbst so nicht geht,
wenn es dir schiefzugehen beginnt
und du die Mitgift Glauben verzehrt,
die Liebe im Handschuhfach liegengelassen hast,
wenn sich die Hoffnung, ein gutwilliger Pfadfinder,
dessen Kniestrümpfe immerfort rutschen,
ins Aschgraue verloren hat,
wenn dir das Wissen beim Kauen schaumig wird,
wenn du fertig bist,
wenn man dich fix und fertig gemacht hat:
flachgeklopft entsaftet zerfasert –
jemand kurz vorm Aufgeben –
wenn du am Ziel – zwar Erster –
den Beifall als Täuschung,
den Sieg als Strafe erkannt hast,
wenn dir die Schuhe mit Schwermut
besohlt worden sind
und Grauwacke deine Taschen beutelt,
wenn du aufgegeben, endlich aufgegeben,
für immer aufgegeben hast, dann – Fränzeken –
nach einer Pause, die lang genug ist,
um peinlich genannt zu werden,
dann stehe auf und beginne dich zu bewegen,
dich vorwärts zu bewegen …

Während unser Wettlauf stattfand,
alterte, vergreiste, starb das Publikum weg.
Kein Zeuge am Ziel, kein Beifall, nur Eigengeräusche. –
Geduld, ich hafte vorwärts, ich komme.
Viele überholen mich und liegen später am Weg:
Beispiele für Sprunghaftigkeit. –
Ich liege hinter mir.
Meine Spur trocknet weg.
Unterwegs vergaß ich mein Ziel.
Jetzt ziehe ich mich zurück,
bin nur noch zerbrechlich.
Draußen soll es windig sein,
aber auf Kurzstrecken erfolgversprechend.

Geronnenes Einverständnis.
Kein Daumensenken: Grinsen genügt.
Alles, das kaum beginnende Lächeln,
das Staunen, Betroffensein und Erschrecken,
der spröde zeichnende Schmerz,
alles – und auch die Scham gerinnt.
Es ist ein Nickel Schadenfreude,
der solchen Spaß auszahlt.
Oder die Angst, erkannt zu werden.
Oder die Scheu vor nacktem Gesicht: Grinsen kleidet.

Fassaden sagt man nach, daß sie es können.
Sieger – aber auch Unterlegene – rasten ein.
Das ersetzt im Fernsehen Kommentare.
Die Verlegenheit hat ihre Mimik gefunden.
Sobald wir vom Tod (von seinen vielstelligen Zahlen) hören,
sobald uns Niederlagen – die alten Bekannten – grüßen,
sobald wir allein sind
und einem Stück Spiegel in die Falle geraten,
geben wir unser Gesicht auf: Grinsen ist menschlich.

Also nochmal. Kurze Sätze zum Einprägen und Verlieren.
Ich rauche zuviel, aber regelmäßig.
Ich habe Meinungen, die sich ändern lassen.
Meistens überlege ich vorher.
Auf verquere Weise bin ich unkompliziert.
(Seit vier Jahren stelle ich Sätze und einzelne Wörter zwischen Klammern: etwas, das mit dem Älterwerden zu tun hat.)
Das mag ich: von weit weg hören, wie Laura am Klavier an immer derselben Stelle danebengreift.
Wenn Raoul mir eine Zigarette dreht, freue ich mich.
Wenn Franz mehr sagt, als er zugeben wollte, bin ich erstaunt.
Wenn Bruno Witze falsch erzählt, kann ich lachen wie früher.
Mit Vorliebe sehe ich Anna zu, wenn sie ein frisch gekauftes Kleid sogleich abzuändern beginnt.
Was ich nicht mag: Leute, die mit dem Wort »scharf« bewaffnet sind. (Wer nicht denkt, sondern scharf denkt, der greift auch scharf durch.)
Ich mag keine bigotten Katholiken und keine strenggläubigen Atheisten.
Ich mag keine Leute, die zum Nutzen der Menschheit die Banane gradebiegen wollen.
Widerlich ist mir jeder, der subjektives Unrecht in objektives Recht umzuschwindeln versteht.
Ich fürchte alle, die mich bekehren möchten.
Mein Mut beschränkt sich darauf, möglichst wenig Angst zu haben; Mutproben lege ich keine ab.
Allen rate ich, die Liebe nicht schnell wie das Katzenficken zu betreiben. (Das gilt auch später für euch, Kinder.)
Ich mag Buttermilch und Radieschen.
Ich reize gern auf den Skat.
Ich mag alte gebrochene Leute.
Auch ich mache Fehler mehrmals.
Ich bin ganz gut schlecht erzogen worden.
Treu bin ich nicht – aber anhänglich.
Immer muß ich was machen: Wörter hecken, Kräuter schneiden, in Löcher gucken, Zweifel besuchen, Chroniken lesen, Pilze und deren Verwandtschaft zeichnen, aufmerksam nichts tun, morgen nach Delmenhorst, übermorgen nach Aurich (Ostfriesland) fah-

ren, redenreden, die dicke Schwärze, dort, wo sie graustichig wird, vom Rand her anknabbern, Schnecken auf ihrem Vormarsch begleiten und – weil ich den Krieg kenne – vorsätzlich Frieden halten; den mag ich auch, Kinder.

Grauer nasser Ton.
Der Ton schwitzt und riecht alt.
Ton atmet mich an: Mach was!
Im Raum ein Klumpen, ungeformt, aber möglich.

In meiner Hand die Hand meiner Tochter.
So suchen wir Ziegen
und finden verlassene Schneckengehäuse.
Siehst du schon welche?
Noch nicht.
Gibt es hier welche?
Manchmal.
Wir hören sie auf dem Hang scheppern: dort und dort.
Wir mögen Ziegen.
Schneckenhäuser sammeln wir nur.
Wir waren mal Ziegen.
Neugierig sind wir und schreckhaft.
Die Hand meiner Tochter in meiner Hand.
So sind wir uns sicher.
Wir haben Salz bei uns.

Nachruf auf Vladimir?
Was er tat versäumte wollte anfing verbarg?
Was er nicht fertigbrachte, uns hinterließ?
Wie wir uns auf Rufweite nah waren?
Wann genau sein Kopfschmerz begann?
Was dazwischentrat, uns von seinem Tod trennte?
Ich will es ihm nachrufen, später.

Es kommt nicht, kommt bei ihr nicht.
Denn sie verkauft schwarzes Mehl.
Landregen flimmert, der Film gerissen.
Komm schon! – Es kommt nicht.
Eine graue Schnulze, deren Wörter in Sack und Asche gehen: überall Einbahnstraßen. Nichts kommt entgegen, es kommt nichts.
Seht den vom Schicksal beschubsten Engel. Ist ohne Zwischen-Dazwischen. Die mythologische Möse. Zwar kam Saturn über Nacht, hat sie gestoßen gestoßen, aber es kam nichts, kam nicht: nun ist sie nur wund.
Und stummer als stumm.
In diesem Engel liegt ein Hund begraben.
Faltenwurf verhängt den unbewegten Gestank.
(Man möchte nicht unters Hemd, nicht gucken, greifen, nicht suchen: trocken und wund.)
Das versteinerte Karpfenmaul.
Sprechblasen von einst, Basaltbrocken liegen zuhauf.
Hieroglyphen, in Lava gehauen.
Wörter, im Steinbock gezeugt.
Mit klammen Fingern hält sie den Zirkel und kann den Kreis nicht schließen.
Kein Schrei will steigen, lang und bemessen sein.

Ein Schneckengehäuse gefunden.
Das weitgeschneiderte Ohr –
sinnlos zu schweigen – hört alles.

Sie haftet auf ihrem Rollschuh.
Terminen droht sie Versteinerung an.
Spät wird bekannt, daß die Richtung,
noch später, um wieviel Glaubenseinheiten verändert,
am Ende hieß es, berichtigt wurde.
Alles läuft unter Fortschritt,
sogar der Einfall, die Hutform
dem Schneckengehäuse zu nähern.

Weil nämlich.
Nämlich du.
Es ist nämlich.
Eine Delle aus dem Ball treiben.
Die Delle bleibt, wandert und äfft sich nach.
Aber wir wollen den neuen Ball nicht.
Wir fürchten, auch er.
Lieber den alten Ball.
Weil nämlich, du nämlich.
(Und weil die anderen und die anderen der anderen.)
Es ist nämlich
und zwar bewiesen: kein Ball ohne …

Guck dir mal zu.
Ein Pfund Abstand gewinnen.
Ich möchte im Saal stehen, nicht hinter hochkant gestellter Kiste, will mir ins Wort fallen.
Möchte mich sehen (beklopfen), wenn ich steingehauen zu sicher werde.
Möchte schon dasein, bevor ich ankomme.
Mir nachwinken.
Möchte schlafen, Sand sieben, Totermann üben und mir gut zureden, solange ich Meinungen aufsage (und Fragen zu Antworten knete).
Möchte beim Händeschütteln beide Taschen beziehen.
Möchte mal kurz zwischendurch, auf einen Sprung nur, solange das dauert und weiter nicht auffällt, mal hinter mich treten und seitlich (vom Buchsbaum verdeckt) davon.
Ich möchte mich widerlegen und aufheben.
(Möchte ins Kino.)
Möchte mich jetzt – gestern in Säckingen, heute doppelt in Reutlingen – durch einfaches Beinstellen ins Stolpern bringen und liegenlassen, damit ich mich endlich hinter der hochkant gestellten Kiste freisprechen, ohne Zwischenruf freisprechen kann:
Über Zeitabläufe und verschobene Phasen,
über Augst, nachdem er und als ich,
über die Zwischenzeit, Anna und mich,
über den eingekellerten Zweifel und seinen leisen Besuch,
(auch über die Flugangst der Schnecken)
und über Entfernungen, den gewonnenen Abstand.

Ich laß dich jetzt liegen.
Dein Gehäuse erinnert mich.
Bewegt warst du verständlich.
Vieles habe ich mitgeschrieben.
Ohne Zögern beim Überschreiten gedachter Linien.
Kein Schwalbenflug: Schneckenspur.
Gefühl für Lücken und ähnliche Tugenden.
Unfallfrei, bis auf den einen…

DIE RÄTTIN

Meine See, die sich nach Osten
und nördlich verläuft, wo Haparanda liegt.
Die baltische Pfütze.
Was von der windigen Insel Gotland außerdem ausging.
Wie die Algen dem Hering die Luft nahmen
und der Makrele, dem Hornfisch auch.

Es könnte, was ich erzählen will,
weil ich durch Wörter das Ende aufschieben möchte,
mit Quallen beginnen, die mehr, immer mehr,
unabsehbar mehr werden,
bis die See, meine See
eine einzige Qualle.

Oder ich lasse die Bilderbuchhelden,
den russischen Admiral, den Schweden, Dönitz, wen noch
aufkreuzen, bis Strandgut
genug bleibt – Planken und Bordbücher,
aufgelistet Proviant –
und alle Untergänge abgefeiert sind.

Als am Palmsonntag aber Feuer vom Himmel
auf die Stadt Lübeck und ihre Kirchen fiel,
brannte vom Backsteingemäuer die innere Tünche;
hoch ins Gerüst soll nun Malskat, der Maler,
abermals steigen, damit uns die Gotik
nicht ausgeht.

Oder es spricht, weil ich nicht lassen kann
von der Schönheit, die Organistin aus Greifswald
mit ihrem R, das zum Uferkiesel gerollt wurde.
Sie hat, genau gezählt,
elf Pfaffen überlebt und immer
den Cantus firmus gehalten.

Jetzt heißt sie, wie Witzlavs Tochter hieß.
Jetzt sagt Damroka nicht,
was der Butt ihr gesagt.

Jetzt lacht sie von der Orgelbank
ihren elf Pfaffen nach: der erste, son Mucker,
der kam aus Sachsen...

Ich lade euch ein: Denn hundertundsieben Jahre
wird Anna Koljaiczek aus Bissau bei Viereck,
das liegt bei Matarnia.
Ihren Geburtstag zu feiern mit Sülze, Pilzen und Kuchen
kommen alle gereist, denn weit
zweigt das kaschubische Kraut.

Die aus Übersee: Von Chicago her reisen sie an.
Die Australier nehmen den längsten Weg.
Wem es im Westen bessergeht, der kommt,
es jenen zu zeigen,
die in Ramkau, Kartuzy, Kokoschken geblieben,
um wieviel besser in deutscher Mark.

Fünf von der Leninwerft sind eine Delegation.
Schwarzröcke bringen den Segen der Kirche.
Nicht nur die staatliche Post,
Polen als Staat ist vertreten.
Mit Chauffeur und Geschenken
kommt unser Herr Matzerath auch.

Aber das Ende! Wann kommt das Ende?
Vineta! Wo liegt Vineta?
Seetüchtig kreuzen sie auf; denn zwischendurch
werden Frauen tätig.
Allenfalls Flaschenpost,
die ihren Kurs ahnen läßt.

Da ist keine Hoffnung mehr.
Denn mit den Wäldern,
soll hier geschrieben stehen,
sterben die Märchen aus.
Abgeschnitten Krawatten kurz unterm Knoten.
Endlich, das Nichts hinter sich, treten die Männer zurück.

Doch als die See den Frauen Vineta zeigte,
war es zu spät. Damroka verging,
und Anna Koljaiczek sagte: Nu isses aus.
Ach, was soll werden, wenn nichts mehr wird!
Da träumte die Rättin mir, und ich schrieb:
Die Neue Ilsebill geht als Ratte an Land.

Ertappte mich beim Vernichten von Knabbergebäck:
Salzstangen, in Gläser gestellt,
aufgefächert zum Zugreifen.

Anfangs biß ich einzelne Stangen
immer schneller und kürzer auf den Wert Null,
dann rottete ich in Bündeln aus.

Dieser salzige Brei!
Mit vollem Mund schrie ich nach mehr.
Die Gastgeber hatten vorrätig.

Später, im Traum, suchte ich Rat,
weil, hinter Salzstangen her, ich immer noch
bissig auf Vernichtung aus war.

Das ist deine Wut, die Ersatz,
bei Tage und nachts Ersatz sucht,
sagte die Rättin, von der mir träumt.

Aber wen, sagte ich, will ich wirklich
einzeln oder gebündelt
bis zum Wert Null vernichten?

Zuallererst dich, sagte die Rättin.
Es fand die Selbstvernichtung
anfangs privat nur statt.

Weil der Wald
an den Menschen stirbt,
fliehen die Märchen,
weiß die Spindel nicht,
wen sie stechen soll,
wissen des Mädchens Hände,
die der Vater ihm abgehackt,
keinen einzigen Baum zu fassen,
bleibt der dritte Wunsch ungesagt.

Nichts gehört mehr dem König Drosselbart.
Es können die Kinder sich nicht mehr verlaufen.
Keine Zahl Sieben bedeutet mehr als sieben genau.

Weil an den Menschen der Wald starb,
gehen die Märchen zu Fuß in die Städte
und böse aus.

Sag ich ja: nichts.
In ihr Loch stolpern die Wörter.
Nachträge nur noch.

Ein langes Gespräch über Erziehung,
das abbrach, ohne zum Schluß
zu kommen.

Nach letzten Meldungen.
Wie gegen Ende verlautbart wurde
und gleich darauf dementiert.

Zu guter Letzt versuchten einige Exemplare
der Gattung Mensch
von vorn zu beginnen.

Irgendwo soll gegen Saisonende
preisgünstig Anlaß für Hoffnung
gewesen sein.

Abschließend war von Gut und Böse,
und daß es sowas nicht gebe,
die Rede.

Als aber,
oder auch Gott
mit seinen ewigen Ausreden.

Überliefert ist der Beschluß,
sich auf demnächst
zu vertagen.

Wir dachten, das sei ein Witz,
als uns plötzlich
das Lachen verging.

Immerhin war danach
niemand mehr hungrig
global.

Doch hätten zum Schluß viele Menschen
gerne noch einmal
Mozart gehört.

Mir träumte, ich hätte mich zur Ruhe gesetzt
und meine Malven stünden hoch vor den Fenstern.

Freunde kamen vorbei und sagten über den Zaun:
Wie gut, daß du dich endlich zur Ruhe gesetzt hast.

Und auch ich sagte in meiner Kürbislaube zu mir:
Endlich habe ich mich zur Ruhe gesetzt.

So, geruhsam betrachtet,
ist mir die Welt mein Grundstück groß.

Was mich juckt, darf nicht jucken,
weil ich zur Ruhe gesetzt mich habe.

Alles hat seinen Platz, wird Erinnerung,
staubt ein, ruht in sich.

Zöge ich Bilanz,
hieße mein Ruhestand wohlverdient.

Ach, träumte mir, spräche nichts drein,
säße ich glücklich ohne Bedarf.

Könnte doch sie – Rättin, ich bitte dich! –
auch zur Ruhe sich setzen.

Mit ihr kommt Heißhunger auf,
der läufig macht zwischen Tisch und Bett.

Da sprang ich, auf daß sie Ruhe gäbe,
mutwillig über den Zaun.

Beide sind wir nun auf dem Strich
und die Freunde in Sorge.

Es war einmal ein Land, das hieß Deutsch.
Schön war es, gehügelt und flach
und wußte nicht, wohin mit sich.
Da machte es einen Krieg, weil es überall
auf der Welt sein wollte, und wurde klein davon.
Nun gab es sich eine Idee, die Stiefel trug,
gestiefelt als Krieg ausging, um die Welt zu sehen,
als Krieg heimkam, harmlos tat und schwieg,
als habe sie Filzpantoffeln getragen,
als habe es auswärts nichts Böses zu sehen gegeben.
Doch rückläufig gelesen, konnte die gestiefelte Idee
als Verbrechen erkannt werden: so viele Tote.
Da wurde das Land, das Deutsch hieß, geteilt.
Nun hieß es zweimal und wußte,
so schön gehügelt und flach es war,
immer noch nicht, wohin mit sich.
Nach kurzem Bedenken bot es für einen dritten Krieg
sich beiderseits an.
Seitdem kein Sterbenswort mehr, Friede auf Erden.

Mir träumte, ich müßte Abschied nehmen
von allen Dingen, die mich umstellt haben
und ihren Schatten werfen: die vielen besitzanzeigenden
Fürwörter. Abschied vom Inventar, dieser Liste
diverser Fundsachen. Abschied
von den ermüdenden Düften,
den Gerüchen, mich wachzuhalten, von der Süße,
der Bitternis, vom Sauren an sich
und von der hitzigen Schärfe des Pfefferkorns.
Abschied vom Ticktack der Zeit, vom Ärger am Montag,
dem schäbigen Mittwochsgewinn, vom Sonntag
und dessen Tücke, sobald Langeweile Platz nimmt.
Abschied von allen Terminen: was zukünftig
fällig sein soll.

Mir träumte, ich müßte von jeder Idee, ob tot
oder lebend geboren, vom Sinn, der den Sinn
hinterm Sinn sucht,
und von der Dauerläuferin Hoffnung auch
mich verabschieden. Abschied vom Zinseszins
der gesparten Wut, vom Erlös gespeicherter Träume,
von allem, was auf Papier steht, erinnert zum Gleichnis,
als Roß und Reiter Denkmal wurde. Abschied
von allen Bildern, die sich der Mensch gemacht hat.
Abschied vom Lied, dem gereimten Jammer, Abschied
von den geflochtenen Stimmen, vom Jubel sechschörig,
dem Eifer der Instrumente,
von Gott und Bach.

Mir träumte, ich müßte Abschied nehmen
vom kahlen Geäst,
von den Wörtern Knospe, Blüte und Frucht,
von den Zeiten des Jahres, die ihre Stimmungen
satt haben und auf Abschied bestehen.
Frühnebel. Spätsommer. Wintermantel. April April! rufen,
noch einmal Herbstzeitlose und Märzbecher sagen,
Dürre Frost Schmelze.
Den Spuren im Schnee davonlaufen. Vielleicht

sind zum Abschied die Kirschen reif. Vielleicht
spielt der Kuckuck verrückt und ruft. Noch einmal
Erbsen aus Schoten grün springen lassen. Oder
die Pusteblume: Jetzt erst begreife ich, was sie will.

Ich träumte, ich müßte von Tisch, Tür und Bett
Abschied nehmen und den Tisch, die Tür und das Bett
belasten, weit öffnen, zum Abschied erproben.
Mein letzter Schultag: Ich buchstabiere die Namen
der Freunde und sage ihre Telefonnummern auf: Schulden
sind zu begleichen; ich schreibe zum Schluß meinen Feinden
ein Wort: Schwamm drüber – oder:
Es lohnte den Streit nicht.
Auf einmal habe ich Zeit.
Es sucht mein Auge, als sei es geschult worden,
Abschied zu nehmen, rundum Horizonte, die Hügel
hinter den Hügeln, die Stadt
auf beiden Seiten des Flusses ab,
als müßte erinnert verschont gerettet werden, was
auf der Hand liegt: zwar aufgegeben, doch immer noch
dinglich, hellwach.

Mir träumte, ich müßte Abschied nehmen
von dir, dir und dir, von meinem Ungenügen,
dem restlichen Ich: was hinterm Komma blieb
und kümmert seit Jahren.
Abschied von sattsam vertrauter Fremde,
von den Gewohnheiten, die sich recht geben höflich,
von unserem eingeschrieben verbrieften Haß. Nichts
war mir näher als deine Kälte. Soviel Liebe genau
falsch erinnert. Am Ende
war alles versorgt: Sicherheitsnadeln zuhauf.
Bleibt noch der Abschied von deinen Geschichten,
die immer das Bollwerk, den Dampfer suchen,
der von Stralsund, aus der brennenden Stadt
beladen mit Flüchtlingen kommt;
und Abschied von meinen Gläsern, die Scherben, allzeit
nur Scherben, sich selbst als Scherben

im Sinn hatten. Nein,
keine Kopfstände mehr.

Und nie wieder Schmerz. Nichts,
dem Erwartung entgegenliefe. Dieses Ende
ist Schulstoff, bekannt. Dieser Abschied
wurde in Kursen geübt. Seht nur, wie billig
Geheimnisse nackt sind! Kein Geld zahlt Verrat mehr aus.
Zu Schleuderpreisen des Feindes entschlüsselte Träume.
Endlich hebt sich der Vorteil auf, macht uns
die Schlußrechnung gleich,
siegt zum letzten Mal die Vernunft,
ist ohne Unterschied alles,
was einen Odem führt, alles, was kreucht
und fleucht, alles, was noch
ungedacht und was werden sollte vielleicht,
am Ende und scheidet aus.

Doch als mir träumte, ich müßte
von jeglicher Kreatur, damit von keinem Getier,
dem einst Noah die Arche gezimmert,
Nachgeschmack bliebe, Abschied nehmen sofort,
träumte ich nach dem Fisch, dem Schaf und dem Huhn,
die mit dem Menschengeschlecht alle vergingen,
eine einzelne Ratte mir, die warf neun Junge
und hatte Zukunft für sich.

Mein Zorn, ein Straftäter mit Vorsatz,
darf nicht ausbrechen.
Einsicht hindert ihn, dieser dem Weitblick nur
durchlässige Zaun.

So, aus Distanz und gesättigt von abgelagertem Zorn,
der eingedickt reifte, wie Käse reift, sehe ich,
wie sie durchaus vernünftig
das Ende bereiten: sorgfältig im Detail.

Unbeirrbare Erzengel haben sich qualifiziert.
An ihnen scheitert unsere kleine Angst, die leben,
um jeden Preis leben möchte, als sei Leben
ein Wert an sich.

Wohin mit dem Zorn, der nicht ausbrechen kann?
Ihn in Briefen verzetteln, die Briefe,
nur Briefe zur Folge haben, in denen,
wie sie nun einmal ist, die Lage zutiefst bedauert wird?

Oder ihn häuslich machen,
auf zerbrechliche Gegenstände dressieren?
Oder ihn Stein werden lassen,
der nach Schluß bliebe?

Von keiner Einsicht umzäunt
läge er endlich frei
und gäbe versteinert Zeugnis, mein Zorn,
der nicht ausbrechen durfte.

Es sollen die grauen und schwarzen,
aus der Kreide gefallenen Steine,
die vor Møns Küste zuhauf liegen,
älter sein, als zu denken ist.

Wir sind Sommer für Sommer Touristen,
legen den Kopf in den Nacken
und sehen hoch zu den Kuppen der Kreidefelsen,
die Klinten heißen und dänische Namen tragen.
Dann sehen wir, was den Klinten und uns zu Füßen
gehäuft liegt: zu Körpern gerundete Feuersteine,
manche mit scharfem Bruch.

Nur selten und immer seltener,
wenn Glück uns wie Möwenflug streift,
finden wir Getier, das zu Stein wurde,
einen Seeigel etwa.

Abschied von Møn und dem Blick nach drüben.
Abschied von der Sommer- und Kinderinsel,
mit der wir älter und dänischer hätten werden können.
Abschied von Radaranlagen, die über Buchenwäldern
uns abschirmen sollen.

Könnten wir doch in Kreide uns betten und überdauern,
bis in fünfundsiebzig Millionen Jahren genau
Touristen der neuen Art kommen, die, vom Glück berührt,
Teilchen von uns versteinert finden: mein Ohr,
deinen deutenden Finger.

Kinder, wir spielen Verlaufen
und finden uns viel zu schnell.

Was hinter den Sieben Bergen liegt,
wissen wir nun: das Hotel »Hinter den Sieben Bergen«,
in dessen Kiosk niedliche Andenken
aus Zeiten der Unwissenheit käuflich sind,
als uns das Rumpelstilzchensyndrom
noch böhmisch war.

Jedes Märchen gedeutet. Im Seminar
stricken gute und böse Feen.
Das Genossenschaftswesen der Zwerge.
Die Hexe und ihr soziales Umfeld.
Hänsel und Gretel im Spätkapitalismus oder
was alles zum Drosselbartkonzern gehört.
In einer Fallstudie
wird Dornröschens Tiefschlaf behandelt.

Nach Meinung der Brüder Grimm jedoch,
wären die Kinder,
könnten sie sich verlaufen, gerettet.

Unser Vorhaben hieß: Nicht nur, wie man mit Messer
und Gabel, sondern mit seinesgleichen auch,
ferner mit der Vernunft, dem allmächtigen Büchsenöffner
umzugehen habe, solle gelernt werden
nach und nach.

Erzogen möge das Menschengeschlecht sich frei,
jawohl, frei selbstbestimmen, damit es,
seiner Unmündigkeit ledig, lerne, der Natur behutsam,
möglichst behutsam das Chaos
abzugewöhnen.

Im Verlauf seiner Erziehung habe das Menschengeschlecht
die Tugend mit Löffeln zu essen, fleißig den Konjunktiv
und die Toleranz zu üben,
auch wenn das schwerfalle
unter Brüdern.

Eine besondere Lektion trug uns auf,
den Schlaf der Vernunft zu bewachen,
auf daß jegliches Traumgetier
gezähmt werde und fortan der Aufklärung brav
aus der Hand fresse.

Halbwegs erleuchtet mußte das Menschengeschlecht
nun nicht mehr planlos im Urschlamm verrückt spielen,
vielmehr begann es, sich mit System zu säubern.
Klar sprach erlernte Hygiene sich aus: Wehe
den Schmutzigen!

Sobald wir unsere Erziehung fortgeschritten nannten,
wurde das Wissen zur Macht erklärt
und nicht nur auf Papier angewendet. Es riefen
die Aufgeklärten: Wehe
den Unwissenden!

Als schließlich die Gewalt, trotz aller Vernunft,
nicht aus der Welt zu schaffen war, erzog sich

das Menschengeschlecht zur gegenseitigen Abschreckung.
So lernte es Friedenhalten, bis irgendein Zufall
unaufgeklärt dazwischenkam.

Da endlich war die Erziehung des Menschengeschlechts
so gut wie abgeschlossen. Große Helligkeit
leuchtete jeden Winkel aus. Schade, daß es danach
so duster wurde und niemand mehr
seine Schule fand.

Im Schlaf noch, erstarrt in Erwartung,
weiß ich, was kommt: Mundgeruch, den ich kenne.
Schon stehen Antworten stramm.

Alle Geschenke dürfen verpackt bleiben
und jedes Geheimnis gehütet.
Diese Rolle seit Jahren geprobt.
Gesättigt vom Vorgeschmack, ist mir das Ende
aller Geschichte geläufig.

Was erwarte ich dennoch?
Stottern und aus dem Text fallen.
Liebste, daß wir uns fremd sind,
zuvor nie gewittert,
daß du mich durchlässig machst
für Wörter, die winseln und quengeln.
Nicht Hofferei mehr, Häppchen für Häppchen,
keine Pillen und gleichrunde Glücklichmacher,
Ängste aber vorm leeren Papier.

Noch flimmert die matte Scheibe
und sucht nach ihrem Programm.
Das Schiff will nicht kommen,
dem Wald lief die Handlung davon,
aus Polen nichts Neues, doch füllt
sich das Bild, und ich weiß: Du bist es, Rättin,
von der mir träumt.

Erstarrt in Erwartung, ahne ich,
was nun kommt: in Fortsetzungen
unser Ende.

Da stimmt doch was nicht.
Weiß nicht was, die Richtung womöglich.
Irgendwas, aber was, falsch gemacht,
doch wann und wo falsch,
zumal alles läuft wie am Schnürchen,
wenn auch in eine Richtung,
die mit Schildern als falsch ausgewiesen ist.

Jetzt suchen wir die Fehlerquelle.
Wir suchen sie außer uns wie verrückt,
bis plötzlich jemand wir sagt,
wir alle könnten, mal angenommen zum Spaß,
die Fehlerquelle oder du oder du
könntest sie sein.
Wir meinen das nicht persönlich.

Jeder gibt jedem den Vortritt.
Während wie geschmiert alles
in falsche Richtung läuft,
von der gesagt wird,
es gebe, auch wenn sie falsch sei,
die eine nur, begrüßen die Menschen sich
mit dem Ruf: Ich bin die Fehlerquelle, du auch?

Selten sind wir so einig gewesen.
Niemand sucht mehr, wo was und wann
falsch gemacht worden ist.
Auch wird nicht nach Schuld
gefragt oder Schuldigen.

Wissen wir doch, daß jeder von uns.
Zufrieden wie nie zuvor laufen alle
in falsche Richtung den Schildern nach
und hoffen, daß sie falsch sind
und wir gerettet nochmal.

Die schönen Wörter.
Nie mehr soll Labsal gesagt werden.
Keine Zunge rührt sich, mit Schwermut zu sprechen.
Nie wieder Stimmen, die uns Glückseligkeit künden.
Soviel Kümmernis sprachlos.
Abschied von Wörtern, die vom Mann im Land Uz sagen,
er sei nacket von seiner Mutter Leibe kommen.

Könnten wir fernerhin Biermolke
oder Mehlschütte, Honigseim, Krug sagen.
So barmen wir der Amme nach.
Wer weiß, daß der Specht einst Bienenwolf hieß?
Wer hieße gerne Nepomuk, Balthasar, Hinz oder Kunz?
Abschied nehmen Wörter, die um die Morgengabe,
ums Vesperbrot, Abendmahl baten.

Wer wird uns Lebewohl nachrufen,
wer flüstern, das Bett ist gemacht?
Nichts wird uns beiliegen, beschatten, beiwohnen
und uns erkennen, wie der Engel der Jungfrau
verheißen hat.

Zum Abschied mit Taubheit geschlagen,
gehen die Wörter uns aus.

Die Zwiemacht aus Zwietracht.
Zwiefach die eine Lüge getischt.
Hier und da auf alte Zeitung
neue Tapeten geleimt.
Was gemeinsam lastet, hebt sich
als Zahlenspiel auf, ist von statistischem Wert;
die Endsummen abgerundet.

Hausputz im Doppelhaus.
Ein wenig Scham für besonderen Anlaß
und schnell die Straßenschilder vertauscht.
Was ins Gedächtnis ragt, wird planiert.
Haltbar verpackt die Schuld
und als Erbe den Kindern vermacht.
Nur was ist, soll sein und nicht mehr, was war.

So trägt sich ins Handelsregister
doppelte Unschuld ein, denn selbst der Gegensatz
taugt zum Geschäft. Über die Grenze
spiegelt die Fälschung sich: täuschend vertuscht,
echter als echt und Überschüsse zuhauf.
Für uns, sagt die Rättin, von der mir träumt,
war Deutschland nie zwiegeteilt,
sondern als Ganzes gefundenes Fressen.

Immer noch liest die Großmutter aus dem Märchen
dem Bösen Wolf aus dem Märchen
aus dem Wörterbuch vor.

Sein Wolfsbauch, den ein Reißverschluß
öffnet und schließt, ist voller Wörter
aus alter Zeit: Wehmutter, Wehmut, Wehleid...

Jetzt findet die Großmutter in Grimms Wörterbuch,
von dem mittlerweile alle Bände aufliegen, den Namen
der Stadt Vineta, in der die Vineter wohnten,

bis die See über die Stadt kam. Da heult der Wolf
und will aus dem Mund der Großmutter mehr hören,
als über Vineta geschrieben steht.

Läuten, Geläut, Glockengeläut, sagt die Großmutter
zum Wolf aus dem Märchen, hört man
bei Windstille über der glatten See.

Ultemosch!
Die vielen Rechnungen nicht beglichen
und Aktenzeichen ungelöst.
Heiraten hätten geschlossen, Scheidungen
sollten vollzogen werden, Gütertrennungen auch.
Um den restlichen Urlaub gebracht.
Bevor nach dem Braten, weil es am Sonntag geschah,
Pudding dottergelb auf den Tisch kam.
Mitten im Satz, Schwur, Fluch und Gebet,
gleich nach dem Doppelpunkt,
Witze, vor der Pointe gekappt.
Was ich noch hätte sagen wollen . . .

Soviel verdorbener Spaß.
Wo überall des Fleisches Lust kurz vorm Jetztjetzt
auf immer verging.
Der Grand ohne Vier geschmissen
oder ein Sonntagnachmittagsschläfchen,
das sozusagen kein Ende fand.
Was sonst noch ausblieb: mehrmals verschobene
Klassentreffen, die nächste Sitzung, Geburtstage,
der Lohnsteuerausgleich, die ersten Zähnchen,
das Wetter von morgen,
Gegenbesuche und Rückspiele,
Erbschaften, der bänglich erwartete Laborbefund,
Fälligkeiten, die Post.
Ach, und der lange versprochene Einkaufsbummel.

Wir hätten gerne demnächst die Tapete gewechselt.
Gerne wären wir, wie früher häufiger, zu zweit
ins Theater, danach beim Italiener gut essen gegangen.
Unter gewissen Bedingungen hätten wir gerne
noch einmal von vorne
und uns dies und das noch gegönnt.
Ferien auf dem Ponyhof hatten wir den Kindern,
uns aber wechselseitig mehr Rücksicht versprochen.
Auf Zweitwagen, Grimms Wörterbuch
und eine komplette Campingausrüstung wurde gespart.

Unser Plan hieß: endlich mal ausspannen
und Schluß mit dem Immerhöherundhöherhinaus.
Wir hätten noch gerne …

Natürlich hörten die vielen Kleinkriege und der Hunger
und mit dem Kapitalismus der Sozialismus,
mit gut auch böse und mit der Liebe der Haß auf.
Ganz neue Ideen nicht zu Ende gedacht.
Einfach abgebrochen die Schulreform.
Ohne Antwort die Frage nach Gott und so weiter.
Mag sein, daß einige Leute mit sich zufrieden waren,
dennoch blieben Wünsche, große und kleine offen.
Und auch der Goldpreis fiel, um nie wieder …
Weil.
An einem Sonntag.
Ultemosch.

Kennt man schon, dieses Ende.
Wurde laufendes Bild, wie wir verdampfen,
schrumpfend zur letzten Ekstase fähig.

Das kann uns, die wir Staubstürme und Dauerfröste
vorwegwissen, nicht überraschen. Gut informiert
werden wir aufhören, gut informiert zu sein.

Wir lächeln, wenn wir von Gruppen in Kanada,
Neuseeland und in der Innerschweiz hören,
die das Überleben trainieren.

Hart gegen sich und andere.
Danach auf Fortsetzung bedacht.
Stehaufmännchen und -weibchen natürlich.

Es soll, nach Übereinkunft, in Europa beginnen,
vernünftigerweise; das meiste begann ja hier
und griff dann über global.

So geht aller Fortschritt von uns aus.
Ein wenig müde der historischen Last datieren wir
aller Geschichte Ende.

Hexe, hexen, verhext.
Nicht drei Haare gerieben,
kein Bilsenkraut mischt sich drein.
Weder treibendes Korn noch überzählige Tropfen,
nicht das bannende, nicht das lösende Wort
sind vonnöten.

Wir wissen und haben gelernt,
den Kürbis mit der Zwiebel, die Maus
mit der Katze zu paaren.
Zwei Gene hier-, vier Gene dorthin: wir manipulieren.
Was heißt schon Natur! Zu allem geschickt,
verbessern wir Gott.

In alten Wörterbüchern finden sich nur
Chimären der niederen Art.
Bald wird der höhere Mensch gelingen;
unser Programm sieht ihn vor.
Gespeichert in Genbanken bereichert er täglich sich:
nicht nur begabt mit Vernunft.

Vor allen Tieren – noch vor dem Schwein –
teilt sich besonders gefällig
die Ratte dem Menschen mit,
auf daß er sich überwinde.

Sie kommen billig aus Hongkong und haben
an der einen, der anderen Hand
vier Finger nur,
mit denen sie Werkzeug, aber auch Tennisschläger
oder ein Blumensträußchen manierlich halten.

Aus eingefärbter Plastikmasse gepreßt,
sind sie dauerhaft
und werden – soviel steht fest –
das hinfällige Menschengeschlecht in Gruppen und als
einzelne überleben.

Das tröstet. Wurden doch sie uns, deren Leben
Mühe und Arbeit ist, schöpferisch nachempfunden;
es sind aber die Schlümpfe von heiterer Natur
und mit dem Hammer, der Sense,
dem Telefon allzeit spielerisch tätig.

Nichts kann ihnen die Laune verderben.
Was auch geschieht, fröhlich beginnt ihr Tag.
Nur ihre Sprache, die hierzulande Schlumpfdeutsch
genannt wird, könnte ihnen
am Ende vergehen.

Bleiben wird stumm ihr Grinsen
und rund um die Uhr
ihr Fleiß.

Und dann, und dann?
Dann kam die Währungsreform.
Und danach, was kam danach?
Was vorher fehlte, kam wunderbar Stück für Stück,
das meiste auf Raten.
Und wie ging es weiter, als alles da war?
Wir schafften uns Kinder und Zubehör an.
Und die Kinder, was machten die Kinder dann?
Fragen stellten sie dumm, was davor gewesen
und dann und danach war.
Und? Habt ihr ausgepackt alles?
Wir erinnerten uns
an das Badewetter im Sommer neununddreißig.
An was noch?
Schlimme Zeiten danach.
Und dann und danach?
Dann kam die Währungsreform.

Nicht dran rühren.
Wehe, es beugt sich wer,
wirft Schatten, wird tätig.

Nie wieder soll irgendein dummer Prinz
seine Rolle zu Ende spielen,
auf daß der Koch dem Küchenjungen
schallend die Ohrfeige austeilt
und weitere Folgen zwangsläufig.

Ein einziger Kuß hebt auf.
Danach geht alles, was schlief,
schrecklicher als zuvor
weiter, als sei nichts geschehn.

Aber Dornröschenschlaf hält
immer noch alle gefangen,
die freigelassen zum Fürchten wären.

Mehr und mehr ängstigen sich die Kinder.
Sie färben ihr Haar grell,
sie schminken sich schimmelgrün
oder kreideweiß,
um die Angst zu verschrecken.
Uns abhanden gekommen, schreien sie stumm.

Mein Freund, mit mir älter geworden
– wir sehen uns selten, grüßen einander von fern –,
der mit der Flöte, dem die Kadenzen
immer anders gelingen, hat seinen Sohn,
der zwanzig zählte, mehrmals beinahe,
nun ganz verloren.

Söhne, biblisch oder sonstwie versorgte,
entlaufen früh.
Niemand will mehr den sterbenden Vater erleben,
den Segen abwarten, Schuld auf sich nehmen.
Unser Angebot – immer billiger – rührt nur noch uns.
So leben lohnt nicht.
Für diese Strecke – nach unserem Maß –
haben sie keine Zeit.
Was wir aushielten, uns witzig ermunternd,
soll nicht mehr auszuhalten sein.
Nicht mal ein zorniges Nein wollen sie
gegen unser fleißiges Ja setzen;
knipsen sich einfach aus.

Ach, lieber Freund, was hat uns
so langlebig zweifeln gelehrt?
Von wann an irrten wir folgerichtig auf Ziele zu?
Warum sind wir möglich ganz ohne Sinn?

Wie ich um meine Söhne bange, um mich;
denn auch die Mütter, geübt im Allesverstehen,
wissen nicht ein noch aus.

Unsere Träume heben sich auf.
Beide sind wir hellwach
uns gegenüber gestellt
bis zum Ermüden.

Mir träumte ein Mensch,
sagte die Ratte, von der mir träumt.
Ich sprach auf ihn ein, bis er glaubte,
er träume mich, und im Traum sagte: Die Ratte,
von der ich träume, glaubt mich zu träumen;
so lesen wir uns in Spiegeln
und fragen einander aus.

Könnte es sein, daß beide,
die Ratte und ich,
geträumt werden und Traum
dritter Gattung sind?

Am Ende, sobald sich die Wörter erschöpft haben,
werden wir sehen, was wirklich
und nicht nur menschenmöglich ist.

Das haben wir nicht gewollt,
sagen die tief Betroffenen zu anderen,
die gleichfalls zutiefst betroffen sind:
soviel Betroffenheit von statistischem Wert.
Nie war die Einschaltquote so hoch.

Wir sind bestürzt! rufen Chöre
anderen Chören zu, die zutiefst erschüttert sind.
Mehrheitlich, wie sich auszählen läßt,
sind wir bestürzt und erschüttert zutiefst.
Danach ist von frisch gewonnener Festigkeit
und von Verlusten die Rede,
mit denen man leben müsse, so traurig das sei.

Die neue Mehrheit hat wieder Mut gefaßt
und läßt sich nicht unterkriegen so leicht.
Dennoch sollte der Mensch, heißt es in Kommentaren,
Betroffenheit zeigen können; wenigstens
nach der Abendschau ab und zu.

Nicht meine Ratte, ein schwarzes Klavier
träumte mir, das, von Kakteen überwuchert,
nach Europa, wo es verboten war, Klaviere zu halten,
überführt werden wollte.

Und in Europa, träumte mir,
fand sich eine letzte Pianistin,
die ihre Finger nicht von den Kakteen
und so weiter lassen konnte.

War kein Klavier, ein Bechsteinflügel war es,
der schwarz, doch nun grün überwuchert
nach einer Pianistin
herkömmlich europäischer Schule schrie.

Den Deckel über den Tasten
legte sie mit der Schere frei
und unten im Dickicht
beide Pedale.

Sie spielte in meinem Traum nur kurz
von Bartók was: schnell langsam schnell.
Dann wucherten neu die Kakteen; und alles
war grün wie in Brasilien zuvor.

Als mir wieder die Rättin träumte,
erzählte ich ihr. Deine Kakteen, sagte sie,
sind Einbildung nur, der Bechsteinflügel hingegen
ist eine Orgel, die überlebt hat.

Da hörte ich in Sankt Marien Bach: laut leise gewaltig.
Das Kirchenschiff mit Ratten gefüllt.
Die Organistin jedoch
war schöngelockt über die Schultern lang.

Wie in der Kirche das Amen,
alles ist vorbestimmt, weshalb auf vielen Papieren
und in Filmen, die spannend sind, unser Ende
bereits geklappt hat und nun Legende ist,
wie diese Geschichte aus Hameln, die gleichfalls
vorbestimmt war.

Als nämlich die Kinder mit ihren Ratten
verschütt im Kalvarienberg saßen und die Zeit
nicht vergehen wollte, flüsterten sie
einander zu: Das ist nicht das Ende.
Man wird uns suchen und
finden bestimmt.

Die Hämelschen Bürger, die ihre Kinder samt Ratten
im Berg vermauert und dann
verschüttet hatten, beschlossen, ihre Kinder
zu suchen, taten, als suchten sie wirklich,
begaben sich auf Suche und riefen: Wir werden
sie finden bestimmt.

Nur eines der Kinder im Berg sagte zu seiner Ratte:
Man wird uns nicht finden, weil niemand uns sucht.
Das war schon, das weiß ich, vorherbestimmt.

Auf der Suche nach Unterschied zum Getier
wird gern als menschliches Sondervermögen
die Liebe genannt.
Nicht Nächstenliebe, die Tieren geläufiger
als dem Menschen ist, soll hier gemeint sein,
vielmehr geht es um Tristan und Isolde
und andere exemplarische Paare,
die selbst unter Schwänen
nicht auszudenken sind.
So wenig wir vom Wal und seiner Kuh wissen,
Szenen wie zwischen Faust und Gretchen
wären diesen Großsäugern fremd,
wenn nicht unnatürlich.
Höher als des Hirsches Brunst steht das Hohelied Salomonis.
Nichts Äffisches reicht an die Liebenden von Verona heran.
Keine Nachtigall, nicht die Lerche, nur der Mensch
liebt um jeden Preis, außerhalb der Saison, bis zum Wahn
und über den Tod hinaus.
Wie man weiß, möchten die Liebenden
einander auffressen sogar.
Das stimmt, Liebste: mit Haut und Haaren sogleich.
Vorher jedoch – und bei Lautenmusik –
braten wir uns ein Doppelstück
saftig vom Schwein.

Mir träumte, ich dürfte Hoffnung fassen,
den Krümel nur oder was sonst geblieben
auf Tellern leergefressen, und hoffen, daß etwas,
keine Idee, eher ein Zufall,
freundlich genannt, unterwegs sei,
ohne an Grenzen zu stoßen,
und sich verbreite ansteckend,
eine heilsame Pest.

Mir träumte, ich dürfte hoffen wieder
auf Winteräpfel, die Martinsgans,
auf Erdbeeren Jahr für Jahr
und auf der Söhne beginnende Glatze,
der Töchter Ergrauen, der Enkel Postkartengrüße,
hoffen auf Vorschüsse, Zinseszins, als hätte der Mensch
wieder unbegrenzten Kredit.

Ich träumte, ich dürfte mir Hoffnung machen,
und suchte nach Wörtern, geeignet, sie zu begründen,
begründet mir träumend Hoffnung zu machen.
Also probierte ich aus und sagte gute,
neue und kleine Hoffnung. Nach der vorsichtigen
sollte es plötzliche sein. Ich nannte sie
trügerisch, bat sie, uns gnädig zu werden.
Als letzte Hoffnung träumte sie mir,
schwach auf der Brust.

Mir träumte, ich dürfte hoffen zuletzt: Überall
legt jeder den Zündschlüssel ab, und bei offener Tür
sind die Menschen einander sicher fortan.
Es trog meine Hoffnung nicht: Sein Brot
kaut niemand mehr ungeteilt; doch jene Heiterkeit,
die ich erhoffte, ist nicht von unserer Art:
Lauthals lachen die Ratten uns aus,
seitdem wir mit letzter Hoffnung
alles vertan haben.

ZUNGE ZEIGEN

Zunge zeigen

1

Schwarz ist die Göttin, Fledermäuse
lösen sich schwarz aus Bäumen,
die schwarz vorm Mond stehn.

Nicht mehr ach, weh und oh und: Jeder
Engel ist schrecklich. Kein Gedanke
steht an, Poren zu schließen.
Überfluß muß es sein, den anderes Klima
auf Eis gelegt hat.
Hier, hieß es zu Haus, wo niemand sich einläßt
auf was, extrem nichts sein darf
und einzig Ausgleich
als Terror erlaubt ist,
hier wird nicht geschwitzt!

Alle Schleusen gesprengt. Fließt,
tropft aufs Blatt,
macht sich mit Tinte gemein: Ich bin,
feuchte durch, lauf über
und setze lachend
schweißgetriebene Wörter, die eng stehn,
verschachtelt wie wir in den Pendelzügen
nach Ballygunge.

Der die das. Im allgemeinen Geschiebe wird
jeder Artikel gestrichen. Eigener
leckt fremden Schweiß. Was griffig,
entzogen (nun auch der Teppich, das Erbstück
unter den Füßen weg). Einander
abhanden gekommen, greifen wir über uns
und ins Leere; es sei denn,
einer der praktischen Griffe – notfalls
für jedermann – gäbe Halt.

Stille, nur schmatzende Geckos,
bis von der Straße der Bus nach Calcutta,
die Dauerhupe, der Gegenverkehr...
Und aus des Nachbarn Radio plärrt Liebe
wie überall.

Das jede Nacht.
Doch heute der Mond
als Zugabe voll.

2

Sie fielen einst – man vergaß zu datieren –
aus wessen, vergessen, aus wessen Hand
und liegen nun quer,
säumen das Pflaster gereiht,
von Schatten begraben oder ragen
ins Bild: Pavementdweller genannt.

Im Vorbeigehen ist es vorbei: Niemand
läßt eine Lücke.
Sieh nur die Schläfer! Totschläfer
sollen es sein, bäuchlings die meisten,
wie auf Fotos, so echt.

Durch Erlasse aufheben diesen Schlaf.
Aufräumen! Wer ruft aufräumen
und: Schafft das Blickfeld frei!
Weil zusehends niemand sterben darf,
wird der Tod (als Angestellter der Stadt)
von allen Parteien geschmiert.

Schon lächelt uns die Statistik: Alles
lebt nachweislich, macht sein Geschäft, quirlt.
Menschen aus jeder Richtung
sich hinterdrein. Ein jeder den anderen
mal tausend multipliziert.

So viel Wille von Tag zu Tag; nur überm Verkehr,
der stockt, sich verkeilt und löst,
um abermals zu versteinern,
jammern Hupen und jaulen Sirenen,
als müsse ein jeglicher Augenblick auf ewig
verklagt werden.

Fäulnis schwärzt und Grün sprengt Mauern
bis hoch zur säulengestützten Pracht
wildwüchsiger Kapitelle.
Unter haltlosem Stuck – Zahnlücken
in den Gesimsen – dauern die kolonialen Träume;
denn zur Teestunde – immer noch –
werden Geschichten getuschelt,
in denen auf Strümpfen
Lord Wellesley umgeht.

Werbung haushoch.
Die Weltbank bürgt.
Pläne, die Stadt zu retten, liegen zuhauf.
Und selbst die Müllberge
nahe der Straße, die nach Dum Dum führt,
sind, täglich erhöht, Kapital.
(Dazu sagt Lichtenberg in Heft 9,
das er in revolutionärer Zeit kurzgefaßt
mit Bedenken füllte: »In den Kehrigthaufen
vor der Stadt lesen und suchen,
was den Städten fehlt,
wie der Arzt aus dem Stuhlgang
und Urin.«)

Was fehlt denn?
Zum Sterben nichts, zum Leben,
das sprichwörtlich nackt ist, wenig mehr
als nur Wille.

3

Ein Sturz Aaskrähen. Blanke Schwärze
auf allem, was stinkt.
Geschnäbelte Unruhe
vor einem Pulk Hocker in verwaschenem Weiß,
die auf Fersen Zeit aussitzen.
Nichts bewegt sie. Die Mauer dahinter
gehört Parteien. Krähen und Hocker
kurz vor der Wahl.

Wer will klagen, wo jeder geständig,
wer rufen, wo jedem Geschrei
ein Echo voraus, wer hoffen noch,
wo Hammer und Sichel auf allen Wänden
verwittern?

Zu Bündeln verschnürt: Dicht bei dicht
lagert Zukunft auf geborstenem Pflaster ab.
Steig drüber weg, spring
über Pfützen, die von der letzten
Ausschüttung des Monsuns geblieben.
Was suchst du?
Dich hier – woanders verloren – zu finden,
hieße dich aufzurufen, als Bündel
dazwischengelegt: Dir hat es
die Sprache verschlagen.

Und brabbelst dennoch: Vom Nutzen
der Landreform, wenn sie nur käme.
Läßt dir (wie Sündennachlaß) mehr Wasserhähne
und Rikschalizenzen, Wörter aufschwatzen
wie Slumsanierung und Trockenmilch.

Erwiesen soll sein, daß neuerdings
ein bißchen mehr Menschlichkeit,
die woanders zu Dumpingpreisen
als Nächstenliebe im Handel,

zugenommen, selbst unter Brahmanen immerhin
zugenommen, um nullkommasechs Prozent
zugenommen hat, so daß wir hochgerechnet
im Jahr zweitausend ...

Geduld, der Armut Mehrwert
und Überfluß.
In Reisfeldern Rücken
auf ewig gebeugt.
Nicht nur die Ochsen gehn
unterm Joch. Erstaunlich,
welche Lasten der Mensch.
Und lächelt im Elend noch;
das ist das Geheimnis,
sagen die Indologen.

4

Brüllende Tiger, die hier einst zahlreich
umgingen, nun auf Ladeklappen
gemalt; oder die Göttin schwarz,
wie sie die Zunge zeigt rot.
Blow Horn! bittet in Buntschrift (und nicht vergeblich)
ein Lastwagen den nächsten.

Kaum war das Rad erfunden,
wurde die Straße geplant,
erst dann ein Gott
dem Verkehrswesen überstellt.
Schlaglöcher seitdem und Achsenbrüche;
aber der Glaube auch, daß wir voran,
von Ampel zu Ampel
vorankommen.

Die hier zu Haus, rotzen Betelsaft drauf.
Hat die Krätze, das Pflaster,
treibt Pusteln, wirft Blasen, platzt,

kratzt sich wund, verschorft an den Rändern,
speit nachgeschütteten Schotter, Teerplacken aus,
was amtlichen Flickwerkern (zwischen Stromsperren)
einfällt.

Risse laufen sich selbst davon,
wollen als Spalt unterspült werden.
Nicht Löcher: Krater! Park Street,
Gandhi Nehru Tagore Road, keine der Straßen
hält dicht. Ihren Mischmasch plaudern sie aus,
erbrechen, was heilen sollte,
lachen sich schier kaputt
über laufende Kosten.

Unter der Sonne,
mitten im Gegenverkehr der Blinde.
Des Materials Geschrei, dem Tauben gewidmet.
Es kreuzt bei Rot ein Gedanke die Straße,
der heil, wenn auch platt
grad noch davonkommt.

Was hier zum Himmel stinkt
und niederschlägt abgewiesen,
war als Opfer gemeint
und findet nicht Gnade.

5

Dreimal geimpft und in Gedanken
immun gemacht. Kaum angekommen,
retten wir uns in Vergleiche.
Wir sind nicht hier.
Das trifft nicht zu.
Das schlägt auf den Magen nur. Das
sahen wir unterm Portal, wie eine Kanone,
die übriggeblieben, von Kindern
gestreichelt wurde.

Bis hoch in die Kuppel
füllt ihr Museum die Queen.
Auf einem der Bilder sieht man sie
lesend im Sattel,
während ihr Stallknecht – ein Schotte –
die Zügel hält: Victoria Memorial, des Empire
muffige Rumpelkammer einer Matrone errichtet,
die in Bronze vor steinernem Zuckerguß
gluckt.

Ein Zeitalter wurde nach ihr benannt.
Sie liebte die Inder, besonders die armen,
berichtet Lord Curzon.

Was aber wäre geschehen, wenn Hastings
nicht seinem Nebenbuhler,
vielmehr Francis beim Duell ihm
in die Schulter geschossen hätte?
Nach Gottes (seit Cromwell) parteiischem Urteil
traf aber Hastings und preßte Indien zum Kronjuwel
und ließ Calcutta pfennigfuchsend erblühen,
auf daß noch heute die Stadt
des Weltreiches Spottgeburt ist: lebenswütig
in ihren Müll vernarrt.

Von Pocken befallen des Hochmuts Glätte.
Vierspännig einst fuhr Dünkel
herrisch die Chowringhee längs.
Blieben davon stockfleckige Stiche
handkoloriert.

Wasserränder und Fliegenschiß! Es war das Klima
schon immer teuflisch; und auf den Friedhöfen
lagerten Jahrgänge sommersprossiger Burschen,
bevor sie Pulver gerochen.

Auch Kipling in Öl gemalt hier,
wie er fernsichtig über den Brillenrand weg
Provinzen erobert, um sie

in eine Idee zu kleiden: khakifarben
bis übers Knie.

(Und was, fragen wir uns beim Tee,
wäre geschehen, wenn Subhas Chandra Bose,
den wir auf Fotos zivil neben Hitler
und uniformiert grad noch in Singapur
auf einer Tribüne gesehen haben,
als Japans Puppe den Subkontinent befreit
und die Geschichte östlich von Suez
verkehrt hätte?)

Als wir an Betelverkäufern vorbei
treppab stiegen, saßen den Schafen im Maidan,
der Stadtpark heute und Schußfeld einst,
Krähen schwarz in der Wolle. Jemand mit Trommel
hatte am Strick seinen Affen dabei; der könne
uns tanzen: Indisch und Rock 'n' Roll.
Wolkenbrüche hatten die Straßen geflutet.
Dunst lag über der Stadt. Wie auf den Bildern
der Maler Daniell, die siebzehnachtsechs
mit Pinseln, Farbe und Staffelei
an Land gingen, glaubten wir
Venedig zu sehen.

6

Müll unser. Täglich, wenn nicht ein Streik
allen Rädern und auch der Zeit
in die Speichen fällt, karren Kipplader,
was die Stadt erbricht, nahe der Straße
zum Flughafen (VIP-Road genannt)
immer höher zuhauf, daß Landschaft entsteht,
die ihren Horizont täglich ändert
und vielen Kinderhänden, die wie die Kinder
müllfarben sind, Nährmutter,
Fundgrube ist.

Denn alles, ob Knopf oder Tube,
fällt auf, wird gesichtet, bleibt habhaft,
damit nichts, kein Coca-Deckel, kein Nagel,
die Ampulle, die Dose aus Dosen,
auch nicht die Scherbe von Scherben
verlorengeht.

Wer nennt Gerüche Gestank!
Was riecht, das sind wir.
Unser täglicher Nachlaß; nicht nur vom Reichen
fällt ab, selbst Mangel wirft hinter sich.
Das alles vermengt und gesiebt
gärt unterm nächsten Monsun und riecht:
Müll unser.

Doch gegraben in tausend
und etwas mehr Jahren,
wo unterm Schwemmland
nach letzter Sintflut das sagenhafte
Calcutta zu liegen verspräche,
fände sich nichts, nicht Tube, nicht Knopf,
kein Nagel, kein Coca-Deckel,
die Dose aus Dosen und die Ampulle,
die Scherben der Scherbe nicht.
Nichts wäre gesprächig:
stummer Müll nur.

Gegenwärtig jedoch
fanden wir mitten im Müll, wo er geebnet
schon Humus zu werden
und Gemüse zu treiben verspricht,
eine Schule in einem Schuppen versteckt.
Still hockten Müllkinder über Schiefertafeln
und übten bengalische Schrift.
Das Leben ist schön, hieß (für uns) übersetzt,
was sie zur Übung wieder und wieder
schrieben.

Vögel darüber. Gesichtet aus Vogelschau
ist alles möglich, sich nah.
Die Geier hier wissen zuviel
und plaudern aus, was morgen erst
in der Zeitung steht: Demnächst soll jener Computer,
den der Sohn eines Sweepers,
sagen die Geier,
in seiner Freizeit entwickelt hat,
steht in der Zeitung,
die Müllabfuhr steuern; nur der Gestank
lasse sich nicht...

7

Als es aus war, überlebten einzig
an einzigem Ort jene, die täglich
das Überleben gelernt und ihre Stadt,
der man das Sterben beispielhaft nachgesagt,
quicklebendig gehalten hatten; als
»betriebsame Hölle« und »charmantes Chaos«
lobten Werbeprospekte die westbengalische
Metropole aus.

So rührte sich, als überall nichts war,
eine Weile Calcutta noch und feierte
seine Feste und wählte, weil auch die Politik dort
kein Ende fand, mit großer Mehrheit ein Zeichen,
schon vormals als Hammer und Sichel
bekannt.

(Man hätte noch lange, trotz Streik
und Stromsperren, seinen Spaß haben können,
wäre – weil an den Polen das Eis schmolz –
den Hooghly flußauf die Flut
nicht gekommen.)

Wir bedauerten sehr, sagte die Rättin,
von der mir träumt, diesen Verlust.

War es doch unsere Stadt auch,
die verging. Uns stand dort Reis
auf dem Halm. Den Krähen und uns: Abfall genug.
Wie nirgendwo sonst waren wir dort
den Göttern lieb und den Menschen gleich.
Ihnen und uns war der Tod ein Handumdrehen
und Übergang nur.

Das schreib ich nicht weiter und weiter.
Nein, Rättin, nein! Jute soll wieder
den Markt erobern. Birla hat neu
einen Tempel gebaut. Es wird die Volksfront
die nächsten Wahlen. Und längs
dem Stückwerk der Straßen haben die Menschen
Bäume, umhegt von Bastkörben, Bäume,
Setzling nach Setzling
Bäume gepflanzt.

Schleppt sich auf Stummelknien, lebt.
Wimmelt, von Howrah Station verschluckt
und ausgespien sogleich, über die einzige,
unter der Last zitternde Brücke, will diesen Tag,
dem ein nächster gewiß ist, feiern;
und auch die Feste, Durga, Lakshmi, dann Kali Pujah,
die alles billiger machen, bleiben den Göttern
versprochen.

Hoffnung! Es sollen Millionenkredite über die Stadt
und Staatsbesuch (hinter Panzerglas) kommen.
Und selbst im Dunkeln – und ohne Zuspruch
der Ventilatoren – singen unbeirrt Dichter
zehntausend: Tagore Tagore . . .
Da ist, Rättin, kein Ende in Sicht;
es sei denn, das Ende fand schon
vor Anbeginn statt.

8

In gilbes Weiß, milchiges Braun
gekleidet, in kurzgeriebenem Fell,
vor Bahnhöfen, Tempeln, auf gärendem Abfall
oder dem kurvenden Rikschaverkehr
quergelagert und keinem Bus – staatlich
oder privat – gefällig; feierlich schreitend,
als befehle Sog diesen Umzug,
dessen Ordnung erlaubt, im Vorbeigehen
Pappe, Bast, Müll, letzten Auswurf zu weiden;
oder vor Lasten gespannt: Bambus,
zur Fuhre gebunden,
die schwingend hinter sich weist;
vor leerem Karren auch: des Treibers
Leichtgewicht nur.

Kühe und Ochsen, gehörnte Geduld
und das Joch noch geheiligt. Godan,
des bitteren Premchand (der sich in Urdu und Hindi
wundgeschrieben) unerschwingliche Kuh,
die billig im Kilo nur Moslems
auf Fleischbänken fasert und lappt;
hier liegt sie, käut wieder,
der beschleunigten Zeit im Weg, ist selber
Zeit, die sich austrägt und kalbt und kalbt.
Zärtlich in diesem Land,
dem Furcht vor Berührung Gesetz ist,
zärtlich allein sind der Kühe
und Kälber Zungen.

Lasten, nicht Zinsen und Zinseszins
oder angeborene Last: nieder als niedrig,
ausgewiesen zu sein, Wasser aus faulem Brunnen
nur ziehen zu dürfen; andere, faßliche Bürde,
Lasten getragen, als schwebten sie, Kopflasten
sind es, die kein Gedanke aufhebt oder
gewichtiger macht: Bananenblätter

um Packen geschnürt, unterm Jutesack,
den – niemand weiß, wer – zum Alptraum
blähte, geht, steht und geht
deutlich ein Mensch: für immer gezeichnet
durch aufrechten Gang.

Hängen und Würgen. Gegen Lohn, überall
wird geschleppt; in Calcutta jedoch
sahen wir Träger mit ihrer Last
durchs Nadelöhr schreiten.

Zuviel, das ist zuviel! Erleichterung
schlage ich vor, den Flaschenzug der Vernunft;
und gebe den Koffer ab, sehe, wie er erhöht,
mir voran, den Weg durchs Gedränge weiß,
während mein Wissen Begriffe ordnet;
Arbeitsteilung ist das, fällt mir
beim Zahlen ein.

Woanders nicht oder weniger: Geld
stinkt hier. Besonders die Lappen niedriger
Werte. Säuerlich haftet Geruch. Kaum sind sie
hingeblättert – Rupien über Tarif –, will ich sofort
die Hände, die Hände sofort mit Seife waschen.
Oder es käme mit rauher Zunge
heilig eine der Kühe.

Wenn sie sich legen, vor blassem Himmel
zum sanften Gebirge werden, dessen runde
und höchste Kuppe schroff zum Gehörn
und den Rücken lang mählich abfällt,
sind sie als Herde Landschaft,
beliebtes Motiv, bis jene vordergründig
gelagerte Kuh frißt, was ein Windstoß
austrug: wiedergekäut die Zeitung von gestern,
in der versteckt (zwischen Verschiedenem) steht,
daß in Bombay vieltausend
und mehr Liter Milch täglich

der Arabischen See beigemengt werden,
weil die Preise zu hoch, die Kaufkraft gering,
obgleich Bedarf überall und auf Plakaten
großäugig Kinder dürsten...

Jetzt stehen die Kühe. Jetzt wandert
die Herde. Die Landschaft
verläuft sich.

9

Geplant war Flucht. Wir entfernen uns,
sehen den Ozean branden, meiden
die kotigen Strände. Der große Tempel,
auf dessen Nebendächern – dort ist die Küche
für die Zehntausend! – Affen, die heilig sind,
turnen. Darüber, von Jaganaths Turm
geschlitzt, bringen Wolken Regen
auf Regen.

Es sitzt uns aber die ferne Stadt
im Nacken, geflutet seit Tagen,
weil überm Golf von Bengalen ein Tief
und alle Pumpen – sieben von elf in Betrieb –
vergeblich rund um die Uhr
und weil vor vierzig Jahren genau,
als in Calcutta Blut um Blut floß,
Leichen zerhackt in die Gullys gestopft
und seitdem quer im Kanalsystem,
auch flüssig kein Geld und immer nur Pläne,
so daß hochkommt seit gestern,
was abfließen soll.

Ausgespien illustre Monstren einer Geschichte,
vom Brechreiz datiert: Job Charnock samt
Schwiegersohn, bengalische Nawabs, jener,
der Siray ud Dulah hieß und an zwei Tagen

des Juni siebzehnfünfsechs das Schwarze Loch
aufmachte, eng genug, alle Briten zu schlucken,
die nicht übern Fluß davon, bis Clive von Madras
mit seinen gedrillten Sepoys
per Schiff kam, um eigenhändig: Rache,
Sumpffieber, Silber gemünzt;
später die Schlacht bei Plassey,
wie sie gemalt wurde; später (auf keinem Bild
museal) landweiter Hunger, der jeden dritten
auszählte . . . Alles kommt hoch: Divani,
der East Indian Company doppelte Buchführung,
gottgefällige Steuereintreiber; und wieder
Hunger, verdarben Millionen und mehr,
als die Japaner in Burma von Dorf zu Dorf
sprangen (Netaji Bose, das Führerlein im Gepäck);
endlich der Schnitt: hier Ost, dort West,
das Morden davor und danach,
Flüchtlinge blähten die Stadt,
bis sie (in Zeitlupe) platzte
und auslief.

Das alles, aus Gullys gurgelnd,
kommt hoch: Köpfe, wie Kokosnüsse so rund,
Schwänze, gebündelt, sortiert, dem einen Gott
gläubig, den vielen Göttern,
durchlöchert Klassenfeinde und Naxaliten,
Kali endlich, die unsere Zeit mißt:
Jetztzeit Letztzeit . . .

Da bietet sich doch noch (wie in Legenden)
Hilfe von oben an: Heut kam geflogen
der Sohn der mordend gemordeten Witwe, brachte
mit sich zentrale Gewalt, sie allen zu zeigen,
seht: im Niedrigflug über gefluteten Dörfern,
Reisfeldern, Vorstädten, Slums
und den Lagern der Sechshunderttausend,
die ohne Hütten und Buden im Schlamm
immer noch Wähler sind.

Stand aber, als der Himmelssohn landen mußte,
in weißer Baumwolle der strenge Basu
zum Abschied bereit. Den haben Säuberungen
(seit Stalin) gewaschen. Der hat Indiras
schlagende Goondas, man sagt,
sich selbst überlebt. Und lächelte nicht
und forderte Kerosin.

Da flog der Sohn der Witwe davon. Basu aber
schlug in Gedanken, weil schriftkundig
wie alle Brahmanen, bei Marx nach
vergeblich; denn keine Stelle im Kapital,
die sich auf Hochwasser kurz vor den Festen
der Götter bezöge.

Als wir den brandenden Ozean hinter uns
hatten und von Howrah Station über die Brücke
kamen, räumte die Stadt mit sich auf: Ziegelsplitt
in alle Löcher gekippt, Kolonnen Harijans
gegen den Schlamm, Ausrufer, kniehoch umspült;
doch haben die Zeitungen alle
heavy rains angesagt.

10

Starke Niederschläge unter weitab
verhallendem Donner. Nähergerückt
wäre es Poltern, als müßten bei Gegenverkehr
mit Stückgut beladene Laster
von Schlagloch zu Schlagloch.

Kommentierte Natur: Regen,
dem nicht der Faden reißt. Zeilenbrüche
und Doppelpunkte, drauf wörtliche Rede: Aller
versammelten Götter krause Geschichten, ihr
verbürgtes Gezänk. Krishnas kichernde Gopis,
gerüsselt Ganesh, nach dem auf Flaschen

ein Senföl benannt ist, Durga, die,
sich zur Feier, die Preise drückt.
Mantrisches Quasseln auf Wiederholung gestimmt.
Sanskrit, der Priestersprache Göttergeschwätz.
Und nur dem Trommeln fällt Wechsel ein
zum Erguß.

Doch als wir vom Vorortzug (zehn Uhr dreißig)
ab Baruipur über Mullikpur, Sonapur, Garia,
Baghajatin, Jodabpur, Dhakuria Richtung
Ballygunge Station, links rechts Felder
geflutet, aus Lehm, Stroh die Hütten
verinselt sahen (nur der Bahndamm,
die Bahnsteige alle – Zuflucht der Kühe – erhöht),
hörten wir, verkeilt im Waggon, den Blinden singen,
wie es Blinden zusteht, mit seitlich offener Hand
zu singen, damit fordernde Klage
sie kenntlich mache, ihnen Platz schaffe
und Nägel in Köpfe treibe; traf doch, damit
es schmerzte, des Blinden Lied immer wieder
die Stelle.

Diesmal war es ein Knabe,
dessen milchiger Blick ohne Ziel.
Seine spröde, gehärtete Stimme
drängte beiseite, schlug durch gepferchtes Fleisch
eine Schneise und schuf sich
in Schreien Raum, so daß gesungene Not
den Vorortzug (zehn Uhr dreißig) verließ
und niederschlug (nahe Sonapur war es)
auf sinkende Hütten,
die Flut.

Blieb aber leer die seitlich offene Kinderhand.
Es war der Blinde unter Taube geraten.
Wir gaben schnell und verschämt,
beflissen, nichts Falsches
zu tun.

(Später beim Tee trieb die Sprache
Verrat, mißriet mir der Knabe
zum schrecklichen Engel.)

II

Dahin bringt das Leben sich
über kurz oder lang: in krummes Geäst
gebettet, mit Knüppeln bedeckt,
die auf Schalen gewogen,
wie sie beim Jüngsten Gericht (aus kaufmännisch
frommer Sicht) in Gebrauch sein werden.
Hat seinen Preis, rötliches Brennholz,
gefällt in den fiebrigen Sundarbans,
darf nicht geringer ausschlagen
als der Kadaver.

Auf diversen Brandstätten – alle
an den mündenden Arm des Ganges,
ans Hooghlyufer gerückt – qualmen Stöße
über lustlosen Feuern, immer noch feucht
vom Wasser, das niederkam, wiederholter
Sturzgeburt gleich (und die Stadt
als Meldung in aller Welt Zeitung brachte).
Noch zögern die teuren Hölzer
und müssen belebt, mit Reisstroh
belebt, durch Gutzureden
belebt werden.

Geschmolzene Butter fettet die Leichen.
Drauf Blumen, wie sie, gleich süß von Atem,
zu lustigem Anlaß gebräuchlich.
Rot eingestrichen die Sohlen verdrehter Füße.
Blätter decken den Sterbeblick. (Jene Wörter jedoch,
die uns als Nachruf zur Hand – dahingegangen,
entschlafen, abgerufen in eine bessere Welt –,
sind nicht im Handel.) Die Toten hier
sind besonders tot.

Leergelebt nimmt Holz sie gefangen.
Mit stumpfen Zähnen frißt Feuer sich durch.
Mag die Seele woanders aufs neue,
Asche und Reste verkohlt kriegt der Fluß,
dem alles beigemengt wird: Scheiße,
Blüten, Chemie, der Badenden
nackte Gebrechlichkeit, der Schweiß
verwaschener Tücher.

Doch heute werden Durga und Lakshmi, wer noch,
mit Trara und Getrommel zum Hooghly gekarrt.
Das Fest ist aus. Auf sieben Tage
kam Götterbesuch: Strohpuppen, denen Tonerde
(getrocknet bemalt) fleischiges Aussehen gibt.
Zur Schau gestellt mit Getier: Löwe und Eule,
Ratte, Schwan, Pfau. Und an zehn Armen
glitzert in Händen Gewalt, damit das Gute
über das Böse und andere
dumme Geschichten.

In jedem Slum: Selbst die ärmsten
der Armen türmen ihren Altar.
Seht, wie altgediente Marxisten
sechstausend Bettler raus aus der Stadt
ins Abseits treiben, solange die Gottheit
ihr Fest gibt.

Gebete und Priester haben wie anderswo
ihren Preis; Schrecken verteilt sich
umsonst. Käme doch Zorn auf
und hielte an.

12

Sah drei Besen, nein, vier
tanzen im leeren Raum. Oder tanzte,
gebunden aus hartem Stroh, ein einziger Besen

die Räume leer und zeigte
in Abläufen Bild nach Bild,
wie unabänderlich er gedrillt;
während lachend der Unberührbare
draußen – macht euren Dreck weg allein! –
lachend davonlief.

Umgestülpt der Magen der Stadt. Sah
Denkmäler kopfunten. Was kriecht,
auf Beine gestellt. Sah die Reinen und
der Reinlichkeit höhere Töchter dem Müll
zugeschlagen in Lumpen (und nicht mehr
kichern). Sah Kolonnen Brahmanen – kenntlich
durch reinliche Schnur – Kloaken räumen. Sah
die Helden liebreicher Hindifilme weg
von der Leinwand ins Leben vertrieben,
das ihnen aufstieß, sie lehrte,
dünnflüssig unter der Sonne zu scheißen.
Sah großes Geld betteln nach
blecherner Münze.

Geduld am Ende, außer sich Wut, Kokosnüsse
zuhauf, vermengt mit Köpfen vom Rumpf, wie Hindus
und Moslems einst (unterm blondbewimperten Blick
letzter britischer Wohltat) sich messerscharf trennten
und der Göttin Geschäft besorgten, die schwarz
auf Shivas rosiger Wampe hockt; ihr Blick,
der nie blinzelt, liegt
überm Land.

Kali Pujah war angesagt. Ich sah
Calcutta über uns kommen. Dreitausend Slums,
sonst in sich gekehrt, hinter Mauern geduckt
oder ans Faulwasser der Kanäle gedrängt,
liefen aus, griffen um sich, hatten bei Neumond
die Nacht und die Göttin
auf ihrer Seite.

In Mundhöhlen ungezählt sah ich
der schwarzen Kali lackierte Zunge
rot flattern. Hörte sie schmatzen: Ich,
ungezählt ich, aus allen Gullys
und abgesoffenen Kellern, über
die Gleise: freigesetzt, sichelscharf ich.
Zunge zeigen: ich bin.
Ich trete über die Ufer.
Ich hebe die Grenze auf.
Ich mache
ein Ende.

Da vergingen wir (du und ich), wenngleich
noch immer die Zeitung kam und von mangelndem
Kerosin, von Hockeysiegen und Ghurkaland,
vom Sohn der Witwe hinter dem Panzerglas
und von Wassern erzählte, die sich allmählich
in Midnapur und im Hooghlydistrikt allmählich
verlaufen hätten.

(Auch habe das Fest, der schwarzen Gottheit zu Ehren,
friedlich seinen Verlauf genommen, sagte
der Telegraph.)

VIER JAHRZEHNTE

Tanz der Kakteen.
Weiß hält der Mörtel
Bräunlichen Tuff.
Mittags sind alle Bettler
Aus Stein.

Im Brunnen kühlen
Glühende Mütter
Die dunklen Hände.
Sie schreiten mächtig,
Von Krügen gekrönt.

Da, der König ohne Schatten
Legt sich aufs Dach,
Atmet durchs Fenster,
Steht schon im Garten,
Nun verstummt auch die Grille.

Daß mich das Licht
Nicht nur halbwegs beschieße,
Stand ich so auf,
Bot ein fröhliches Ziel,
Wenn mich des Morgens
Wimmelnde Pfeile
Schmückend versuchten.
Derber lacht es kein Hahn.
Mein Hut ist ein Sieb.
Mein Knie wessen Kugel.
Hoch auf der Säule
Wechsle ich lautlos die Beine.

Frühling

Ach, nur ein pockiger Bengel
Schlug auf den Rand seiner Trommel.
Ein Baum und noch einer
Tönt wider: gelbe Gebrechen.
Seht meine Liebste.
Ihr Leib schwitzt Zucker und Salz.
Ihre Brüste: heillose Zwiebeln.
So kam's, daß ich weinte.
Draußen, im gläsernen Kasten,
Brüllende Hochzeit der Affen.
Unermüdlich vorm Zelt
Pendelt ein grämlicher Schlager
Und lockt mit der Hand in der Tasche.
Mürrisch putzt der Tyrann seine Zähne.
Nichts mehr zu beißen.
Friedlicher Pudding.
Hinter Butzenscheiben
Sitzen er und sein Zahnweh.
Hunger fängt sich drei Fliegen.
Sie schmecken
Wie Pfeffer und Salz.
Frühling?
Ach, nur ein pockiger Bengel
Spuckte vielfarbig ins Gras.

Im Hofgarten

Frühmorgens.
Pausenlos klingeln die Schläfen.
Sucht er im raschelnden Park?
Zählt er noch duftende Bänke?
Es dreht sich die Zeitung.
Leicht ist ein Tag.
Dann, mit dem einen Finger
Rührt er im Bier.
Leise knistern
Die Risse
Böser Vergleiche.
Schwarz-weiß pendeln die Kellner.

Kirmes

Mit den Knöpfen magerer Mädchen
sind die Gewehre geladen.

Eines Walzers endlose Laune
füttert hölzerne Pferde.
Muskeln laufen auf Schienen,
des müden Athleten geeichte Gewichte,
Herkules hebt sie in freundlichen Himmel
hoch, bis zum Beifall.
Der Schatten der Schaukel
trägt einen Berg ab.
Sankt Anna paßt auf,
daß niemand vom Seil fällt.

Zuspruch für Anna

Hab keine Angst.
Solange es regnet,
wird niemand bemerken,
daß deine Puppen weinen.

Fürchte dich nicht.
Ich habe den Revolver entmündigt,
alles Blei gehört uns,
wir könnten die Uhr damit füllen.

Hab keine Angst.
Ich werde die Geräusche fangen,
in kleine Schachteln sperren
und zur Post bringen.

Fürchte dich nicht.
Unsere Namen hab ich verkleidet.
Niemand soll wissen, wie wir uns nennen,
wenn wir uns rufen.

Unter der Treppe

Nüchterne Stufen schnitten die Engel.
Unter der Treppe blieb Platz,
sprechend niederzukommen.

Reste im Schmalz,
deutlich getönt
von verschiedenem Gericht.

Ein flüchtiges Glas,
im März behaucht.
So blieb es stehen, bestand, halbvoll.

Unter der Treppe verschränkt
den kleinen Nagel bewachen,
daran die Zettel trocknen.

Kontrolle

Aussteigen mußten wir alle,
die Koffer mit Schlüsseln öffnen
und zeigen, was innen geschieht:

Den Knoten im Handtuch lösen,
die Schuhe als Schuhe beweisen,
drei linke Strümpfe, zwei rechts.

Ein Buch, ohne Widmung verdächtig.
Warum sind die Taschentücher
so unregelmäßig bestickt?

Den Kamm ließ man schnurren: aufs Tonband.
Die Zahnbürste sollte versprechen,
was unsere Zunge verschweigt.

Und dennoch hatten wir Glück: das Herz
lag zwischen den Hemden
und duftete harmlos nach Seife.
(Auch hatte niemand bemerkt, daß wir
den Tabak rollen im dünnen Papier,
daß Tabak, zur Zigarette gedreht,
gleich drüben – als Rauch – ihre Festung verrät.)

Narziss

Wohin noch den Schoßhund
und ohne Leine
spazieren führen?

Er kratzt an der Tür,
pißt auf die Dielen,
bis ich mich spiegle.

Schön bin ich.
Das sagt mein Hund, der mir treu ist.
Dumm sind wir beide – aber unsterblich.

Ohne Schirm

Als es stärker regnete,
begann eine alte Frau zu weinen.
Die vorbeifahrende Polizeistreife
rief ihr zu: Nehmen Sie sich zusammen.
Es regnet nicht Ihretwegen.

Gegenaktionen

Ich wiederhole mich ungern,
sagte der Papagei: Ich
wiederhole mich ungern.

Gott ist beweisbar,
sagte der Priester, stieg auf sein Fahrrad
und trat den Beweis an.

Die Tinte trägt Schuld,
sagte der Richter
und unterschrieb.

Mein Kopf schmerzt,
sagte ich
und zog die Schuhe aus.

Das kommt vom Lachen. Kommt davon,
wenn man die Treppen aufwärts fegt,
wenn man Gefühle überlegt
und lacht, wenn uns das Eis nicht trägt.

Vom Lügen kommt es. Kommt davon,
wenn man bei Gegenwind den Ofen schilt,
wenn man den Spiegel küßt, sein Spiegelbild
belügt und Schonzeit fordert, wie fürs Wild.

Das kommt davon. Es kommt vom Weinen,
wenn Hemden doppelt und die Gabel quer,
wenn wir vom Lachen, Lügen leer
und leergeweint sind: folgenschwer.

Irrtum

Da liegt ein Gedicht in der Luft
oder ein Glied aus der Kette,
die vorletzte Zigarette.

Ich denke an eine Scholle,
lege mich flach auf den Grund
und scheuer mich unterhalb wund.

Am Ende sitz ich am Tisch.
Neben mir will meine Schere
Papier abschneiden und Ehre.

Papier und Tabak sind billig.
Der Aufwand ist schnell verpufft.
Es lag kein Gedicht in der Luft.

Unruhe

Verschossen alles, Zunge, Katapult.
Wo sind noch Ziele wortgerecht?
Kein Stuhl hält stand, vierbeinig geht er durch.
Wohin? Ich war schon. Komm daher.
Und Ekel, nun ins Futter eingenäht,
reist mit, zahlt nach: zuviel Gewicht.
Wegwerfen wollt ich, was ich warf,
wuchs nach. Zu viele Buckel abgetragen.
Und ihr Gerüche, igelgleich schon da.
Auf jedem Bahnhof Zwinkern und Bekannte.
Das Echo landet, eh das Wort
sich von der Piste hebt und fliegt.
Erbrochen unter Zellophan
hält sich der Karpfen blau bis nächstes Jahr.
Ich war schon. Komm daher. Wohin?

Der Tabak fusselt, Tabak ist gewiß.
Schnee, wenn er fällt, ist ziemlich neu.
Nur manchmal eine Stimme,
falsch verbunden,
die haftet hohl, trifft, saugt sich fest.

Gelächter angekündigt

Nicht alle Uhren blieben stehen.
Zwischendurch ticke ich.

Der Zuseher, Platzanweiser.
Die kleine Sicherheit
lag vor der Schwelle,
verbellte Störungen,
ließ euch schön sein.

Später, schon auf der Flucht,
aß ich faule Austern.
Das machte mich kotzen,
bis das Zäpfchen geschwollen.

Jetzt hat die Mode gewechselt.
Auf einmal Tragik mit Fransen.
Schon suche ich Hallräume,
weil ich lachen werde, demnächst.

Komisch im Doppelbett

Alleine benimmt sich auffällig,
will nicht allein sein.

Alleine macht Sprünge,
will Beifall für Sprünge.

Alleine verträgt sich nicht,
hört sich, sich kratzen.

Alleine kauft ein: Glocken, Hupen,
Geräte, die Lärm machen.

Alleine geht aus, trifft sich,
bestellt für sich doppelt.

Alleine schläft allein
und nichts stört.

Fremdsprache

Leer zurück.
Klopf mal dran.
Hat einen Sprung.

Der Ruf nach Hilfe kommt jetzt oft.
Nur noch nachgießen, Feuer geben
kann rundum abhelfen.

Wohin bin ich weggestellt:
allenfalls teilweise, falls gesucht,
aufzufinden und frei zur Benutzung.

Sag mal was. Los. Sag mal.
Aber da kommt nichts.
Nur fehlerlos Fremdsprache.

Prag nachdem

Ich vergaß Dir zu sagen.
Du hättest mir sagen sollen.
Du wolltest mir sagen.
Hätte ich dir doch gesagt.

Verschleppte Worte,
die an der Bahnsteigkante zurückbleiben.
Die euch abgehört haben,
haben das Band gelöscht.
War nichts drauf: nur Kopfschmerz
und zerredete Liebe.

Wir

Klauben die Reste,
staunen, wieviel noch,
zählen gutwillig doppelt,
was sich in Winkeln totgestellt hat.

Schau mal, da liegt noch,
blieb unbenutzt übrig,
weil schwer zu bedienen,
vierhändig allenfalls.

Komm. Mal probieren.
Jeder zahlt drauf.
Was rauskommt, ist richtig.
Oder wir reiben uns auf:
das gibt Wärme.

Vladimir nachgerufen

Als der Vorhang zuschnurrte,
die Nummer gewechselt wurde,
Musik nachschepperte
und die nächste Abdankung
auf dem Prager Zentralfriedhof
vor der Tür drängte,
glaubte ich, neben Anna zu stehen.

Aber ich stand nicht richtig.
Seitdem versuche ich, mich richtig,
nicht daneben, nicht dazwischen,
– wenn es ginge – auf etwas zu stellen.

Es muß komisch aussehen,
wie ich rutsche und keinen Stand finde.
Wir könnten alle darüber lachen,
auch du.

Zurück zu den Schnecken

Die knisternd trocknende Gleitspur.
Der pfuschenden Zeit zur Kur überlassen.
Aussparen, weghören, übertünchen
und vom Ersatz erstaunlich gut leben.

Aufsagen und glauben:
Ich bin zu befriedigen.
Ich finde für Stunden Gehör.
Ich wohne auch leihweise.

Indem wir die Fühler sichern lassen
und bereit sind, den Rest zu verwerten,
setzen wir uns vorsichtig fort.

Als Kupfer wieder zu steigen begann

Schönfärber September.
Bei Rotwein und Käse sehe ich auf der Mattscheibe
Allende sein letztes Interview sprechen.
Das Stichwort tragisch ist aufgerufen.

Bürgerkrieg oder Bildbände,
in denen ihr blättern werdet.
Als Kinder spielten wir Alkazar auf dem Pausenhof;
niemand wollte als Republikaner sterben.

Schlußworte vorgestellt.
Auch wenn die Arbeiter siegen,
sagt Salvador Allende,
verlieren werden auch sie.

Empörung und Resolutionen
sind jetzt billig zu haben;
nur der Kupferpreis steigt.

Als in Chile

Das war, als der Kupferpreis stieg.
(Wo sich die Ohnmacht, dank Klimaanlage,
frischhält.)
Ich saß den Vertretern der Vereinten Nationen
im Rücken.
Neuerdings zwischen ihnen die Vertreter
der zu gründlichen Nation.
Brandt sprach seinen verkürzten Text.
Wie aus der knappen Anklage mit Hilfe der Schere
eine längliche Klage wurde.
Der ausgesparte Name, das nichtgenannte Land.
Grübelndes Deutsch voller Bedeutung und ungenau.

Es wird Vernunft beschworen,
als müsse die unbefleckte Empfängnis,
etwas, das nicht mehr bestritten wird,
immer wieder beteuert werden.
Seine Warnungen haben – er weiß es –
wie Tempotücher nur kurzen Nutzen.
Auch Hunger ist Krieg! – Ein Ausruf, so richtig,
daß ihn kurzerhand Beifall erschlägt.

Es war wie Federnblasen. (Und er hält
viele gleichzeitig
und erstaunlich in Schwebe ...)

Zum Schluß platzen die Nähte
seiner geschriebenen Rede.
Siebenmal: Laßt uns mutig und miteinander ...
(Stoppuhren messen Applaus.)
Auch die anderen Deutschen
– ich saß in ihrem Rücken –
klatschten kurz mit.

Draußen war anderes wirklich.
Die Glasfront am East River

spiegelte September: Watergatezeit.
Da steht ein Denkmal, sowjetische Spende:
In Bronze gegossen
schmiedet ein nackter Mann sein Schwert zum Pflug.

Später (jenseits vom Protokoll)
gingen wir abgeschirmt auf und ab.
Der Friedenspreisträger. Ich wollte ihn zum
Fischessen – Butt oder Brasse – einladen;
aber er durfte privat nicht.

Bei hundert Grad

Jedesmal staunen,
wenn das Wasser im Kessel
zu singen beginnt.

Frühes Ungenügen

Kein Traum, die wache Einsicht,
daß jener Aal,
der meinen Schlaf teilt,
jetzt, da es graut und erste Motoren
das Dorf vierteilen,
neue Laichgründe sucht;
unsere Decke ist ihm zu kurz.

Kein Apfel

Es wäre wohl alles anders,
auch zwischen dir und mir,
wenn sie, die Birne, nicht er
uns Erkenntnis und Sünde
länglich und rund erlaubt hätte.

Gewitterneigung

Genau gezählt sterben immer mehr Schweine
am Herzschlag.
Die Mast macht empfindsam.
Zucht ohne Auslauf, doch pünktliche Injektionen.

Der Bauer als Arzt. Wetterfühlig
steht er am Zaun und sagt Neurosen,
gewittrige Schwüle voraus.
Schon schreibt er eine der tragenden Sauen ab.

Später liegt sie (seitlich normal)
in ihrem Koben: straff
und mit bläulichen Zitzen.

Eine andere warf (Frühprägungen) bei Gewitter.

Zeitvertreib

Pilze stehn, hüte dich.
Angst, die sich selber glich,
sammelt und ängstigt sich
vor dem Wort sicherlich.

Sicher ist nur der Tod,
reimt sich wie Brot und Kot
notfalls auf Abendrot,
sicher auf Tod.

Angst, deshalb sitzen wir
vierhändig am Klavier
und rufen doppelt: hier,
wir heißen wir.

Es ist wie Dauerlauf:
Pilze Tod Angst zuhauf.
Liebe, die hört nicht auf,
nimmt sich inkauf.

Gleichnis vom alten Schuh.
Stille, denn ab und zu
gibt auch der Dichter Ruh:
nichts trägt sich zu.

Anzeige

Jetzt suche ich was,
ohne finden zu wollen.

Etwas, bei dem ich alt werden
und verfallen darf.

Etwas mit Gütezeichen
und ohne Nebengeschmack.

Wüßte ich das benennende Wort, gäbe ich
eine Anzeige auf:

Suche für mich, nur für mich,
auch an Regentagen für mich,
selbst wenn mich Schorf befällt,
noch für mich...

Vielleicht meldest du dich, gesucht.

Jemand aus Radomsko

Auf Erbsen läuft Tadeusz.
Er kann nicht antworten.
Die Zunge liegt quer.

Aber ich höre.
Polen hat einen Mund.
Eigentlich leise, doch ungeölt.

Stellt ihm die Suppe warm.
Er könnte.
Und einen Platz für die Schuhe.

Noch engere Stiche.
Nähen macht heiter.
Sein Riß will nicht.

Alle Helden

Den russischen Admiral,
den Schweden, Dönitz, wen noch …
Ich lade euch ein,
noch einmal die See zu befahren
und eure Untergänge zu feiern,
daß Strandgut genug bleibt.
Sammeln will ich: Planken,
Bordbücher, aufgelistet Proviant
und Leichen angetrieben.
Auch soll des Paddlers gedacht werden,
der von Vitte aus, weil es ihn zog,
seinen Staat hinter sich ließ,
doch Møn nie anlief.
Keine Freiheit und dänische Butter.

wird tätig. Seetüchtig
kreuzt sie auf und hat
alle Segel gesetzt.
Ich will versuchen, ihren Kurs,
der kein Wetter kennt, zu erraten.
Meldungen über torkelnde Herzschrittmacher.
Krawatten abgeschnitten, kurz unterm Knoten.
Keine Parkplätze mehr.
Nur das Nichts hinter sich
treten heroisch die Männer zurück.
In ihrem Kielwasser wollte ich schwimmen,
doch Ilsebill geht an Land.

wird Anna Koljaiczek.
Ihren Geburtstag zu feiern,
kommen alle, auch ich.
Weit zweigt das kaschubische Kraut.
Von Chicago her reisen sie an.
Die Australier haben den längsten Weg.
Wem es im Westen bessergeht,
kommt, um zu zeigen,
denen, die dageblieben
in Ramkau, Kokoschken, Kartuzy,
um wieviel besser in deutscher Mark.
Die von der Leninwerft
kommen als Delegation.
Gewiß ist der Segen der Kirche.
Selbst Polen als Staat
will sich vertreten lassen.
Alle wollen mit ihr sich feiern.
Auf liniertem Papier schreibt Anna Koljaiczek,
was gewesen ist all die Jahre lang…

In einem Märchen, dessen Anfang
nicht überliefert wurde,
ging beinahe alles gut aus.

Dann gaben die Hirsche (pfeifeschmauchend)
den letzten röhrenden Förster
zum Abschuß frei.

Worauf Mutter mit Gift im Birchermüsli
Vater vergiftete, weil er immer Orange sagte,
wenn Apfelsine gemeint war.

Und Vater erschlug Mutter
mit einem Briefbeschwerer aus Onyx,
weil sie sich immer ähnlicher wurde.

Die Kinder jedoch begruben
ihre Eltern hinterm Haus,
wo Platz genug war.

Das kommt davon.
Nur wenn die Familie gesund bleibt,
geht unsere Rechnung mit Gott auf.

Das alles geschah an einem Sonntag im Juni,
an dem, wie es hieß,
ein Bombenwetter herrschte.

So wurden die Mörder zu Opfern
und gingen straffrei aus.
Nur ein Rest blieb; doch der lohnt nicht.

Immer aufrecht, gut erzogen.
Sachlage nun, wegräumen!

So licht geträumt, lyrischer nie
gelingen uns Wälder:
durchsichtig, demnächst gläsern
wie die Taschen der Volksvertreter.

Schlanker noch als gedacht,
spröde, dem Wind übers Knie,
schön bis zuletzt und frei endlich
vom Nutzen.

Wanderer, du hast sie liegen sehen,
wie das Gesetz es befahl.

EINZELVERÖFFENTLICHUNGEN

Der Säulenheilige

Hier ging der Unhold durch, grob mit breitem Gepäck,
Wo sperrig er anstieß, stehn lustig verrückt die Häuser.
Wohin er pißte, morsen die Pfützen dem Himmel Signale.
Ich aber, ein blauer Wald mit grünen Vögeln,
Ein säuerlich Brot voller witziger Steine,
Ich, zwar die Lüge, doch hoch auf der Säule,
Daß jeder es merkt,
Ich bin drei große Männer zusammen
Und spucke den Mädchen zwischen den Unsinn der Brüste,
Ich bin der Zwerg, der die Röcke der alten Weiber zählt,
Ich verkaufe Teppiche mit Motteneiern gespickt,
Auch zeige ich Amulette gegen den Schnupfen
Und schlage euch Nägel in die Köpfe,
Damit euch die Hüte nicht wegfliegen.
Ich habe einen Buckel aus Zucker,
Aller Unsinn leckte daran.
Ich bin die Feuerwehr, die jeden Durst löscht.

Ein Vogel prahlt
Im Gebälk seines Baumes.
Langsam schlendert
Das Wasser nach Hause.
Viele gehn mit
Und drehn sich oft um.
Die kleinen Feste der Mücken
Entzündet der Abend.
Wirr singt sein Gold
In der Tasche.
Sanft ist sein Tuch
Feucht wie der Liebenden Haare.

Lilien aus Schlaf

Zwischen den Lilien aus Schlaf
Müht sich des Wachenden Schritt.
Wüßt er die Zahl nur
Das findige Wort
Könnt er der Wolke
Den Regen befehlen.
Trockenes Horn.
Lachenden Tieres trockenes Horn
Spießt du der Liebenden
Traurige Zettel.
O ihrer Tage schnelle Verträge.
Es ist ein Kommen und Gehen
Zwischen den Lilien aus Schlaf.

Es ist ein Lachen tief unterm Schnee.
Denn auf der Lichtung
Zwischen der Schlafenden
Wechselnder Lücke
Hastet der Sand.
O du der Erde alter Verdruß
Wenn sich der Tote bewegt.
Es war ein Tier und ein Stern
Die trauernd so sprachen.
Es war ein Schlitten überm Kristall
Schön und mit Schwermut bespannt.
Es ist ein Lachen tief unterm Schnee.

Der Venus Blut käuflich in grauen Tabletten.
Magernde Sterne
Jagen die Dichter.
O diese Rufe im Schnee
Ringe aus Gold und Geschrei
Punkt
In der Landschaft aus Horn.
Es ist ein Kind darüber erwacht.

Es sah durch die Nähte der Nacht
Atemlos eilig
Die Zeit.
Der Venus Blut käuflich in grauen Tabletten.

Saturn

Wären es Hälse, nicht Weizen.
Träfe es Säulen, könnten da bärtige Kapitäle
Körnern gleich springen,
Ruth, mein lispelndes Heimweh,
mit ihren großen nackten Füßen
über die Stoppeln locken
bis ihr zuteil wird und Nacht.

Dann, diese halbautomatischen Winde
mit ihrem Griff unterm Handschuh.
Nicht nur anklopfen,
würden sie eintreten, umhergehen,
die alten Bilder von den Wänden nehmen,
knapp hinter die Tapete greifen,
die dünnen blauen Scheine finden
und den Käfer, der nur seinen Anblick zurückließ.

Einmal nicht das Bett aufschlagen
und das Fleisch, nachdem es gesalzen.
Das Buch, die Stelle finden,
welche die Galle nennt
und die Absicht, die da beschreibt
des Geistes eigentliches Behagen,
die Unlust des Goldes um die Mittagsstunde,
wenn die Tinte zögert und ihre Quelle bedenkt.

Eine Notiz, welche den Namen halbdeutlich aussagt,
dann widerruft, am Ende zugibt:
Er hieß Saturn, schien mißmutig,
obgleich seine Geschäfte sich regelten,
sein Essig begehrt war,
seine Kinder kaum lachten,
sich schlafend stellten, wenn er,
zwischen ihren Betten,
seiner Absicht gedachte.

Brot und Romane

Blumen, Girlanden,
Disteln nun Städte, Berge jetzt offen
Mit goldnem Geweide.
Wind einst, nun Türen,
Drüber noch immer hinkt ohne Beifall
Des Garten Eden mürbe Girlande.

Rose Benzin.
Im Park der Gewehre stottert der Flieder.
Der Ramsch und die Reste,
Im Fenster die Asche, im Schutt beide Augen.
Geliebte aus Tee,
Rose Benzin.

Vögel nun Kräne,
Arm, ohne Süden.
Spechte verkleidet, morsende Maurer
Am Ohr der Fassade.
In den Gerüsten welken die Tage,
Rascheln im Laub Vögel nun Kräne.

Mit Brot und Romanen.
Einsame füttern Katzen und Ratten,
Summen von Söhnen, entzünden die Aster.
Herbst, o wie peinlich hört man die Lunten
Knistern und ahnt schon
Den Schluß der Romane.

Feiertage

Immer wenn jemand Christkindchen sagt,
muß ich mir eine Zigarette anzünden.
Der Heiland dieser Welt
ruiniert meine Gesundheit.

Abschied

Auseinandergehn
und das Licht ausdrehn
denn die Zeit ist knapp
und schon fast zu spät
fährt der D-Zug ab
bleibt der Bahnsteig stehn
wenn das Licht ausgeht
kannst du nichts mehr sehn
oder umgekehrt
bleibst du gleichviel wert
bleibt der Bahnsteig stehn
wenn der Zug abfährt
erst das Licht ausdrehn
dann nach Hause gehn
es ist fast zu spät
oder umgedreht

Würfel

Häuser,
denen kein Fundament gelang.
Unschlüssig nun, jeder Lage verfallen,
zeigen sie jeweils die andere Seite,
stehen oft auf der Kippe.

Jetzt sollen Mieter kommen,
seßhaft verständige Leute,
die keinen Keller verlangen,
Türen nicht, denen es immer am Schlüssel gebricht,
nur Fenster nach allen Seiten.

Ich meine nicht Würfelzucker,
in jedem Kaffee vergeßlich.
Wurftauben nicht,
die niemanden meinen
oder dem Falschen ins Fenster fliegen.

Neger mit schadhaften Stellen,
mit rollendem Weiß im Auge,
Artisten, die immer von selbst
zu Stand und Ansehen kommen,
und niemand kennt ihren Trick.

Jeder höhlt anders die Hand:
Zwei, das ist wenig genug,
weniger noch als eins.
Sechs, welch ein glücklicher Wurf,
sagte die Katze und fraß
drei ihrer Andenken auf.

Mein Radiergummi

Mein Radiergummi

Mit den Augen meines Radiergummis gesehen
ist Berlin eine schöne Stadt.

An einem Sonntag,
ganz erfüllt von Zahnschmerz und Überdruß,
sagte ich zu meinem Radiergummi:
Wir sollten verreisen, uns,
wie du es nennst, verkrümeln
und unseren Zahnschmerz verteilen.

Immer dem Aschenbecher gegenüber
haben wir uns aufgerieben:
Meine Taschen sind voller Eintrittskarten –
ich kann den Schlüssel nicht mehr finden.

Verlust

Gestern verlor ich meinen Radiergummi;
ohne ihn bin ich hilflos.
Meine Frau frägt: Was ist?
Ich antworte: Was soll sein?
Ich habe meinen Radiergummi verloren.

Gefunden

Man fand meinen Radiergummi.
In der Ruine des Lehrter Bahnhofes
half er den Abbrucharbeitern:
Klein ist er geworden
und nicht mehr zu gebrauchen.

Teamwork

Heute kaufte ich einen neuen Radiergummi,
legte ihn auf ein verbrauchtes Papier
und sah ihm zu.
Ich und mein Radiergummi, wir sind sehr fleißig,
arbeiten Hand in Hand.

Am Nachmittag

Wenn mein Radiergummi schläft,
schaffe ich mit beiden Händen.
Die Zeit will genutzt sein:
Mein Radiergummi schläft nur selten.

Ungläubig

Manche sagen, man könne die falschen Striche stehen lassen;
doch mein Radiergummi
läuft selbst den richtigen hinterdrein.
Kürzlich wollt er das Übel zu Hause treffen
und hat meinem Bleistift das Mark ausgesogen,
daß er jetzt daliegt: hohl und nicht mehr anzuspitzen.

Nachts

Bald ist es nicht mehr so hell
über den Dächern und Kaminen.
Mein Radiergummi und der Mond,
beide nehmen ab.

Abschied

Heute kaufte ich mir für Geld einen neuen Radiergummi.
Noch trage ich ihn in der Tasche, trage ihn hin und her.
Noch fühlen meine Spuren sich sicher, laufen mir nach –
wie einst ein Kellner mir nachlief, dem ich zu zahlen vergaß.

Heute kaufte ich mir für Geld
einen neuen Radiergummi.
Spurlos verkrümelte ich,
mein Bier bezahlte der Kellner.

Siebenundzwanzig Männer

Saturn, der saure Himmelsathlet,
kam zu uns, seinem Frühstück, zu spät.
Nun wimmelt der Mehrzahl, der vielfachen Stirn,
das Einhorn, ein Rest im Gehirn.

Wir siebenundzwanzig Männer;
doch Paschke bekam bald genug.
Er schoß nach dem Spiegel zweimal und traf
und weckte den Spiegel aus halbblindem Schlaf.

Als Fröbe nach der Butter schlug,
bis Wasser spritzte, schrie er: Betrug!
griff Kreide und schmierte der Katze ans Haus:
Nieder, nieder die Maus!

Der Schenker hat alle Fliegen gehenkt,
die Spinnen hingen schon,
hat einen stillen Mann gekränkt
und auch des Mannes Sohn.

Franz Loth stach einen Ofen tot,
erwürgte sein Handtuch im Zorn;
denn sah er Ofen, sah er rot,
ein Handtuch war ihm ein Dorn.

In Frankfurt, wo die Börse kracht,
der allgemeine Friedrich wacht;
saß einst wie wir im Staatsarchiv,
doch mit dem Staate ging es schief.

Und jener stürzte die Taube vom Turm,
und Hermann begrub mit Erde den Wurm.
So drückt man Kartoffeln die Augen ein,
erstickt man ganz langsam den atmenden Stein.

Wir hackten mit unserm gemeinsamen Beil
die Spitze ab einem einsamen Pfeil;
ein Schiff hat weder Bug noch Heck,
doch niemand glaubt an das Leck.

Dann spielten wir Schwermut und Einsamkeit,
dann schnitzten wir Sattel und Glück
und saßen – wir hatten uns selbst verziehn –
bald oben, und dann zerritten wir ihn,
den Hengst aus Chrom und Benzin.

Wir salzten den Honig, versüßten das Salz.
Wir schnitten der Ziege das Meckern vom Hals. –
Saturn, der saure Himmelsathlet,
kam zu uns, seinem Frühstück, zu spät.

Die Lüge

Ihre rechte Schulter hängt,
sagte mein Schneider.
Weil ich rechts die Schultasche trug,
sagte ich und errötete.

Frommes Wahllied für Katholiken, Schildbürger und Unentschiedene

Der Herr Jesus Christ
war einst Kommunist,
doch Sozi ist er heut',
hat von Herzen bereut,
hat SPD gewählt,
mit dem Himmel sich vermählt.

Bischöfe stehn links,
auch der Kardinal Frings
verkündet im Dom
einen Hirtenbrief aus Rom:
Vermehrt die SPD
mit katholischem Dreh.

Ursulinen, Klarissen,
die fromme Äbtissin
hat fleißige Nonnen
für Willy Brandt gewonnen,
hat SPD gewählt,
mit dem Himmel sich vermählt.

O heiliger Franz,
erlöse uns ganz
von Strauß und Konsorten,
soldatischen Worten;
erst im himmlischen Saal
gewinnen wir die Wahl.

Und selbst die Jesuiten
woll'n die Bundeswehr verbieten.
Maria zu Ehren,
woll'n Mönche vermehren
die fromme SPD
mit katholischem Dreh.

Der Dichter Heinrich Böll
schickt Nazis in die Höll.
Die Hölle macht zu,
wählt wie immer CDU.
Wählt schnell SPD,
denn die Hölle tut sehr weh.

Es stürzen Erzengel
Hans Globke vom Stengel.
Von Engeln begleitet
zur Wahlurne schreitet.
Sozialistischer Brauch:
Die Engel wählen auch.

Als Schildbürger seht
die Jünger in »konkret«.
Ich, Du, Müllers Kuh
wählen die DFU,
wählen nicht SPD,
solang Schilda in der Näh'.

Fotogen

Ich ging in den Wald
Fotografierte Eichhörnchen
Ließ den Film entwickeln
Und sah, daß ich zweiunddreißigmal meine
Großmutter geknipst hatte.

Der Mann mit der Fahne spricht einen atemlosen Bericht

Ich bin ein Held, ein regennasser Held!
Ihr alle habt von unten, wie ich oben.
Nein, weiß nicht wie, auf einmal rauf:
das mußte fix, damit der Rückzug nicht,
weil auf dem Dach vom Adlon vopoblau.
Ich also rauf. Wenn ich mal, dann.
Mit Hotten, weil der schwindelfrei, doch ich.
Zuerst mal Treppen, später Leitern,
die, als das Tor im Krieg, denn oben soll.
Als wir, nur Regen, Wind, kein Feuerschutz,
und auf dem Dach vom Adlon hatten vopoblau,
daß Hotten sich zuerst, doch ich,
weil unten ganz Berlin mit Linsen,
ich oben rangerobbt, da Hotten sich,
na Meter wieviel, grobgeschätzt,
bis an die Stange: oben schlaff.
Na, dacht ich schnell, doch Hotten kniff.
Und auch die Kurbel, denn der Draht.
Egal, weil unten ganz Berlin
das Maul nicht zu, wenn Vopo auch,
ich einen Satz gemacht und wär beinah,
weil es so glitschig auf die Fresse, klatsch.
Und zog, ich hing, die Füße frei,
ich sag Euch, Luft und obendrein,
nur langsam, überhaupt nicht, weil.
Das dauerte, ich zählte, hing;
von wegen nur Minuten, Jahre.
Und wollt nicht runter. Runter! schrie Berlin.
Da hab ich nochmal hundertdreißig Pfund,
und mußt mich dann, weil mir die Puste
und auf dem Adlon ein Mg.
Doch hätt ich nicht nochmal, dann wär sie nie.
Denn Hotten niemals, ich sie mit dem Messer.
Als nun der Mast alleine, kam von unten,

ich sag Euch, wie am Spieß, mir wurde schwach
und konnte nicht mehr, Hotten sollte,
weil schwindelfrei sie von dem Westgesims,
das von der Vopo auf dem Adlondach
schlecht eingesehen, denn sonst hätten die.
Na Mahlzeit: Birrr! – und wir zwei beide
platt auf die Schnauze, Hacken flach.
Nein, dacht ich, nein, und rollt mich weg,
doch hielt sie wie und ließ sie dann
von oben auf das Pflaster: klatsch!
Komm runter! rief Berlin. Mach runter.
Wobei ich mir mein Schienbein, als wir runter.
Auf Schultern hat man mich, auch Hotten.
Und jemand hat mir einfach seine Uhr.
Den Füller hat er Hotten, mir die Uhr.
Und andre mit dem Feuerzeug im Regen.
Doch da sie und nicht brannte, sondern,
hab ich sie, weil sie mir, nur mir,
mir dreieinhalbmal um den Leib,
und bin im Kreis, es haben Linsen,
wie ich gerannt, gerannt, ein Held,
mich hundertmal belichtet, weil ich bin.

Transatlantische Elegie

Zum Lächeln aufgelegt, und Erfolg, das Hündchen, immer bei Fuß.
So unterwegs im Lande Walt Whitmans, mit leichtem Gepäck.
Frei schwimmend zwischen den Konferenzen, getragen vom
Redefluß.
Doch während Pausen, solang sich gewürfeltes Eis
klirrend mit Gläsern ausspricht,
rührt es dich an und nennt seinen Namen.
In New Haven und Cincinnati von Emigranten befragt,
die damals, als uns der Geist emigrierte,
nichts mitnehmen durften als Sprache
und immer noch schwäbisch, sächsisch und hessisch
die gutgelaunte und jedes Wort streichelnde
Vielfalt der Zunge belegen,
in Washington und New York fragten sie mich,
mit Händen den Whisky erwärmend:
Wie sieht es aus drüben?
Sagt man noch immer?
Und eure Jugend?
Weiß sie? Will sie? Man hört so wenig.
                Es dehnte Schüchternheit diese Fragen,
                und sie erinnerten sich mit Vorsicht,
                als wollten sie jemanden schonen:
Sollte man wieder zurück?
Ist da noch Platz für unsereins?
Und wird mein Deutsch – es ist altmodisch, ich weiß –
nicht jedermann verraten, daß ich solange . . .?
                Und ich antwortete, den Whisky erwärmend:
Es ist besser geworden.
Wir haben eine gute Verfassung.
Jetzt, endlich, rührt sich auch meine Generation.
Bald, im September, sind Wahlen.
                Und als ich Mangel an Worten litt,
                halfen sie mir
                mit ihrer emigrierten und schöngebliebenen
                Sprache.

Hört die Legende von drüben:
Es war ein tausendfältiger Bibliothekar,
der die Nachlässe jener verwahrte,
deren Bücher gebrannt hatten, damals.
Er lächelte konservativ und wünschte mir Glück für den
September.

Adornos Zunge

Er saß in dem geheizten Zimmer
Adorno mit der schönen Zunge
und spielte mit der schönen Zunge.

Da kamen Metzger über Treppen,
die stiegen regelmäßig Treppen,
und immer näher kamen Metzger.

Es nahm Adorno seinen runden
geputzten runden Taschenspiegel
und spiegelte die schöne Zunge.

Die Metzger aber klopften nicht.
Sie öffneten mit ihren Messern
Adornos Tür und klopften nicht.

Grad war Adorno ganz alleine,
mit seiner Zunge ganz alleine;
es lauerte aufs Wort, Papier.

Als Metzger über Treppenstufen
das Haus verließen, trugen sie
die schöne Zunge in ihr Haus.

Viel später, als Adornos Zunge
verschnitten, kam belegte Zunge,
verlangte nach der schönen Zunge –

zu spät.

Duell mit dem Geier

Nein, Geier, nein.
Mein Fleisch ist zu rein.
Glaub mir, daß ich nicht rieche.

Nein, Geier, nein.
Wie könnte ich dir bekömmlich sein,
da ein Engel mich ausspie.

Nein, Geier, nein.
Laß mein Gedärm und den Nierenstein,
sonst muß ich dich besingen.

Und ich besang einen Geier,
bis er mich ausspeien mußte.
Nein, Geier, nein.

Und wer will jetzt mich vertilgen?

Tränentüchlein

Ach, die Kinder wollen nicht schlafengehen,
immer was Neues fällt ihnen ein,
Sandmännchen sehen, Sandmännchen sehen.
Als unser Sandmännchen auf Wunsch der Zahnärzte etwas
gegen das Daumenlutschen unternahm,
kamen viele Protestschreiben, die vor Frühhemmungen,
oraler Lustbefriedigung warnten und unser
Sandmännchen baten, das Tränentüchlein zu schonen.
Ach, wie schwer ist es, gute Nacht zu sagen.
Sandmännchen West und Sandmännchen Ost
wollen einander nicht anerkennen,
beide müssen in einer Sekunde 25 Bewegungs-
phasen durchlaufen, nur Staatsverdrossene
ziehen das politische Sandmännchen
aus Adlershof unserem freiheitlichen Sandmännchen,
das nur beglücken will, vor.
Sandmännchen hat ein Eigenleben,
Sandmännchen ist eine kleine bescheidene Lebenshilfe,
Sandmännchen will die Frage nach dem Tränentüchlein
innerhalb einer gesamteuropäischen Friedensordnung
beantwortet wissen.
Bildstörung, Sandmännchen Ost hat Sandmännchen West
einen Brief geschrieben.
Jetzt haben wir ein Sandmännchen-Problem.

Danach

Vom Fisch blieb die Gräte.
Luftige Zwischenräume,
in denen die Veteranen der Revolution
mit ihrem Anhang siedeln
und Wünsche
den Grünkohl von gestern züchten.

Tauschhändler.
Wer Bauchläden voller Lösungen bot,
singt jetzt die Leere an,
bis sie Mode wird.
Viele tragen jetzt sparsam geschnittene Mäntelchen,
denen Ärmel, Knöpfe und Taschen fehlen.
Keiner will es gewesen sein.
Was spielen wir jetzt?

Eine Eingabe machen.
Sich versetzen lassen.
In welches Jahrhundert?
Einen Zopf tragen und vor Publikum abschneiden dürfen.
Oder bei Völkerwanderungen zurückbleiben,
fußkrank und bald danach ortsansässig.

Als wir anfingen, dachten wir: erst mal anfangen.
Es war ja nicht so gemeint.
Eigentlich wollten wir das und nicht das.
Aber das kam nicht.
Das kam.
Das konnten wir nicht wissen.
Das gibt es nicht.
Das liegt hinter uns.

Was in Blubberblasen steht.
Einwürfe vom Spielfeldrand.
Warum das und nicht das?

Danach wechselte die Mode.

Ein Lernprozeß in reiner Anschauung
hat begonnen.
Wir leben anspruchslos.

In Putz geritzt bleibt.
Solange der Kot dampft,
ist die Inschrift neu.
Später gehen Sammler umher.
Kleine und längere Schreie werden aufgelesen.
Zum Beispiel dieser: Nein niemals nie!

Danach wurden die Möbel verrückt.

Diese Idee, so steil
und immer noch unbestiegen,
lockte die Bergsteiger aus aller Welt.
Sommer für Sommer verstiegen sie sich.
Schuld trugen die Zuschauer
mit ihrem: Zu hoch. Zu steil.

Die Abstände der Kastanien.
Oder mein Finger über dem engmaschigen Maschendraht.
Hier bin ich schon paarmal gelaufen.
Da hol ich mich ein.
Was reden die immer von Glück.
Froh bin ich, wenn ein Baum fehlt.
Aber regelmäßig stehen die leeren Kastanien.

Schon im Davor begann das Danach.
Es sah sich gut vorbereitet
und nährte sich umsichtig im Gedränge.
Schwierig, den Schnitt
zwischen davor und danach zu ermitteln.
Denn als man jetzt sagte, lagen schon Anträge
auf Verlegung des Jetzt vor.
(Später soll es an einem dritten Ort

teilweise stattgefunden haben.)
Danach wurden andere Dinge und Tatsachen fotografiert.

Die Flurschäden werden danach berechnet.
Danach sind wir verlegen
und suchen Witze von früher.
Danach kommen Rechnungen ins Haus.
Unsere Schulden vergessen uns nicht.

Meissner Tedeum

HERR GOTT, DICH LOBEN WIR.
HERR GOTT, WIR DANKEN DIR.
DICH, VATER IN EWIGKEIT,
EHRT DIE WELT WEIT UND BREIT.

Wen soll ich loben?
Danken wem?
Soll ich das Chaos loben?
Wen?

Den parzellierten Unsinn?
Wen?

ALL ENGEL UND HIMMELSHEER
UND WAS DIENET DEINER EHR,
AUCH CHERUBIM UND SERAPHIM
SINGEN IMMER MIT HOHER
STIMM:

Soll ich den Fortschritt,
Recht aufs Einzelgrab,
den Ledernacken loben,
wen?
Die Macht?
Dich blindlings immerrecht
hat die
Partei?
Wen soll ich loben? Danken
wem?

HEILIG IST UNSER GOTT,
DER HERRE ZEBAOTH.

Soll ich dem Gott, einsilbig
Wort,
einst auf dem Koppelschloß,
dem Kreuzzugsgott,
dem Gott auf Münzen, dem
in Gips,
wem soll ich danken, loben
wen?

DEIN GÖTTLICH MACHT UND
HERRLICHKEIT
GEHT ÜBER HIMMEL UND ERDE
WEIT.

Wer hüpft vom Turm,
Gott Vater zu beweisen?

DER HEILIGEN ZWÖLF BOTEN
ZAHL

Wer redet atemlos,
bis die Bilanz verdächtig?

UND DIE LIEBEN PROPHETEN ALL,

Wer frißt in sich hinein die
Schuld,
damit kein Mörtel mehr und
kein Verputz?

DIE TEUREN MÄRTYRER ALLZUMAL

Wer schult das Recht um,
wer bucht Sünden ab?

LOBEN DICH, HERR,
MIT GROSSEM SCHALL.

Wer schafft dem Glauben
Büchsenlicht
und scheucht Gott Vater aus
dem Busch?

DIE GANZE WERTE CHRISTENHEIT
RÜHMT DICH AUF ERDEN ALLEZEIT.

Der Jäger hielt sein Pulver
trocken;
die Treiber sind, wie sagt
man, tot.

DICH, GOTT VATER IM HÖCHSTEN
THRON,
DEINEN RECHTEN UND EINIGEN
SOHN,
DEN HEILIGEN GEIST UND
TRÖSTER WERT
MIT RECHTEM DIENST SIE LOBT
UND EHRT.

DU KÖNIG DER EHREN
JESU CHRIST,
GOTT VATERS EWIGER SOHN
DU BIST.

Du, meine Falle,
Du, mein Stolperdraht,
gebenedeite Pfütze,

meine brache und frischgepflügte Zungenweide.

DER JUNGFRAU LEIB NICHT HAST
VERSCHMÄHT
ZU ERLÖSEN DAS MENSCHLICH
GESCHLECHT.

Du, meiner Ziege leergemolkner Spott,
Schlag unterm Gürtel,
Hohn aufs Brot.

DU HAST DEM TOD ZERSTÖRT
SEIN MACHT
UND ALL CHRISTEN ZUM HIMMEL
BRACHT.

Du, meine Kirsche madenreich,
Du mehlig Apfel,
holzig Birnenfleisch,
Du wachsende Schlechtwetterfront.

DU SITZT ZUR RECHTEN GOTTES
GLEICH
MIT ALLER EHR INS VATERS
REICH.

Du, mein gelobter Stein am Hals,
gelobter Kübel bis zum Rand,
Du stiller Pfahl im dankbar Fleisch.

EIN RICHTER DU ZUKÜNFTIG BIST
ALLES, DAS TOT UND LEBEND IST.

Wir loben und danken,
wir nähen uns heiß.
Wir trennen die Naht auf
und fädeln die Zeit,
wir säumen den Nachmittag ein.

Wir feuchten den Daumen an,
finden durchs Nadelöhr
Einlaß ins himmlische
Reich.

NUN HILF UNS, HERR,
DEN DIENERN DEIN,

Hilfe und Stundenlohn.
Schwestern der Schere gleich,
heften aufs Kreuz:

DIE MIT DEIM TEURN BLUT

rotgestickt perlenblut.
Stigma wird Mode,
und Tüll wird zum Stein –
das Kleid muß bis Ostern
doch fertig sein.

ERLÖSET SEIN

LASS UNS
IM HIMMEL
HABEN TEIL
MIT DEN HEILIGEN
IN EWIGEM HEIL

Das kommt vom Loben,
Danken,
kommt vom Glauben, Hoffen,
kommt vom Lieben,
das kommt vom Lachen,
kommt davon,

HILF DEINEM VOLK,
HERR JESU CHRIST,

wenn wir des Nächsten Heiterkeit begehren,
am Eisen nur den Rost verehren,

UND SEGNE,
DAS DEIN ERBTEIL IST.

Wenn sich die Reime, Hexen
auf der Heide,
ins Unkraut legen; Samt
küßt Seide,

WART UND PFLEG IHR'R
ZU ALLER ZEIT

wenn Kunst sich auf des
Messers Schneide
verbeugt und um ein Lä-
cheln wirbt,

UND HEB SIE HOCH
IN EWIGKEIT.

wenn man mit Erbsen den
Applaus verdirbt,
bei Gegenwind den Ofen
schilt,
den Spiegel leckt, das Spie-
gelbild verlacht,
Gefühle überlegt,

WART UND PFLEG IHR'R
ZU ALLER ZEIT

wenn man die Treppen auf-
wärtsfegt
und lacht, wenn uns das Eis
nicht trägt.

UND SEGNE,
WAS DEIN ERBTEIL IST

HILF DEINEM VOLK!

Das kommt davon. Das
kommt davon,

wenn uns die Sünde endlich
leer
gekehrt hat, sind wir folgen-
schwer
und loben Gott im Ungefähr
mit Bitteschön und Dankesehr

TÄGLICH,
HERR GOTT,
WIR LOBEN DICH

Eintopf aus Lob und Dank.
Bittgesuch Rundgesang
Bohnentopf, noch nicht gar,

Deckel drauf, Koch und Narr
rührt schon das siebte Jahr –
leis in der Suppe schwimmt
Ekel. dein Haar.

UND
EHRN
DEIN
NAMEN
STETIGLICH.
BEHÜT UNS HEUT,
O TREUER GOTT,
VOR ALLER SÜND
UND MISSETAT.

Blechmusik, Vorhang auf,
kleiner Krieg, Schlußverkauf,
Traurigkeit, leicht verdaut.

Wer hat dem lieben Gott
einst das Konzept versaut?

SEI UNS GNÄDIG, O HERRE GOTT,
SEI UNS GNÄDIG IN ALLER NOT.

ZEIG UNS
DEINE BARMHERZIGKEIT,
WIE UNSRE HOFFNUNG

ZU DIR
STEHT.

AUF DICH
HOFFEN WIR,
LIEBER HERR,
IN SCHANDEN
LASS UNS NIMMERMEHR.

AMEN

Kein Dank. Kein Lob.
Alleine mit den Taten,
klein und beschränkt im
Vakuum,
nicht zu verstoßen, zu erlösen,
nur irdisch mündig will ich
sein.
DICH, Zweifel, will ich ketten-
rauchend rühmen,
DICH, eingekellert und verlacht,
DICH, ohne Paß, des Thomas
standhaft Finger,
und DICH, Vernunft in deiner
Ecke,
die Eckensteherin Vernunft
will ich laut rühmen –
– NEMA! – gegen Wind,
will – NEMA! – ich laut
rühmen gegen Wind,
will ich laut rühmen gegen
Wind. –
Nema!

Todesarten

Du hast sie gesammelt:
Schränke voll,
deine Aussteuer.

In leichteren Zeiten, als das noch anging
und die Metapher auf ihren Freipaß pochte,
wäre dir (rettend) ein Hörspiel gelungen,
in dem jener typisch doppelbödige Trödler,
durch dich vergöttert, alte Todesarten verliehen
neue aufgekauft hätte.

Bedrängt von.
Keine kam dir zu nah.
So scheu warst du nicht.
Wichsende Knaben hatten den Vorhang gelöchert:
jeder sah alles, Seide und chemische Faser,
die jüngste Kollektion, bezügliche Zitate.

Todesarten: außer den windigen Kleidchen
diese probieren und diese;
die letzte paßte.

(Als Ingeborg Bachmann starb)

V.

Männliches Handwerk.
Die Wüste hat einen Zweck.
Letzte Zigaretten werden gefilmt.
Bärtige Jugend lacht sich kaputt.
Später in Büchern: erbeutete Briefe.

Durch den offenen siegreichen Mund.
Khaki schrumpft mit der Haut.
Wieder zeugen die leeren Schuhe.
In Kommentaren relativiert.
Zuwenig Angst.

Die jeweils gerechte Sache.
Zwei Riesen rechnen ihr Spielzeug auf.
Gestern war es noch neu.
Alle machen das Zeichen V.
Im Jahre achtundzwanzig nach Auschwitz.

Vier Striche senkrecht einen quer.
Soviel Tod.
Ich will nicht mehr zählen.

Auf der Durchreise Biermann

Sitz nochmal sicher,
sag nochmal ich:
nicht zu stopfender Schreihals.

War bei seiner Oma in Hamburg gewesen.
Hatte befristet ausreisen dürfen.
Kam, bevor die Frist ablief, in die westliche Niedstraße
auf ein Stündchen, ohne Guitarre mit Koffer.

Er sprach von sich, vom Sozialismus und sich.
Sang auch belehrend paar Strophen und fluchte leise
zwischen den Zeilenbrüchen.

Wie verletzbar zierlich er ist,
wenn ihn das Fernsehen nicht vergröbert
oder der Haß seiner namhaften Gegner ins Abseits treibt.

Ging dann – die Schuhe standen schon auswärts –
und ließ uns sitzen,
damit wir über ihn nachdenken mußten:
satt vom Verständnis für seine Unarten,
überlegen freundlich besorgt, er könne ausgewiesen
zurückkommen
und unnütz sein hier.

(Ich schenkte ihm den grafischen Hai,
der meine Kippen aufs flache Land kotzt.)

Neben den Zwiebeln

Ein Griff Rüben.
Möhrenfinger.
Karotte.

Köchin (Agnes)
deren eine, rührende Hand,
wo sie faßt, Wurzeln treibt.

Nicht Knöchlein – Opitz! – und Allegorie.
Auch nicht die hellgehungerten Chöre
des frommen Schütz,
wenn sie das teure sündige Fleisch beklagen,
während die Pest Fleisch billig macht.

Im Jammertal,
gleich neben den Zwiebeln,
aus fetter Erde Mohrrüben klauben.

Den Rest für die Suppe und Lauras Pferd.

Altes Eisen

Als nebenan über Nacht
das alte, seit zweihundert Jahren
um sein Gebälk schiefstehende
Haus des Nachbarn abbrannte,
so daß die Zeitung Totalschaden melden konnte,
blieben nur Schmiedenägel, krumme und gerade,
während mein Haus,
weil der Wind günstig stand,
um sein Gebälk schief stehenblieb
und alle Nägel behielt;
da lachte ich zwischen den Zähnen
und stiftete Bier für die Feuerwehr.
(Den Nachbar zahlte Gotha aus.)
Seitdem die Lücke.
Und altes Eisen:
meine gesammelten Zeugen.

Sargnägel

Woran ich mich halte,
wovon ich nicht lasse,
was an der Lippe mir hängt,
weshalb ich mit Rauchzeichen
mich beweise: Seht!

Noch lebt es, kringelt sich,
speichert Rückstände,
hält seinen Traum wach
und will sich verbrauchen,
wie da geschrieben steht
und aus Asche zu lesen ist:
Worte am Kreuz.

Seine Sargnägel (sieben)
aus anderer Zeitweil,
handgeschmiedet und kürzlich wiedergefunden,
als der Friedhof nahbei, weil außer Betrieb
(und neuzugewinnender Parkplätze wegen),
gründlich planiert wurde.

Deshalb rauche ich
gegen jede Vernunft.

Am elften November

Was von der Martinsgans blieb:
ihr mit dem Kleinzeug
abgesonderter Kopf.
Wir im Gespräch Aug in Aug
über den Heiligen
unter sozialem Aspekt.

Nicht die Füllung – Apfel und Beifuß –,
die Nadel nahm sie mir übel.

Lange nach Martin,
noch immer
kommen die Gänse aus Polen
und machen uns fett.

Müll unser

Suchte Steine und fand
den überlebenden Handschuh
aus synthetischer Masse.

Jeder Fingerling sprach.
Nein, nicht die dummen Seglergeschichten,
sondern was bleiben wird:

Müll unser
Strände lang.
Während abhanden wir
niemand Verlust sein werden.

Treuhand

In diesem Sommer ohne Erbarmen,
Sommer, der zuschlägt, fallen sie von den Wänden,
der Decke, vom Fensterglas fallen sie,
liegen rücklings und flügelstarr,
bedeuten alles und nichts.

Treuhand sammelt die toten Fliegen ein.
Im zweiten Jahr der Einheit
liegt die Ausbeute anschaulich,
damit beim Zählen
kein Beinchen vergessen wird.

Hier warnt das Radio vor hohen Werten,
woanders ist Krieg,
anderswo werden Rekorde gebrochen.
Gleichmäßig und gerecht sät übers Land
Treuhand die toten Fliegen.

KURZPROSA

EINZELVERÖFFENTLICHUNGEN

Meine Wiese ist nicht groß. Vom Stuhl aus gesehen steigt sie etwas nach links, mischt sich dort mit den Schatten einiger Nußbäume. Der Stuhl, mein Stuhl ist gewöhnlicher Art. Kaum würde er den Ansprüchen eines Liebhabers moderner Möbel genügen. Er ist zu unbequem, zwingt zum Denken, seine ganze unruhige Vierbeinigkeit erinnert an einen Hengst und mahnt zum Aufbruch. Dennoch sitze ich einen Teil des Tages auf diesem Stuhl und überwache meine Wiese.

In Spanien sah ich einen Platz. Auch er, wie meine Wiese, stieg vom Stuhl gesehen etwas nach links. Nicht weit von meiner Pension ergab sich dieser Platz, eigentlich lag er zwischen dem Hafen und der Pension. Ich saß dort oft. Es waren sicher nicht die Farben, an der Hafenmauer lagen dicht vor dem Himmel drei Kohlenberge, die mich veranlaßten, hier Platz zu nehmen. Vielleicht war es die Lotterieverkäuferin, ihre Stimme hatte einige leidvolle Schwingungen, die sich von dem Platz deutlich abhoben. Vielleicht saß ich aber auch dort, weil der Stuhl von jener gewöhnlichen Art war, wie ich sie bei mir zu Hause beherberge. Wenn ich nun sage, es war sehr heiß dort, muß ich wohl noch berichten, um genau auszudrükken, wie heiß es war, daß ich in Denia mittags einen Mann gesehn hatte, der mit einem gewöhnlichen Luftgewehr nach der Sonne schoß. So heiß war es also, und ich mußte oft an meine Wiese denken und an meinen Freund, der manchmal gegen Abend kam, mir riet, weil er meine Not kannte: »Laß doch einen hübschen kleinen Springbrunnen graben, dann hast du alles, was du willst, und brauchst nicht mehr zu grübeln.« So riet der Freund mir und meinte es sicher gut. Nein, ich wollte den Springbrunnen nicht, ganz gewiß nicht. Wie lange und vergeblich wartete ich nun schon, wartete, daß das Grün einmal nachgeben würde, zum Fluten käme, daß sich ein Fisch, nur ein einziger, vielleicht ein Goldfisch, zwischen den Gänseblümchen bewegen würde. Mein Freund riet mir damals, eine Reise zu machen, ich widersprach, da ich mich schlecht andernorts wohl fühle, er jedoch ließ nicht locker, brachte mir Prospekte und Reiseführer, sagte, hier sei es billig, dort seien die Leute freundlich. Am Ende willigte ich in die Spanienreise ein, eigentlich nur weil ein bestimmter Prospekt recht hübsch war und einen bunten Fisch zeigte.

Ich habe vor mehr als sechs Jahren meine Studien unterbrochen, habe mich auf meine Wiese gesetzt, habe gewartet. Nichts zeigte sich außer gelbschnäbligen Amseln. In Spanien habe ich nicht warten müssen, nicht lange warten müssen. An jedem Nachmittag auf dem Platz, angesichts der Kohlenberge vor dem Himmel, liefen die Boote pochend in den Hafen ein. Kaum hatte die Hitze den letzten Motor verschluckt, klommen Krabben und Langusten, auch Taschenkrebse und vielarmiges schlüpfriges Fleisch über die Mauer, über die Steine. Hinter sich nasse Spuren, fielen sie über den Platz her, lärmten dort mit ihrem Werkzeug, verbogen die Lichtmaste, auch meinen Blick, der immerhin einige Zeit versucht hatte, diesem schrecklichen Zuwachs aufrecht zu begegnen. Nun, dachte ich, das ist eben Spanien, und wollte der Geschichte nicht weiter angehören. Meine Wiese, dachte ich, am Sonntag spielen sie Fußball in der Nachbarschaft, deutlich höre ich diesen trockenen Ton, wenn Ball und Schuh sich berühren. Diese merkwürdigen Schuhe. Die jungen Leute kaufen sie sich, sie sind sicher recht teuer, pflegen sie aufmerksam und fast mit Liebe. Solcher Art Schuhe sollte man in Spanien tragen. Ich hätte solche Schuhe in Spanien tragen sollen. Über den Platz wäre ich dann gegangen, mitten hindurch durch Krabben und Langusten, hätte vieles verhindern können. Ich habe gehört, in die Spitzen dieser besonderen Schuhe seien Stahlkappen eingearbeitet. Es wäre eine Wonne gewesen, über den Platz zu gehen, durch die Krabben hindurch, im sicheren Glauben an diese Art Schuhe. Über meine Wiese laufe ich barfuß. In Spanien trug ich leichte Sandalen und eine Hose, in Barcelona gekauft. Aus dünnem Stoff war sie, Stoff, der sich angenehm faßte, aber leicht knitterte.

»Mein Gott, jetzt geht das Kind über den Platz!« So rief ich damals. »Pepita, Pepita!« Welch ein leichtgezeichnetes Kind. Es drehte sich vorsichtig um, winkte mir freundlich, wir kannten uns von den Mahlzeiten in der Pension her, bückte sich dann, hob eines dieser scherenbehafteten Tiere und sprach dann, eigentlich nur zu mir, in etwas belehrendem Ton: »Siehst du, das ist Jesus Christus, der sein Blut für uns gab.« Dann öffnete das Kind sein weißes Kleid und führte das schrecklich bewaffnete Tier an seine noch sehr kleine

Brust. »Pepita«, rief ich, »deine Eltern werden fortan in Kummer leben müssen.« Vergeblich, sofort färbte der Stoff, Pepitas Kleid sich rot und immer dunkler, das Kind lächelte etwas altklug und verging vor meinen verlegenen Augen. Ich ging in die Kirche und versuchte Andacht zu finden. Es war schwer. Draußen ereignete sich der Abend, im benachbarten Cinema Sol lärmte ein Mickymaus-Film über die Leinwand. Am Ende betete ich: »Herr, wenn du willst, daß ich heimkehre, gib, daß ein Fisch über meiner Wiese ist.« Zur Nachtzeit, nachdem ich das zweite Filmprogramm abgewartet hatte, seufzte ich immer noch: »Pepita, Pepita, deine armen Eltern.« Keinen besseren Rat wußte ich mir, als ein Papier zu nehmen und eines Kindes Tod um Weniges zu verklären.

Am Hafen liegen Kohlen,
die sind schwarz, nur schwarz.
Pepita, zieh dein weißes Kleid an.

Dein Fleisch ist neu.
Rufe die Fliegen nicht
und die Finger,
die nach den Zeitungen tasten.
Sinnlos ist deine Zunge.
Pepita, Pepita, was heißt Pepita.
Am Hafen liegen Kohlen,
am Himmel verlöschen die Fische
und ihre Gräten, Gitarren, Pepita.
Oder der Tod, ein Tourist
setzt sich und nimmt die Sonnenbrille ab.
Pepita, ruft er, komm her,
bringe die Zeitung,
wir wollen Kreuzworträtsel lösen – Pepita.

Am Hafen liegt Salz,
weiß und verblendet.
Pepita, zieh dein schwarzes Kleid an.

Nun, da ich wieder auf meinem Stuhl am Rand meiner Wiese sitze, lesen sich diese Zeilen gut. Ich erinnere mich, daß ein Freund einmal zu mir in einer begeisterten Stunde sagte: »Daß du einen

Bleistift nehmen kannst, um einen Kreis auf ein Papier zu zeichnen, dann weiterhin noch sagen kannst, siehst du, das ist die Sonne, beweist, daß der Mensch gottähnlich ist.« Genau so ist es mit diesem Blatt und lese ich, Pepita, Pepita, so sinnlos dieser Name ist, hat er dennoch alles Blut auf seiner Seite. Doch meine Wiese ist grün. Das Grün steigt etwas nach links, ermüdet mich. Nichts ist an ihr, was meinen Blick verweilen ließe, gleich einem Punkt, der das Ende eines wichtigen Satzes bedeutet.

Seitdem ich die Arie gehört habe, denke ich mir eine Diagonale über die Wiese. Es war am selben Ort, angesichts der Kohlen. Ich hatte mir etwas Kühles, Weißbläuliches bestellt, was dennoch keine Milch war. Der Mann ging über den Platz, mitten durch die Sonne, und sagte, nicht einmal laut: »Mein Herr, ich singe jetzt die Arie von der Diagonale und bitte Sie um einige Aufmerksamkeit.« Dieses gesagt, stellte er den rechten Fuß vor, hob all seinen Glanz in die Brust, noch höher und sang dann. Wenn ich jetzt an der Wiese sitze und den Stuhl ermüde, erinnere ich mich des Kehrreimes, der ungefähr lautete:

Ein Hund bellt, die Peitsche knallt,
ich schlug das Buch und alle Türen zu,
o schwarze Diagonale.

Er sang diesen Vers wie ein Tenor. Doch was sagt das, Tenor? Wäre es nicht deutlicher so beschrieben: Sein Ton, die Reihe seiner Töne fiel auf den Platz, es waren die wertvollen Schuppen eines Fisches. Ich stand auf, wollte sammeln und in meine Börse tun, wie man es in bestimmten Gegenden am Silvesterabend mit den Schuppen des Karpfens tut, doch die Sonne strafte mich, der Kellner kam, ich hatte ihm nicht geklatscht, und sagte: »Mein Herr?« So saß ich wieder. Als der Tenor endete, wartete er meinen hastigen Applaus ab, nahm sodann sein rechtes Bein zurück und ließ vernehmen: »Mein Herr, Sie hörten die Arie von der Diagonale, welche man auch den Weg der drei Caballeros nennt.« Schon bei den ersten Worten trat er zurück, drei Burschen mit gemacht ernsten Gesichtern, die Arme verschränkt, in weißen Hemden, überquerten den Platz, langsam, mit geübtem Schritt, diagonal über den Platz, dorthin wo die Aufbauten des Baggers über der

Hafenmauer rosteten. Ein Kommando ließ sich aus der Richtung der Fischhalle los, eine Salve aus sorgfältig ausgerichteten Gewehren schlug über den Platz und streckte die drei Caballeros nieder. Das also ist es, was man in Spanien unter einer Diagonale versteht, und die Tenöre wissen Arien zu singen, die solcher Art Diagonale beschreiben. Wenn ich Tenor oder Tenöre sage, meine ich eine Reihe von Tönen, die auf den Platz fallen, kostbare Fischschuppen, ich wollte sie sammeln, doch der Kellner rief: »Mein Herr?«, ich sank in den Stuhl zurück, hörte das Ende der Arie, die kurze Erklärung des Tenors, sah drei Caballeros, hörte die Salve, sah ihren Hemden zu, wie sie dunkel wurden und schwer, dachte an Pepita, als ihr Blut zum Kleid wurde, und versuchte all dieses Rot gegen das Grün meiner Wiese zu tauschen.

Nein, es ist mir nicht gelungen. Noch heute glaube ich, daß, wer sich auch immer entschließen mag, nach Spanien zu reisen, vorher wissen muß, daß man dortzulande Hemden und Kleider öffentlich färbt, daß man der Arie von der Diagonale nicht entgehen kann. »Herr, wenn du willst, daß ich heimkehre«, so betete ich damals, nachdem ich gezahlt hatte und gegangen war, »Herr gib, daß über meiner Wiese ein Fisch ist, dem mein Auge nachschwimmt, bis es Anteil hat an seiner Kühle.«

Als ich vor einigen Tagen auf meinem Stuhl einschlief, ich hatte in einem Roman gelesen, dessen Seiten oben ankündigen, was unten schon wieder die Treppen sucht, seine Richtung nennt und Handlung treibt, erwachte ich etwas lahm und verbogen an jenem unmäßigen Gelächter, welches mein Freund oft in meiner Gegenwart übt. Er stand da, gab mir seine gewohnten Ratschläge, wies auf den Roman. »Er ist schlecht«, sagte ich, »ohne Geduld, sooft sich Gelegenheit gibt, im Detail zu leben, beschreibt der Held der Geschichte eine große Bewegung und beschließt eine Reise zu machen.« – »Nun«, sagte mein Freund, »auch du bist damals verreist und hast dich zerstreut. Du solltest auch weiterhin einiges tun, versuch es doch mit dem Brunnen, oder heiraten solltest du. Nimm eine junge Frau, das ist der beste Fisch.« So sprach er und lachte übermäßig. Nein, ich will keinen Brunnen und heiraten? Wenn ich bedenke, jeden Abend stünde sie da in weißem Kleid vor mir, der ich um Pepita weiß, und warten würde ich, daß auch sie sich etwas an die Brust setzt, was ihr das Kleid färbt. Sicher würde sie nichts an sich drücken als die ungeduldigen, unerzogenen Hände, welche auch ich nicht erziehen kann. Auch hier müßte ich dann vergeblich warten, unsere Ehe würde kinderlos bleiben, die Wiese unbedacht und dem Gärtner ausgeliefert. Geduld will ich haben, all meine Gebete nur auf den Fisch richten, heiraten kann ich dann wohl immer noch.

Geduld bewies Alfonso Callos. Eines Samstags, zuvor oft angekündigt, begann, was dortzulande ein Volksfest ist. In der üblichen Kleidung eines Toreros betrat er, soweit ich das als Tourist beurteilen kann, in allerbester Haltung den Platz. Dann, nach einigem Vorspiel, unendlich langsam kam die Schnecke. Ich glaube, sie war etwa zwei Meter fünfzig hoch und an sieben Meter lang. Doch diese Maße sollen nichts weiter besagen als mein Unvermögen, diese nackte, durchaus geschlossene Prozession zu beschreiben. Wie er immer noch in gezeichneter Haltung sie nun erwartete und mit ihm die Zuschauer und unter den Zuschauern ich, hörte ich ein Boot in den Hafen einlaufen, konnte mir jedoch keinen Namen davon machen, da es schon nach fünf Uhr war und alle Fischer mit mir hier standen und gleich mir ihren Augen verfallen schienen. Sie glitt auf ihn zu, eine feuchte, klebrige Spur hinter sich, er ließ sie vorbei, entging ihren Fühlern, so schrieb es die Regel dieses Kampfes vor, dann stieß er zu – es kam kein Blut. »Blut, Blut, wo ist Blut?« so schrie es aus den Zuschauern, aus mir. Abermals kam die Schnecke, wiederum stieß er, und abermals versagte das Blut. Alfonso Callos hatte Geduld. Hätte auch ich diese Geduld, könnte auch ich so warten, der Fisch käme. Ich habe es doch so einfach, keine Frau, die neben mir am Bett steht, keine Kinder an meinen Beinen, keine Zuschauer, niemand, der da schreit: »Blut, wo ist Blut!« Oder: »Wo ist der Fisch?« An meiner Wiese warten keine Zuschauer. Zwar spielen in der Nachbarschaft die Burschen Fußball, doch mein Fisch ist nicht ihr Fisch. In Spanien mangelt es nicht an Zuschauern. Dennoch behaupte ich heute, daß Alfonso Callos nicht die Geduld verlor. Nein, die Zuschauer zwangen ihn zu jener Gefälligkeit. Er wollte ihnen etwas bieten, verstand ihre Langeweile, obwohl er selbst, verliebt in seinen Beruf, keinerlei Zeichen von Müdigkeit oder Ungeduld zeigte. So kam es ganz selbstverständlich, kam auf Wunsch. Wieder war die Schnecke vorbei, wieder hatte sie wie ein blinder

Schwamm den Stich aufgenommen, das Publikum stand zum Teil auf den Stühlen und zeigte sich temperamentvoll. Da drehte der Torero, machte seine geübte Bewegung und versah seinen kostbar gekleideten Leib mit einem scharfen Werkzeug. Nun kam das Blut, er stand, nahm jedoch nach einiger Zeit eine bequemere Haltung ein, um länger deutlich machen zu können, wie gefällig er sich erwiesen hatte. Das Publikum saß dankbar und schweigsam um den Platz.

Später, auf meiner Wiese habe ich nachdenken dürfen. Immer wieder und ohne sich zu beeilen glitt die Schnecke durch meine Gedanken. Aber warum hielt er das Tuch hin? Ein Tuch, dessen Farbe anderen Ortes die fünfjährigen Stiere reizt. Wußte er nicht, daß die Schnecke blind war, daß keine Farbe die drängen konnte, ihren einfachen Leib zu beeilen. Ich habe diese Frage jetzt aufgegeben. Bei einem Autorennen, mein Freund war schuld, daß ich es sah, fiel es mir auf, wie wenig wir von der Schnelligkeit der Schnecke verstehen. Unsere Augen wissen es nicht, können diesen glatten Leib, der durch die Zeit rast, nicht begreifen, so fallen wir zurück, und immer wieder überrundet uns die Schnecke. Fast möchte ich sagen, doch ohne als Prophet zu gelten, die Schnecke hält ihre Fühler in ein kommendes Jahrhundert. Es wird dieses eine vorsichtige Zeit sein, ein Zurücknehmen aller Beschuldigungen, ein Jahrhundert ohne jene äußerste Farbe, in die Pepita sich kleidete.

Oft meine ich, ich hätte einiges gelernt, die Schnecke hätte mich dem Fisch etwas näher gebracht. Dann jedoch, angesichts meiner gleichmütigen Wiese, fallen mir traurige Verse ein, denen ich nur mit Mühe eine allgemeinere Richtung geben kann. Ähnlich dem Beginn des Schulgedichtes Archibald Douglas: »Ich habe es getragen sieben Jahr...« begann ein Poem jener Zeit:

Ich habe sieben Jahre auf eine Schnecke gewartet,
nun hab ich vergessen, wie eine Schnecke aussieht.
Als etwas kam, nackt und empfindlich,
suchte ich einen treffenden Namen.
Ich sagte Gefühl, Geduld, sagte Glück,
doch es glitt tonlos vorbei.

Herkunft

Es genügte, die Pfähle anzusprechen, ein kleines, vorher verabredetes Zeichen zu machen. Das Nächste war einfach, brauchte sich nicht zu beweisen. Fünfmal verließ es die Erde, zeigte sich wurzellos. Was zuvor Zaun war, einen Garten beendete, war nun Gitter am Himmel, sagte dort Sprüche her.

Wir alle kennen diese Reklametexte am Augusthimmel. Man will die restlichen Pfähle zur Himmelfahrt ermuntern, will den Gärten erlauben, eine Reise zu machen. Bis nach Augsburg oder weiter noch, in die Wüste Zack, um dort einem jener letzten, an Skorbut erkrankten Löwen Gemüse anzubieten.

Die Andacht sitzt gewöhnlich auf den billigsten Plätzen und kaut am Billett. Glaube hin, Glaube her, hier wird gezweifelt. Hier wird der Finger in die Luft gestreckt oder sonstwohin. Herr Thomas zum Beispiel. Jeden Tag, selbst bei Regen, geht er ins Leichenhaus zu den Gesprächigen und versucht sich mit seinem Finger zu überzeugen. Wovon? Warum soll ein Toter nicht reden, da es doch genug Lebende gibt, die nicht das Maul aufmachen.

Wer lehrt nun einen Pfahl diesen Tausch. Immerhin war das doch Bedeutung. Fünfmal von Süden nach Norden zu stehen, Rom und Kopenhagen zu verbinden, wichtig zu sein. Warum nun plötzlich diese Erhebung? Flügelschlag, Vogelschrei. Bedurfte es dessen, heute, da die Erfindung Leichtmetall heißt, zwei- oder vierfach brummt und in Tempelhof um 16 Uhr 18 landet?

Fünf Vögel. Fünf, fünf, fünf. Eine ganze Hand voll. Die Wagen sollen woanders hin rollen, wo die Vier zu Hause ist, zu Katzen und Dackeln. Laßt uns Quartette üben, kennst du das Land, wo das Vierklee blüht? Nehmt die Vierlingsflak aus dem Museum. Vielleicht treffen wir einen, dann sind es nur noch vier.

Fünf Vögel. Ihre Kindheit hieß: Pfahl sein, Schatten werfen, jedem Hund angenehm sein, gezählt werden, bei Fünf hörte alles auf, Sieben mußte in Amerika liegen und Amerika? – Hier begann die große Reise, die dauernde Wandlung, welche am Ende das Ei meint.

Wer will diese Hälse leugnen und diese Absicht um den Schnabel. Ein Schnabel, den man bei einiger Nachsicht des Vogels wie eine Brieftasche öffnen könnte, um einen Schein zu entnehmen, den dann doch niemand wechselt. Welch eine Währung. Das Gold liegt auf der Straße, gehört den Sperlingen.

Wir wollen nicht auf der Straße liegen und von den Pferden leben. Wir sind doch keine Sperlinge. – Wir wollen eine Arbeit suchen. Los, wir wollen eine Arbeit suchen. – Zu einer richtigen Fabrik gehören Kamine. Bald standen die Vögel, etwas verlegen, zwischen den Gebäuden einer Zementfabrik, rauchten, obgleich sie es sicher nicht gewohnt waren. Sie blieben hier nicht lange. Ihr Aufbruch wurde von den Tageszeitungen als eine große Katastrophe bezeichnet.

Es war sicher töricht, beim Telegraphenamt vorzusprechen. Standen sie doch nun wieder regelmäßig, hörten den Draht zwischen sich – die Eisenbahn lief daneben – und Schwalben. Nichts war den fünf Vögeln unerträglicher als Schwalben. Eine Zeitlang war dann die Fernsprechverbindung zwischen Kreisstadt und Hauptstadt unterbrochen.

Bei der Firma Bolin & Löffler, Papiervertrieb, war es Herr Löffler, der an der rechten Hand behindert war. Im ganzen fehlten ihm fünf Finger. So muß er wohl recht verzweifelt gewesen sein, als er den Versuch mit den Vögeln machte. Zu Anfang ging es. Sogar einen Ring konnte er täuschend anbringen. Auf dem Amtsgericht, beim Offenbarungseid, gab es eine Panne. Der ganze Schwindel flog auf, mit ihm die Vögel. Löffler konnte nur noch resignierend die linke Hand heben.

Ähnlich erging es einem Zirkus, der als bescheidenes Unternehmen anfing, sich vergrößerte, vergrößerte. Man wollte ein Fünfmastzelt, überredete die Vögel stillzuhalten. Diese taten es auch bis, bis die Bären kamen, auf ihren Motorrädern. Genug, sagten sie, das geht zu weit. Das Zelt nahmen sie noch ein Stück mit, die Zuschauer verlangten später das Eintrittsgeld zurück.

Gelegenheitsarbeiten. Man reihte sie als Säulen, das Portal einer Bank stürzte ein. Bei einer Friedensfeier sanken die Fahnen plötzlich auf Halbmast, die Menge verlief sich. Beim Stabhochsprung wurden fünf Athleten disqualifiziert, sie hatten sich an den Vögeln vergriffen.

Als die fünf Vögel nach Hamburg kamen, besetzten sie einen Kai, nannten sich Kräne und entluden Getreide- und Kaffeeschiffe. Bald darauf wurde der Streik ausgerufen. Die Hafenarbeiter standen in Gruppen. – In diesen Tagen traf das Visum ein. Die große Reise konnte beginnen.

Reise und Ziel

Man redet immer von den letzten Segelschiffen. Glaubt doch dieses nicht. Es braucht nur einen Rumpf voller leerer Versprechungen, etwas Ballast von zu Hause her und eine Mannschaft, die alle Sprachen spricht, außer sächsisch. Zum Schluß, zu einem echten Vollschiff gehören Maste und Segel. Die Vögel ließen sich anheuern. Die Überfahrt dauerte 57 Tage, war angenehm trotz der Möwen. Einmal gab es einen kleinen Streit zwischen Fock und Großmast. Ein winziger Riß im Vorobermarssegel, die Fahrt ging weiter.

In New York angekommen, war der Jubel groß. Die Straßen glichen einem Blumenmeer. Der Präsident gab jedem der fünf Vögel einen Panamahut und zeigte seine gutgeputzten Zähne.

Fünf waren ausgezogen, um die Sieben zu suchen. In Virginia, auf einer Apfelfarm, fanden sie die Sieben. Sie stellten sich dazu, neben die Sieben, bildeten einen fröhlichen Zaun. Doch da kam D. S. Abraham Brothers, dem die Farm gehörte, der die Freiheit liebte und die Zäune haßte. Seine Säge und seinen Hammer brachte er mit. Die Sieben sägte er ab, die Fünf rammte er in Virginias Erde. Mit Bulldog und Walze hat er alles schön glatt gemacht.

Die Vögel aber flattern etwas erstaunt zwischen Kohle und Salpeter. Sie finden keine Arbeit mehr. Dafür wollen sie aber demnächst fünf Eier, für jeden Erdteil eines, legen und brüten. Wer weiß, was alles zwischen Eiweiß und Eigelb Platz hat. Auf jeden Fall sollen die Eier voller eindrucksstarker Überraschungen für Europa, Amerika und die übrigen Erdteile sein.

Ich baute nicht ein beliebiges Haus. Meine Baustelle war nicht der gewöhnliche Platz, den sich die vielen für mühsam Erspartes kaufen, um sich dort ein Dach, ein x-beliebiges Dach über dem Kopf zu errichten.

In der Längswand meiner Studierstube wurde ein fünfjähriger Stier eingemauert, das nackte Mauerwerk sodann sorgfältig verputzt, später zweimal mit einem Anstrich versehen, heiter tapeziert, und über die Stelle, hinter der des Stieres Haupt verblieben war, hängte ich einen leeren Barockrahmen.

Sie wissen, daß mein Name früher auf mancher Corrida angekündigt wurde, daß ich mit zu den geachtetsten Toreros gehörte, daß ich mir in der Arena ein Hüftleiden zuzog und fortan gezwungen war, mein geliebtes Werkzeug an die Wand zu hängen.

Sie werden es erraten haben. Links und rechts vom Barockrahmen befestigte ich meine guten alten Waffen, hängte dieses und jenes Foto auf und gab so dem Zimmer den Charakter einer Veteranenstube. Ein gutes Leben führte ich. Den Stier war ich los, im Garten hütete ich Blumen. Gelbe, weiße, zartblaue, allenfalls violette; eine gewisse Farbe sparte ich aus. Mit Vorsicht umgab ich mich und mit Zäunen. Aber ein Zaun hält sich selbst kaum zusammen. Was tut man gegen die Post. Täglich kam dieser freundliche Uniformierte, grüßte halb militärisch – er kannte mich aus meiner Glanzzeit – und übergab mir ein leichtes Kuvert.

Natürlich hütete ich mich, diese Briefe zu öffnen, zu lesen. Auch wenn kein Absender angegeben war, wußte ich doch: Meine ehemalige Verlobte hat wieder einmal ihr Tintenfäßchen geöffnet. Nein, dachte ich, was von meiner Verlobten kommt, kann nicht gut sein. Es wäre töricht, in diesem Brief zu lesen – lieber schreibe ich ihr.

Sie müssen wissen, daß ich die Trennung von Elvira als endgültig betrachtete. Wie jede große Liebe endete auch unsere banal. Eines Tages konnte sie das Geräusch nicht mehr vertragen, das Äpfel laut werden lassen, wenn man sie mit gesunden Zähnen anbeißt und in feierlicher Ruhe bis zum kernigen Ende verzehrt. Dieses Krachen gefiel ihr nicht. Sie hörte darin Knochen splittern,

Urgewaltiges ins Knie brechen, kurz, es war ihr diese bekömmliche Nachspeise nichts anderes als ein Arenageräusch, und davon wollte sie nie wieder hören. Wenn auch das Hüftleiden damals der Anlaß war, für immer aus dem gefährlichen Rund zu steigen, gab Elvira doch den Ausschlag. Stier oder Liebe, sagte sie. Ich wählte die Liebe. Bald hatte ich weder Stier noch Liebe, züchtete einfältig Blumen, saß vor dem leeren Barockrahmen und dachte mir etwas dabei.

Die Post. Täglich kam sie. Täglich antwortete ich, ohne gelesen zu haben. Immer annehmend, daß Elvira gleich mir nicht mit dem Brieföffner Umgang pflegte, schichtete ich Stapel um Stapel und versiegelte halbjährlich mit grobem Bindfaden. Das war ein fleißiges Epistelschreiben. Ich verteidigte das laute Apfelessen, sie eiferte sicher mit schöner, steiler Schrift übers gleiche Obst.

Der Teufel stellte ein Bein. Schrieb ich doch eines Tages: Der Kompromiß wäre möglich. Ich würde fortan nur weiche Birnen, Pflaumen und Pfirsiche zum Nachtisch auftragen lassen, sie möge doch kommen und hören, wie sich das ausnehmen würde. – Sie kam, Elvira kam. Alle Zettel hatte sie gelesen, täglich hatte ihr Brieföffner mich offenbart, und nun wollte sie Birnen hören, ja, sie brachte mit: Gelbe Williams.

Es kam nicht zu diesem Mahl. Kaum betrat Elvira mein Veteranenzimmer, schrie ich auch schon: »Elvira, den Rock aus. Ich bitt' dich, den Rock herunter, du weißt nicht, was du tust.« Zu spät kam mein Warnruf. Das Mädchen, nein, das geliebte Mädchen konnte den tomatenfarbenen Stoff nicht mehr von sich nehmen. Gräßlich zerbarst die Mauer, mitten durch den leeren Barockrahmen, das vergoldete Geviert mit den Schultern vom Haken reißend, sprang der Fünfjährige, schnaubte Mörtel und Ziegelsplitt, stampfte, daß man das Schlimmste befürchten mußte. Ach, schrie Elvira, ach verwünschte sie ihre grelle Kleidung. Schon senkte der mächtige Kopf sich, schon unterlief das Auge; zwei Sprünge machte ich, riß von der Wand, was dort zum Andenken hing, hieb durch die Zimmerluft, nahm die bezeichnende Haltung ein, umtanzte den Gereizten, versuchte mit all meiner Kunst, diese Hörner, an denen noch die Tapete fetzte, von Elviras heiligem Unterleib zu locken. Da, jetzt sah ich die Stirn, jetzt kam mir das Auge bekannt vor, begriff ich es wieder, das furchtbare Dreieck. Passieren ließ ich ihn. O Elvira, dein Rock. Kniend wartete ich. Dein Tuch wie Nasenbluten, Elvira. Die Feder kann nicht so biegen, wie ich mich ihm bog und ihn schmückte. Wenn auch das Zimmer klein ist, Elvira. Jubelt dein Herz nicht, wenn du sein Knie brechen hörst? Denkst du noch immer an jene leidigen Äpfel? Sein schönes Auge läuft über, seine Brust klingt aus, der Barockrahmen rahmt ihn, Blattgold springt von den Leisten und schwimmt auf dem Fluß, dem er Quelle ist.

Nur einen kleinen Schritt machte das Mädchen dem nun zur Ruhe gekommenen Berg entgegen: »Hast du noch mehr Stiere hinter der Tapete?« hauchte sie kaum und wies mit Fingern auf die noch heilen Wände. »Hundert!« war meine Antwort. »Zieh den Rock aus, Elvira. Hundert dreieckigen Stierköpfen flattert dein Tuch vorm Auge.«

Schnell zog sie sich damals aus. Mehr noch als diesen modischen Stoff nahm sie von sich, teils um der mauersprengenden Kraft zu entgehen, teils um in mir ihren Retter zu spüren.

Heute ist Elvira meine Frau. Sie pflegt den Garten und hält meinen Sohn an der Hand. Die Mauer haben wir schließen lassen. Kein Stier träumt mehr hinter Tapeten. Kein leerer Barockrahmen wartet mehr auf ein Bildnis. Doch mich hat die Arena wieder. Auf den Plakaten spricht sich mein Name aus, und wer mich überraschen will, der muß ein Hotelzimmer im Hafen ausfindig machen. Dort sitze ich auf einem rohen Stuhl, in einem halbdunklen, feuchten Loch und schlage mein Gebiß in platzvolle Äpfel, betrachte den Biß und finde immer wieder bestätigt, daß mein Zahnfleisch blutet.

Erich beobachtet mich. Auch ich lasse kein Auge von ihm. Beide halten wir Waffen in der Hand, und beschlossen ist, daß wir diese Waffen gebrauchen, einander verletzen werden. Unsere Waffen sind geladen. In langen Übungen erprobte, gleich nach den Übungen sorgfältig gereinigte Pistolen halten wir vor uns, das kühle Metall langsam erwärmend. Auf die Länge nimmt sich solch ein Schießeisen harmlos aus. Kann man nicht einen Füllfederhalter, einen gewichtigen Schlüssel so halten und einer schreckhaften Tante mit dem gespreizten schwarzen Lederhandschuh einen Schrei abkaufen? Nie darf in mir der Gedanke reifen, Erichs Waffe könnte blind, harmlos, ein Spielzeug sein. Auch weiß ich, daß Erich keine Sekunde an der Ernsthaftigkeit meines Werkzeuges zweifelt. Zudem haben wir, etwa vor einer halben Stunde, die Pistolen auseinandergenommen, gereinigt, wieder zusammengesetzt, geladen und entsichert. Wir sind keine Träumer. Zum Ort unserer unvermeidlichen Aktion haben wir Erichs Wochenendhäuschen bestimmt. Da das einstöckige Gebäude mehr als eine Wegstunde von der nächsten Bahnstation, also recht einsam liegt, dürfen wir annehmen, daß jedes unerwünschte Ohr, in des Wortes wahrer Bedeutung, weitab vom Schuß sein wird. Das Wohnzimmer haben wir ausgeräumt und die Bilder, zumeist Jagdszenen und Wildbretstillleben, von den Wänden genommen. Die Schüsse sollen ja nicht den Stühlen, warmglänzenden Kommoden und reichgerahmten Gemälden gelten. Auch wollen wir nicht den Spiegel treffen oder ein Porzellan verletzen. Nur auf uns haben wir es abgesehen.

Wir sind beide Linkshänder. Wir kennen uns vom Verein her. Sie wissen, daß die Linkshänder dieser Stadt, wie alle, die ein verwandtes Gebrechen drückt, einen Verein gegründet haben. Wir treffen uns regelmäßig und versuchen unseren anderen, leider so ungeschickten Griff zu schulen. Eine Zeitlang gab uns ein gutwilliger Rechtshänder Unterricht. Leider kommt er jetzt nicht mehr. Die Herren im Vorstand kritisierten seine Lehrmethode und befanden, die Mitglieder des Vereins sollten aus eigener Kraft umlernen. So verbinden wir nun gemeinsam und zwanglos eigens für uns erfundene Gesellschaftsspiele mit Geschicklichkeitsproben wie: Rechts einfädeln, eingießen, aufmachen und zuknöpfen. In unseren Statuten heißt es: Wir wollen nicht ruhen, bis daß rechts wie links ist.

Wie schön und kraftvoll dieser Satz auch sein mag, ist er doch lautester Unsinn. So werden wir es nie schaffen. Und der extreme Flügel unserer Verbindung verlangt schon lange, daß diese Sentenz gestrichen wird und statt dessen geschrieben steht: Wir wollen auf unsere linke Hand stolz sein und uns nicht unseres angeborenen Griffes schämen.

Auch diese Parole stimmt sicher nicht, und nur ihr Pathos, wie auch eine gewisse Großzügigkeit des Gefühls, ließ uns diese Worte wählen. Erich und ich, die wir beide dem extremen Flügel zugezählt werden, wissen zu gut, wie tief verwurzelt unsere Scham ist. Elternhaus, Schule, später die Zeit beim Militär haben nicht dazu beigetragen, uns eine Haltung zu lehren, die diese geringfügige Absonderlichkeit – geringfügig im Vergleich mit anderen, weitverbreiteten Abnormitäten – mit Anstand ertrüge. Das begann mit dem kindlichen Händchengeben. Diese Tanten, Onkels, Freundinnen mütterlicherseits, Kollegen väterlicherseits, dieses nicht zu übersehende, den Horizont einer Kindheit verdunkelnde, schreckliche Familienfoto. Und allen mußte die Hand gegeben werden: »Nein, nicht das unartige Händchen, das brave. Wirst du wohl das richtige Händchen geben, das gute Händchen, das kluge, geschickte, das einzig wahre, das rechte Händchen!«

Sechzehn Jahre war ich alt und faßte zum erstenmal ein Mädchen an: »Ach, du bist ja Linkshänder!« sagte sie enttäuscht und zog mir die Hand aus der Bluse. Solche Erinnerungen bleiben, und wenn wir dennoch diesen Spruch – Erich und ich verfaßten ihn – in unser Buch schreiben wollen, so soll damit nur die Benennung eines sicher nie zu erreichenden Ideals versucht werden.

Nun hat Erich die Lippen aufeinandergepreßt und die Augen schmal gemacht. Ich tue das gleiche. Unsere Backenmuskeln spielen, die Stirnhaut spannt sich, schmal werden unsere Nasenrükken. Erich gleicht jetzt einem Filmschauspieler, dessen Züge mir aus vielen abenteuerlichen Szenen vertraut sind. Darf ich annehmen, daß auch mir diese fatale Ähnlichkeit mit einem dieser zweideutigen Leinwandhelden anhaftet? Wir mögen grimmig aussehen, und ich bin froh, daß uns niemand beobachtet. Würde er, der unerwünschte Augenzeuge, nicht annehmen, zwei junge Männer allzu romantischer Natur wollen sich duellieren? Sie haben die gleiche Räuberbraut, oder der eine hat wohl dem anderen Übles nachgesagt. Eine seit Generationen währende Familienfehde, ein Ehrenhandel, ein blutiges Spiel auf Gedeih und Verderb. So blicken sich nur Feinde an. Seht diese schmalen, farblosen Lippen, diese unversöhnlichen Nasenrücken. Wie sie den Haß kauen, diese Todessüchtigen.

Wir sind Freunde. Wenn unsere Berufe auch noch so verschieden sind – Erich ist Abteilungsleiter in einem Warenhaus, ich habe den gutbezahlten Beruf des Feinmechanikers gewählt –, können wir doch so viel gemeinsame Interessen aufzählen, als nötig sind, einer Freundschaft Dauer zu verleihen. Erich gehört dem Verein länger an als ich. Gut erinnere ich mich des Tages, da ich schüchtern und viel zu feierlich gekleidet im Stammlokal der Einseitigen eintrat, Erich mir entgegenkam, dem Unsicheren die Garderobe wies, mich klug, doch ohne lästige Neugierde betrachtete und dann mit seiner Stimme sagte: »Sie wollen sicher zu uns. Seien Sie ganz ohne Scheu; wir sind hier, um uns zu helfen.«

Ich sagte soeben »die Einseitigen«. So nennen wir uns offiziell. Doch auch diese Namengebung scheint mir, wie ein Großteil der Statuten, mißlungen. Der Name spricht nicht deutlich genug aus, was uns verbinden und eigentlich auch stärken sollte. Gewiß wären wir besser genannt, würden wir kurz die Linken oder, klangvoller, die linken Brüder heißen. Sie werden erraten, warum wir verzichten mußten, uns unter diesen Titeln eintragen zu lassen. Nichts wäre unzutreffender und dazu beleidigender, als uns mit jenen sicher bedauernswerten Menschen zu vergleichen, denen die Natur die einzig menschenwürdige Möglichkeit vorenthielt, der Liebe Genüge zu tun. Ganz im Gegenteil sind wir eine buntgewürfelte Gesellschaft, und ich darf sagen, daß unsere Damen es an Schönheit, Charme und gutem Benehmen mit manch einer Rechtshänderin aufnehmen, ja, vergliche man sorgfältig, ergäbe sich ein Sittenbild, das manchen um das Seelenheil seiner Gemeinde besorgten Pfarrer von der Kanzel ausrufen ließe: »Ach, wäret Ihr doch alle Linkshänder!«

Dieser fatale Vereinsname. Selbst unser erster Vorsitzender, ein etwas zu patriarchalisch denkender und leider auch lenkender höherer Beamter der Stadtverwaltung, Katasteramt, muß dann und wann einräumen, daß wir nicht gut heißen, daß es am Links fehlen würde, daß wir weder die Einseitigen sind noch einseitig denken, fühlen und handeln.

Gewiß sprachen auch politische Bedenken mit, als wir die besseren Vorschläge verwarfen und uns so nannten, wie wir eigentlich nie hätten heißen dürfen. Nachdem die Mitglieder des Parlamentes von der Mitte aus nach der einen oder anderen Seite tendieren und die Stühle ihres Hauses so gestellt sind, daß allein schon die Stuhlordnung die politische Situation unseres Vaterlandes verrät, ist es zur Sitte geworden, einem Schreiben, einer Rede, in der das Wörtchen links mehr als einmal vorkommt, eine gefährliche Radikalität anzudichten. Nun, hier mag man ruhig sein. Wenn ein Verein unserer Stadt ohne politische Ambitionen auskommt und nur der gegenseitigen Hilfe, der Geselligkeit lebt, dann ist es der unsrige. Um nun noch jedem Verdacht erotischer Abwegigkeit hier und für alle Zeit die Spitze abzubrechen, sei kurz erwähnt, daß ich unter den Mädchen unserer Jugendgruppe meine Verlobte gefunden habe. Sobald für uns eine Wohnung frei wird, wollen wir heiraten. Wenn eines Tages der Schatten schwinden wird, den jene erste Begegnung mit dem weiblichen Geschlecht auf mein Gemüt warf, werde ich diese Wohltat Monika verdanken können.

Unsere Liebe hat nicht nur mit den allbekannten und in vielen Büchern beschriebenen Problemen fertig werden müssen, auch unser manuelles Leiden mußte verwunden und fast verklärt werden, damit es zu unserem kleinen Glück kommen konnte. Nachdem wir in der ersten, begreiflichen Verwirrung versucht hatten, rechtshändig einander gut zu sein, und bemerken mußten, wie unempfindlich diese unsere taube Seite ist, streicheln wir nur noch geschickt, das heißt, wie uns der Herr geschaffen hat. Ich verrate nicht zuviel und hoffe auch, nicht indiskret zu sein, wenn ich hier andeute, daß es immer wieder Monikas liebe Hand ist, die mir die Kraft gibt, auszuharren und das Versprechen zu halten. Gleich nach dem ersten gemeinsamen Kinobesuch habe ich ihr versichern müssen, daß ich ihr Mädchentum schonen werde, bis wir uns die Ringe – hier leider nachgebend und das Ungeschick einer Veranlagung bekräftigend – an die rechten Ringfinger stecken. Dabei wird in südlichen, katholischen Ländern das goldene Zeichen der Ehe links getragen, wie denn auch wohl in jenen sonnigen Zonen mehr das Herz als der unerbittliche Verstand regiert. Vielleicht um hier auf Mädchenart zu revoltieren und zu beweisen, in welch eindeutiger Form die Frauen argumentieren können, wenn ihre Belange gefährdet zu sein scheinen, haben die jüngeren Damen unseres Vereins in emsiger Nachtarbeit unserer grünen Fahne die Inschrift gestickt: Links schlägt das Herz.

Monika und ich haben diesen Augenblick des Ringewechselns nun schon so oft besprochen und sind doch immer wieder zu demselben Ergebnis gekommen: Wir können es uns nicht leisten, vor einer unwissenden, nicht selten böswilligen Welt, als Verlobte zu gelten, wenn wir schon lang ein getrautes Paar sind und alles, das Große und das Kleine, miteinander teilen. Oft weint Monika wegen dieser Ringgeschichte. Wie wir uns auch auf diesen unseren Tag freuen mögen, wird denn wohl doch ein leichter Trauerschimmer auf all den Geschenken, reichgedeckten Tischen und angemessenen Feierlichkeiten liegen.

Nun zeigt Erich wieder sein gutes, normales Gesicht. Auch ich gebe nach, verspüre aber dennoch eine Zeitlang diesen Krampf in der Kiefermuskulatur. Zudem zucken noch immer die Schläfen. Nein, ganz gewiß standen uns diese Grimassen nicht. Unsere Blicke treffen sich ruhiger und deshalb auch mutiger; wir zielen. Jeder meint die gewisse Hand des anderen. Ich bin ganz sicher, daß ich nicht fehlen werde; und auch auf Erich kann ich mich verlassen. Zu lange haben wir geübt, fast jede freie Minute in einer verlassenen Kiesgrube am Stadtrand zugebracht, um heute, da sich so vieles entscheiden soll, nicht zu versagen.

Ihr werdet schreien, das grenzt an Sadismus, nein, das ist Selbstverstümmelung. Glaubt mir, all diese Argumente sind uns bekannt. Nichts, kein Verbrechen haben wir uns nicht vorgeworfen. Wir stehen nicht zum ersten Mal in diesem ausgeräumten Zimmer. Viermal sahen wir uns so bewaffnet, und viermal ließen wir, erschreckt durch unser Vorhaben, die Pistolen sinken. Erst heute haben wir Klarheit. Die letzten Vorkommnisse persönlicher Art und auch im Vereinsleben geben uns recht, wir müssen es tun. Nach langem Zweifel – wir haben den Verein, das Wollen des extremen Flügels in Frage gestellt – greifen wir nun endgültig zu den Waffen. So bedauerlich es ist, wir können nicht mehr mitmachen. Unser Gewissen verlangt, daß wir uns von den Gepflogenheiten der Vereinskameraden distanzieren. Hat sich doch da ein Sektierertum breitgemacht, und die Reihen der Vernünftigsten sind mit Schwärmern, sogar Fanatikern durchsetzt. Die einen himmeln nach rechts, die anderen schwören auf links. Was ich nie glauben wollte, politische Parolen werden von Tisch zu Tisch geschrien, der widerliche Kult des eidbedeutenden, linkshändigen Nägeleinschlagens wird so gepflegt, daß manche Vorstandssitzung einer Orgie gleicht, in der es gilt, durch heftiges und besessenes Hämmern in Ekstase zu geraten. Wenn es auch niemand laut ausspricht und die offensichtlich dem Laster Verfallenen bislang kurzerhand ausgestoßen wurden, es läßt sich nicht leugnen: Jene verfehlte und mir ganz unbegreifliche Liebe zwischen Geschlechtsgleichen hat auch bei uns Anhänger gefunden. Und um das Schlimmste zu sagen: Auch mein Verhältnis zu Monika hat gelitten. Zu oft ist sie mit ihrer Freundin, einem labilen und sprunghaften Geschöpf, zusammen. Zu oft wirft sie mir Nachgiebigkeit und mangelnden Mut in jener Ringgeschichte vor, als daß ich glauben könnte, es sei noch dasselbe Vertrauen zwischen uns, es sei noch dieselbe Monika, die ich, nun immer seltener, im Arm halte.

Erich und ich versuchen jetzt gleichmäßig zu atmen. Je mehr wir auch hierin übereinstimmen, um so sicherer werden wir, daß unser Handeln vom guten Gefühl gelenkt wird. Glaubt nicht, es ist das Bibelwort, welches da rät, das Ärgernis auszureißen. Vielmehr ist es der heiße, immerwährende Wunsch, Klarheit zu bekommen, noch mehr Klarheit, zu wissen, wie steht es um mich, ist dieses Schicksal unabänderlich, oder haben wir es in der Hand, einzugreifen und unserem Leben eine normale Richtung zu weisen? Keine läppischen Verbote mehr, Bandagen und ähnliche Tricks. Rechtschaffen wollen wir in freier Wahl und durch nichts mehr vom Allgemeinen getrennt neu beginnen und eine glückliche Hand haben.

Jetzt stimmt unser Atem überein. Ohne uns ein Zeichen zu geben, haben wir gleichzeitig geschossen. Erich hat getroffen, und auch ich habe ihn nicht enttäuscht. Jeder hat, wie vorgesehen, die wichtige Sehne so unterbrochen, daß die Pistolen, nicht mehr kraftvoll genug gehalten, zu Boden fielen und damit nun jeder weitere Schuß überflüssig ist. Wir lachen und beginnen unser großes Experiment damit, ungeschickt, weil nur auf die rechte Hand angewiesen, die Notverbände anzulegen.

Breitscheidt gegenüber saß eine junge, mit sportlicher Eleganz gekleidete Dame. Sie las in einem Buch, dessen Schrift ihm verständlich schien. Eine Ausländerin war sie also nicht, allenfalls eine jener gebildeten Weltreisenden, die, der deutschen Sprache mächtig, seinem Wortschwall hätte folgen können, wenn er nur den Mund aufgemacht hätte.

Es ist schwer, eine Lesende anzusprechen. Der Zug durchrauschte die Schweiz. Er wand sich durch die Schweiz. Bunt sah es draußen aus und einladend wie auf geschickten Plakaten der Fremdenwerbung. Die Berge türmten sich und schlitzten Schönwetterwolken auf, die Täler verengten sich, Kühe und das gleichfalls gescheckte Heimweh ausgewanderter Talbewohner weideten grünes Gras.

Die Dame las in einem soliden Buch. Eine Dünndruckausgabe, stellte Breitscheidt fest, Dünndruck, Dünndruck. Das Wort sagte ihm etwas, es paßte zu der versunkenen Mitreisenden. Sie hatte eine cremefarbene, durchbrochene Bluse an. Ihr Büstenhalter schien so gearbeitet, daß er die Brustspitzen leicht betonen durfte. Der Zug stieg, man stieg. Breitscheidt freute sich auf den Sankt Gotthardt. Er wußte, daß dieses Loch in den Süden eine Atmosphäre birgt, die die Gegenübersitzenden näher rückt und dem Wort kleine Sprungbrettchen bietet. In Göschenen ließ er sich ein Schinkenbrot und Milchkaffee durchs geöffnete Coupéfenster reichen. Nachher hatte er Mühe, die Scheibe wieder hochzuschieben. Er mußte sich die Jacke ausziehen und wieder anziehen, das war ihm peinlich. Zweisprachig wurde die Abfahrt des Zuges ausgerufen. Gleich darauf schluckte der Tunnel alles, was nach Airolo und weiter wollte. In seinen Ohren wurde es eng und grau, er lehnte sich zurück, und Sätze, Satzgebilde, Wortkaskaden türmten sich in ihm auf, fielen wieder zusammen, um neu und immer unaussprechlicher zu wuchern. Solch ein Tunnel ist lang und eintönig wie ein Sonntag. Es mochte am Berg liegen, an diesem durchlöcherten Leichnam, daß sich in Breitscheidt all diese gespitzten Schmeicheleien, ausgedachten Zärtlichkeiten und Vorschläge, die soweit gingen, daß ein Hotel in Rimini entstand mit Zimmer zur blauen Adria und sie, alle beide, alle beide, nachher, alle beide – als wortkarge Wut absetzten: »Was liest sie in dem Buch, dieser Dünndruckausgabe? Hat sie keine Lust mit mir? Gefall ich ihr nicht? Nur weil ich das Fenster schlecht zubekam? Wenn es klemmt, ist das meine Schuld?«

Die Dame gegenüber schloß ihr Buch, lenkte den Buchstabenblick zum Fenster, meinte die Natur und sagte: »Sind wir jetzt im Tunnel?«

Breitscheidt ließ ein »Ja« laut werden, zu laut werden. Sie, mit übereinandergeschlagenen graukarierten Schenkeln: »Dauert es noch lange?«

»Nicht mehr«, wußte Breitscheidt zu berichten und fügte noch hinzu: »Dauert nicht mehr lange, Fräulein.« Gleich darauf lachte er geräumig und übermäßig, dann schleppend, und schließlich lachte nur noch der Zug oder der Berg, oder Berg, Zug und Schiene lachten, und der Tunnel bog sich.

Nachdem nun auch Breitscheidt die Beine übereinandergeschlagen hatte, zuvor den Bügelfalten Sorge tragend, blieb beiden nichts Besseres übrig, als dieser Tunnelheiterkeit Zuhörer zu liefern. Nur mit Gewalt konnte sich Breitscheidt das Sätzchen abkaufen: »Passen Sie auf, Fräulein, wenn wir draußen sind, scheint die Sonne.« Gleichzeitig mit dieser Prophetie beugte er sich, die Hosenbeine voneinander reißend, bedenklich weit vor, um beladen mit einem ehrlichen Lob auf durchbrochene Bluse, Dünndruckausgabe, Adria usw. dem letzten Tunnelstück noch einen Sinn zu geben – da wurde es hell, zu hell, kein Humor mehr, nur noch das milchige Fenster – und Regen.

Sehr weit saßen Breitscheidt und die sportlich Gekleidete nun auseinander. Einer Zigarette in ihren Sekretärinnenfingern kam er zu spät. Sie gab sich selbst Feuer und schlug die Dünndruckausgabe auf. Breitscheidt überlegte sich müde, ob er ihr den Leichtmetall-Aschenbecher aufklappen müsse. Er tat es nicht. In die Jackentasche griff er, fand seine bewährte Blechdose, streute sich in die hohle Hand und gab dem Mund, bis ihn Traurigkeit mit Pfefferminzgeschmack überkam.

Soeben brachte ich Maria zum Eilzug nach Bremerhaven. Ich durfte nicht auf dem Bahnsteig stehenbleiben und Zeuge ihrer Abfahrt sein. Weder Maria noch ich haben es gerne, einander zurückzulassen und zu Opfern einer fast immer pünktlichen Eisenbahn zu machen.

Wir umarmten uns ruhig und lösten uns, als wäre es nur bis morgen. Jetzt durchquere ich die Halle, stoße an, entschuldige mich, zu spät, locke, ohne das Päckchen aus der Tasche zu nehmen, eine Zigarette hervor und muß mir Streichhölzer kaufen.

Dann muß ich warten. Nur langsam saugt die Rolltreppe die herbstlich gekleideten Passanten auf. Jetzt mache auch ich den Schritt, stehe auch ich in der Reihe, zwischen zwei feuchtigkeitsatmenden Gummimänteln. Ich stehe gerne auf einer Rolltreppe. Ganz darf ich mich der Zigarette hingeben und, ähnlich dem Rauch, aufsteigen. Die Maschinerie erfüllt mich mit Vertrauen. Weder über noch unter mir meldet sich Verlangen nach einem Gespräch an. Die Treppe spricht. Gut reihen sich die Gedanken: Maria wird jetzt den Stadtrand erreicht haben, der Zug wird pünktlich in Bremerhaven eintreffen. Hoffentlich hat sie keine Schwierigkeiten. Schulte-Vogelsang meint, wir könnten uns ganz auf seine Arbeit verlassen. Und auch drüben würde alles glattgehen. Vielleicht hätten wir es doch besser über die Schweiz versucht? Man hat mir bestätigt, daß Vogelsang verläßlich ist. Er soll schon für viele gearbeitet haben, und immer sei es gutgegangen. Warum sollte Maria, zumal sie wirklich nur kurze Zeit bei uns beschäftigt war, Pech haben?

Die Frau vor mir reibt sich die Augen. Sie schluchzt durch die Nase.

Ich werfe einen Blick zurück. Unter mir reihen sich Hüte. Auch die Traube am Treppenansatz bildet sich nur aus Kopfbedeckungen. Es tut mir gut, nicht mehr den Einzelheiten menschlicher Gesichtszeichnung ausgesetzt zu sein. Deshalb will mein Blick auch die Auffahrtsrichtung vermeiden. Nun drehe ich mich doch. Ich sollte das nicht tun. Oben, wo sich die hartgummibelegte Treppe selbst verschluckt, wo es Nacken um Nacken, Hut um Hut wegstreicht, stehen zwei Herren. Es gibt keinen Zweifel, ihre ernsten Augen sind für mich aufgespart. Es kommt mir weder der Gedanke, mich wieder zu drehen, geschweige denn der, gegen die strebende Treppe, gegen die Hüte unter mir meinen Weg zu nehmen. Dieses lächerliche Geborgensein, dieses verführerische Gefühl, solange du auf der Treppe lebst, lebst du, solange jemand vor dir, jemand hinter dir atmet, kann sich niemand dazwischendrängen.

Der Stufenabsatz verringert sich, ich trete etwas zurück, um mit den Fußspitzen nicht unter die vorstehenden Hartgummikanten zu geraten. Fast freue ich mich noch, daß mir der Abgang von der Treppe so sicher gelingt.

Die Herren nennen meinen Namen, weisen sich aus und verraten mir lächelnd, daß Marias Eilzug pünktlich in Bremerhaven eintreffen wird und daß auch dort einige Herren warten werden, doch ganz gewiß nicht, um ihr Blumen zu reichen. Wie effektvoll, daß meine Zigarette gerade jetzt aufgeraucht ist. Ich folge den Herren.

Ich rauche. Außerdem bin ich Linkshänder. Es braucht nur Blättchen, Tabak. Der gummierte innere Rand des Papiers grenzt den Drehenden gegen die Außenwelt ab: Distanz entsteht zu den Rauchern von Fertigprodukten, die immer besorgt sind, es könne der nächststehende Automat geknackt oder kaputt sein.

Auch Gottvater drehte sich seine selber,
nachdem er uns aus beinahe nichts erschaffen hatte.

Längs der Mittelfalte wird das Papier mit dem Mittelfinger, dem Zeigefinger geklemmt, während Daumen, Zeige- und Mittelfinger der anderen Hand ein nach Laune bemessenes Fuder Tabak ganz ohne Eile (und als gehe die Welt nicht immerfort unter) zum Würstchen kneten.

Es ist der Griff nach Brotkrümel, Lehm und sonstigem Fummelkram.
Im Mutterleib schon drehte ersatzweise ich.
Nicht nach Fertigem greifen – formen verformen.

Jetzt klemmen Zeige- und Mittelfinger der linken Hand den vorgeformten Tabak auf das Blättchen über der Mittelfalte in Länge, während die andere Hand den Tabaksbeutel, das Heftchen Papier in der Tasche sichern: immer noch ohne Eile, denn so gewinnen wir Zeit, in der nicht geraucht wird, doch ein Gedanke bedeutend sein Nadelöhr finden könnte.

Und da Parolen beliebt sind, sage ich unter Vorbehalt:
Selbst gedreht ist halb geraucht. – Denn oft unterbreche ich
den langsamen Vorgang: kritzel was, tippe Buchstaben, flüchte
in ein Jahrhundert, entlegen genug.

Endlich – denn Zeit ist inzwischen vergangen – halten Daumen, Mittel- und Zeigefinger der linken und rechten Hand in symmetrischer Ordnung den im Papier waagerechten Tabak etwa in Bauchnabelhöhe.

Natürlich reden die Leute: Vom Iwan und seinem Machorka
(in Prawdapapier gekrümelt).
Oder an Opa erinnern sie sich,
der auch (in der schlimmen Zeit) selbst gedreht hat: Eigenanbau.

Beim Rollen gilt es, dem Tabak alle Fusseln, die sich nicht fügen wollen, radikal abzugewöhnen. Nun erst, nachdem er festgefügt in das bauchwärts weisende Drittel des Blättchens bis zum Anschlag gerollt ist, näßt die Zunge nicht etwa hastig, sondern verzögert und mit Gefühl die Gummierung des äußeren Blattrandes gegen den Widerstand der stützenden Zeigefinger.

Was uns allen außer einer neuen Religion fehlt,
ist ein in Holland käufliches Zigarettenpapier,
das nicht gummiert dennoch klebt und sich beim Rauchen, weil
zungenfeucht, bräunlich einfärbt:
nicht weniger als die lustlosen Filter.

Schwierig für Anfänger ist es, den befeuchteten oberen Blattrand um den gerollten Tabak zu schlagen, ohne jenen gleichmäßigen Druck aufzugeben, den eine straff selbstgedrehte Zigarette verlangt. Jetzt die Klebenaht nachfeuchten. Inzwischen wurde schon wieder ein Kind geboren.

Damit kein Tabak die Zunge beißt, zwirbel ich mir
den linken Anstoß der Selbstgedrehten mundgerecht spitz: weil
durch ein feuchtes Tütchen gesogen,
vergeistigt der Rauch sich gekühlt.

Auch Maria drehte sich, nachdem sie mich beim Drehen geknipst hatte und ich ihr, während sie knipste, die Geschichte vom bärtigen Mann, der wieder Brustkind sein, nuckeln wollte, mit allen Nebenwünschen erzählte, selbst eine Zigarette: beide rauchen wir jetzt.

Ist billig. Macht Spaß. Vertreibt Zeit. Und andere Vorteile:
zum Beispiel, die Kippen der Selbstgedrehten
sind alle anders, doch immer sensibel gekrümmt;
mein Aschenbecher gibt täglich Auskunft,
ob meine Krise Fortschritte macht.

GESCHICHTEN

Geschichten Geschichten

Wir kennen uns alle flüchtig. Nicht jede grüßt jede. Wir fangen an, hören auf und leiden an jeweils verrutschter Mitte. Manchmal tauschen wir Namen und Städte gegen Kochrezepte und Verkehrsunfälle. Unser Programm ging leider verloren. Den Stoff beziehen wir gratis. Da wir der Konjunktur mißtrauen, finden auch Ladenhüter Verwendung, zum Beispiel: schwere Träume nach Schweinefleisch; zu enge Schuhe; Karnevalsbräuche. Oft erinnern wir uns durcheinander an Kleist in Würzburg, an die Saale bei Halle, an Nährmittelmarken und den Ostermarsch neunundfünfzig, auch an den Farb-Dia-Abend bei Dr. Simmel, selten an den Krieg usw., aber viel zu oft an unser Herkommen usw. Einige von uns sind erlogen. Mehrere wurden verschenkt. Man kann uns laut lesen. Wir sind Geschichten Geschichten.

Nicht hinter Büschen, hinter der Zeitung El Sol sitze ich, ohne zu lesen, aber den amerikanischen Blättern war zu entnehmen, daß die Studenten nicht mehr streiken, daß der Direktor zurückgetreten ist, daß Ruhe herrscht, Ruhe. Ich muß nicht lesen, kann über den Rand des Blattes in den windstillen, von Hecken und Mäuerchen begrenzten Hotelgarten hineinwünschen – denken, muß nicht rückwärts fischen, denn da, da sitzt sie wie ich auf dem Korbsessel, doch sie nur knapp auf dem Rand, als ekle sie sich zurückzulehnen, während ich das grobe Muster spüre und die Beine strecke. Sie sitzt über die Oberschenkel gebeugt mit seitwärts baumelnden Armen, die zu lang sind, wie ja auch ihre aus dem Rasen wachsenden Beine in den weißen Strümpfen dieser Saison, madenbleich bis in die Kniebeuge, erschreckend lang sind. Und lang auch das weiß-gelbe Haar. Wellenlos hängt es und verdeckt das Profil bis auf den kindlich geschwungenen Nasensattel und den modischen Schmollmund. Sie rührt sich nicht unter tropischen, mir unbekannten Bäumen, die lila Blüten auf den Rasen werfen. Halbschatten. Fern, hinter Büschen, ein Kellner. Und in der Loggia unterm Hoteldach lärmen in bunten Käfigen mehrere Papageien. Wahrscheinlich sind es Papageien, die plötzlich schweigen, denn sie angelt, ohne die Haltung zu ändern, in ihrer Basttasche, findet die Streichhölzer und läßt sie alle, Hölzchen auf Hölzchen, zünden. Nicht hastig, aber doch ohne Pause. Ganz läßt sie jedes verglühen, indem sie jeweils rechts hält, links zwei Finger anfeuchtet, um den schon schwarzen, aber immer noch heißen Kopfteil zu fassen. Jetzt stellt sie das Hölzchen senkrecht und läßt es zu Ende brennen, bis es sich krümmt. Jetzt flammt das nächste. Jetzt feuchtet ihr Speichel zwei linke Finger. Jetzt krümmt es sich, jetzt... Neunundsechzigmal. Ich habe gezählt. Und jedesmal anders. Jetzt sitzt sie wieder starr oder erschöpft mit Hängearmen. Jetzt kommt der Ober mit dem bräunlichen, wahrscheinlich Coca-Getränk, aus dem sie mit den zwei Fingern der linken Hand Eisstücke fischt. Jetzt wischt sie die Eiswürfel vom gelackten Tischblech in ein Blumenbeet. Jetzt trinkt sie wenig. Jetzt steht sie mit den Oberschenkeln zuerst auf und geht, ohne sich umzublicken, in ihrem hemdähnlichen Leinenkleid quer durch den Hotelgarten, während von allen Seiten alte Männer aus dem Gebüsch und über das Mäuerchen springen. Rings um den leeren Korbstuhl balge ich mich mit den Greisen um krummgebrannte Hölzchen. Wir schimpfen dabei und strengen uns an. Sechs heile und wenig Bruch kann ich erobern, in mein Hotelzimmer retten und auf der marmorgedeckten Kommode zu Pulver stoßen. –

Aber es half nur bis Sonnenuntergang.

Am 12. Juni 1946 verließ der Bauer Matthias Törne seinen Hof, ein breitgelagertes Anwesen, das, obgleich es abseits liegt, dem Dorf Lötsch, einem Flecken zwischen Breyel und der holländischen Grenze bei Venlo, zugerechnet wird.

Törne baute viel Spargel an. Noch am Vormittag hatten seine Leute Spargel gestochen und sortiert.

Vom Geräteschuppen aus ging er etwa zweihundert Schritt weit quer durch ein sorgfältig geeinzeltes Rübenfeld, blieb unvermittelt im Feld stehen, zog einen Kompaß aus der linken Joppentasche, zog rechts die Taschenuhr, drehte sich mit Hilfe des Kompasses in südöstliche Richtung, korrigierte mehrmals seine Stellung, blickte auf die Uhr, folgte zuerst dem Minutenzeiger, dann dem Sekundenzeiger, löste den Blick von der Uhr und schaute über das flache, von Hecken, Pappeln, Einzelgehöften, Dörfern, ausgebrannten Panzern und Telegrafenstangen gezeichnete Land bis zum Horizont, dann über den Horizont hinweg in den einfarbigen Himmel.

Als sich in südöstlicher Richtung nicht zeigen wollte, was die Radiomeldung versprochen und eine pilzförmige Wolkenwucherung genannt hatte, ließ Matthias Törne den Kompaß und die Uhr in beide Joppentaschen gleiten, machte kehrt, ging querfeldein durch die Rüben, bückte sich im Gehen zweimal nach Unkraut und drehte sich auch vor dem Hoftor nicht mehr um.

Hans-Peter, der einzige hochgeschossene herumstehende knapp fünfzehnjährige Sohn des Hauses, hatte sich vom Empfang, den sein Vater, der Delegationschef, zu geben berufen war, entfernt, indem er das Haus, diesen einsamen weißlichen Kasten, nahe der damals noch nicht eingeebneten Ruine des Lehrter Bahnhofs verließ und eine Flasche Limonade, in der schon der Strohhalm steckte, an den herumstehenden Chauffeuren vorbei über die Moltkebrücke in den nächtlichen Tiergarten trug. Hans-Peter, den die geladenen Gäste, diese sicher stehenden, immer wieder und mitten im Satz den Partner tauschenden Erwachsenen aus dem Haus getrieben hatten, schritt mit seiner Limonadenflasche Fuß vor Fuß in den damals kaum brusthoch nachgewachsenen, an den Rändern immer noch versteppten Tiergarten hinein und war bald nicht mehr dem Weinen nahe. Entfernt dem Delegationsgebäude, aber nahe genug, um den erleuchteten Kasten im Blick haben zu können, setzte sich Hans-Peter auf eine der kürzlich aufgestellten Tiergartenbänke und begann sparsam am Strohhalm zu ziehen. Hans-Peter fürchtete sich nicht oder nicht genug, als sich, wie aus den Büschen heraus, ein Mann im Mantel zu ihm auf die Parkbank setzte und »Schöner Abend, nicht wahr?« sagte. Als der Mann im Mantel, der sich Heinz nannte, ihn nach seinem Vornamen gefragt, ihn sogleich Hans-Peter genannt und um einen Schluck »von dem Saft« gebeten hatte, reichte ihm Hans-Peter die noch halbvolle Flasche mit dem Strohhalm, drehte aber, nachdem ihm die Flasche zurückgegeben worden war, den Strohhalm um und hoffte, der Mann im Mantel, Heinz, möge im Dunkeln diese Geste nicht bemerkt haben. Bevor Hans-Peter sich erhob und »Jetzt muß ich aber gehen!« sagte, bevor er im Aufstehen die leere Limonadenflasche unter die Bank stellte, den zweiseitig benutzten Strohhalm jedoch, auf Wunsch, Heinz schenkte, bevor er also ein wenig erwachsener zum weißlichen Kasten seines Vaters und zum Empfang des Delegationschefs zurückkehrte, hatte Heinz im Mantel Hans-Peter gefragt: »Was willst du denn später mal werden?« Und Hans-Peter hatte, bevor er den Strohhalm verschenkte, gesagt: »Ich werde Slawistik studieren.«

Als Vater wieder heiraten wollte, sagten wir nein. Nicht wegen Mama, nur so. Schließlich hat Gitta zwei Jahre lang für ihn und natürlich auch für mich, ihren Bruder Peter, gekocht. Eine für ein damals vierzehnjähriges Mädchen ziemliche Leistung. Dabei haben wir Vater gleich nach dem Trauerjahr alle Freiheit gelassen, nicht nur außerhalb, auch zu Hause. Er konnte mitbringen, wen er wollte. Was ich anfangs nicht verstehen wollte: Gitta hat ihm und seinen Liebschaften am Morgen drauf sogar das Frühstück ans Bett serviert, ziemlich früh allerdings, so um sieben, denn sie mußte ja in die Schule. Wenn ich zu Gitta sagte: »Du übertreibst«, gab sie zurück: »Die sollen ruhig sehen, wer hier den Haushalt schmeißt.« Aber sonst habe ich mich die ganze Zeit über möglichst rausgehalten, zumal die Damen allesamt, das Fräulein Peltzer, Fräulein Wischnewski oder gar Frau von Wollzogen, nicht mein Fall gewesen sind. Er hatte einen unmöglichen Geschmack. Und Gitta, die mehr mitbekommen hat, lachte sich in der Küche schief, sobald sie oben das Frühstück serviert hatte. Als Vater zum erstenmal Inge ins Haus brachte, dachte ich: Na also, mal was anderes. Erstens war sie jünger – um genau zu sein, drei Jahre und zwei Monate jünger als ich –, zweitens hat sie mich und selbst Gitta nicht geduzt, und drittens hat sie mir gleich gefallen, nicht nur äußerlich. Eigentlich war die erste Zeit die schönste. Manchmal half sie mir in Latein, aber niemals von oben herab, mehr gleichberechtigt. Inge blieb nie bis zum Morgen. Und Gitta mußte kein Frühstück servieren. Vater war so verknallt, daß er wahrscheinlich nichts bemerkt hat, wenn ich mir eine lange Nacht leistete. Gitta war anderer Meinung. Sie roch den Braten früher und sagte: »Hör auf mit dem Gammeln. Wenn du in Schwierigkeiten kommst, nutzt Vater das aus und stellt uns vor Tatsachen.« Ich spitzte also: und richtig. Inge begann, die Küche zu besetzen, erstens, weil Gitta angeblich mit dem Schulkram genug zu tun hatte, zweitens, weil sie wirklich vom Kochen eine Menge verstand, und drittens, weil das ihr Plan war. Zwar blieb sie immer noch nicht über Nacht, aber das machte uns eher mißtrauisch: Sie wollte bei uns Eindruck schinden. Hat sie auch zugegeben, als ich ihr kurzentschlossen in Bockenheim auf die Bude rückte. Zuerst wollte sie die Erwachsene spielen: »Das möchte ich nicht gehört haben, Peter.« Dann, nach der üblichen Knutscherei, fing sie mit ihrer Wirtin an: »Und wenn ich gekündigt werde?« Ich blieb fest: »Dann ziehst du einfach zu uns.« Inge wurde nicht gekündigt. Ich besorgte es ihr zwei, dreimal pro Woche in Bockenheim – ziemlich glaubwürdig, wenn die Wirtin fragte, als ihr Nachhilfeschüler –, und Vater blieb ahnungslos. Als er vor zirka vier Wochen nicht ohne kindliche Verlegenheit etwas von »Ingeheiraten« stotterte, sagten wir: Nein. Gitta kocht jetzt besser. Inge studiert ab nächstes Semester in Gießen. Ich habe ihr versprechen müssen, sie zu besuchen, übers Wochenende und so.

Entweder Museum oder Bibliothek. Und kriecht dann doch ins kalte Hotelzimmer, nicht um den Brief zu öffnen – den schiebt er mit langen Fingern –, um gleich, noch im Mantel, ins Tagebuch: Man will einen im Wald nach dem Weg fragen, der hat blutige Hände, denn er hat eben gemordet ... – Und freut sich an dem unumstößlichen Satz, der nach mehr schmeckt. Liest also bei sich nach, indem er bei sich zurückblättert: Den Schmerz wie einen Mantel um sich schlagen ... – Hat nun genug von sich und legt den nassen Paletot ab. Doch nicht, um den Brief auf dem Tisch, um auf der Bettkante, Hegel vom Bücherbord, weil dessen Schuldbegriff, schreibt er bei sich: ganz der meinige ... – Dann, ohne Brieföffner, reißt er ihn auf. Und die Augen schon beim Entfalten: Mein Max Söhnchen tot. Hatte das Stimmchen aus Hamburg im Zimmer. Auch gerne Wein auch gerne Wein ... Nun ausgelöffelt der Blick. Mein Max. Nicht mal Bluttupfen oder zitierbarer Traum, denn auf Papier steht, daß er daß er nie mehr nach Brot Milch Nüssen und mit dem Stimmchen klingelt: Ich will auch gerne Wein ... Und kann ihn nicht niedlich sein lassen im Tode, sondern setzt Würmer an, möchte selbst Wurm werden, sein und scheußlichen Anteil nehmen: Mein Max mein Max ...

Sie hat ihm ein gelbes und wie lebendiges Löckchen zwischen den Brief gelegt. Das wiegt er in grober Hand und frißt es in sich hinein, würgt – möchte Wurm sein –, hofft schon, er habe es bei sich, Mein Max, dürfe behalten, da zwingt ihn das Haar, sich über Tisch, Brief und Hegel lang zu erbrechen, nicht über sein Buch. Denn nachdem ihn die immer noch gelben Haare in seinem Erbrochenen eine Zeitlang entsetzen können, schreibt er bei sich: Nie kann ein Frosch erröten ... –

Heute machen sie Gütermanns Nähseide den Markt streitig; aber begonnen hat es mit einem Bindfaden von jener Qualität und Stärke, wie ihn Knaben früher oft, doch heute immer seltener beim Drachensteigen benutzen. Persennick, von Kind an allein, ein Einzelkind, auch in der Schulbank, auf dem Pausenhof, immer Nähe suchend und Distanz verbreitend, Persennick, dem beim Arbeitsdienst und später beim Militär nur Einzelposten, sei es als Verwalter der Gerätekammer oder – wie später an der Mius-Front – als vorgeschobener Artilleriebeobachter, zugewiesen wurden, er, dem selbst während halbjähriger amerikanischer Kriegsgefangenschaft das Massenlager bei Regensburg nicht gegönnt werden sollte, nein, man löste ihn aus der drangvollen Gemeinschaft und bot ihm auf dem Flugplatz Fürstenfeldbruck einen isolierten und dennoch der Sonderrationen wegen begehrten Druckposten – Persennick mußte mit einem nagelbewehrten Stock Papier vom Rasen spießen –, Arno Persennick, den kein kleiner Finger zuerst ins Verlöbnis, dann in die Ehe zu locken vermochte, dem die Berufswahl – er war Filmvorführer in einem Vorstadtkino – die Einsamkeit zur Gefährtin diktiert hatte, denn wie vom Publikum blieb er auch von den Platzanweiserinnen getrennt, er, eigentlich ein geselliger, mitteilsamer und aufnahmebereiter Mitmensch, wollte mußte verlangte suchte, ja, schrie nach einem Freund und kaufte sich also den Bindfaden.

Nein. Nicht dafür war die Schnur zwölf Meter lang beschaffen. Im Theodor-Heuss-Park spannte er sie von einem Baum, Ahorn, über einen selten begangenen Spazierweg, hielt das ihm gehörende Ende – er im Gebüsch – in Huthöhe und lüftete, etwa zwölf Minuten nachdem er seine Vorbereitungen abgeschlossen hatte – nur zwei Kinder unterliefen während dieser Zeitspanne im Spiel seine Schnur –, den Borsalino des kaufmännischen Angestellten Hermann Ploetz. Persennick gab sein Schnurende frei, nahm den Hut auf, reinigte ihn mit vorsorglich mitgeführter Bürste und gab ihn mit Worten an Ploetz zurück. Beide wurden Freunde. Erfolgreiche Freunde. Denn Persennick & Ploetz haben Gütermanns Nähseide vom Markt gedrängt. Sie bauen Filialen und hören nicht auf zu investieren.

In einer niederrheinischen Kleinstadt, nicht in Grevenbroich und nicht in Kaiserswerth, in meiner aus Gründen ungenannten Vaterstadt hatte der gewählte Prinz Karneval, ein nicht unvermögender Radiohändler, gegen Ende der fünfziger Jahre Pech von jener Art, wie es vielen von uns bislang erspart geblieben ist. Die Zeitungen – und nicht nur die lokalen Blätter – hatten über Wochen dankbaren Stoff, fleißig wurde, wie üblich, das eigene Nest beschmutzt; und nur der Humor, der wunderbarerweise immer wieder nachwachsende Humor unserer rheinischen Mitbürger gewährleistete einen reibungslosen Ablauf der sich immerhin vom elften November bis zum Aschermittwoch erstreckenden Karnevalszeit.

Bei der Wahl des Prinzen und der von ihm erkürten Prinzessin, Fräulein Horten – jüngste Tochter des Bauunternehmers Josef Horten –, war es noch lustig zugegangen, zumal der kandidierende Herr Boitz und der stolze Vater Horten sich die Sitzung nicht wenig hatten kosten lassen, auch, weil die ortsansässige Großbrauerei geneigt war, die Wahl kräftig zu unterstützen. Herr Boitz gehörte der Vereinigung der »Hoppeditz-Brüder« an, einer kleinen, erst nach dem Kriege gegründeten, doch äußerst rührigen Gesellschaft, deren Votum der Radiohändler gewiß sein konnte. Den Ausschlag jedoch hatten die Blau-Weißen gegeben. Doch wenn Herr Boitz auch dank der Stimmen dieses gewichtigen Traditionsverbandes gewählt worden ist, darf man trotzdem und leider annehmen, daß in den Reihen dieser Vereinigung die Denunzianten zu suchen sind.

Ein zwar ungeschriebenes, aber seit Beginn des neunzehnten Jahrhunderts herrschendes, groteskerweise aus der französischen Besatzungszeit herrührendes Gesetz überträgt in unserer Stadt dem jeweiligen Bürgermeister das Recht, den frischgewählten Prinzen – oder wie wir scherzhaft sagen: »Seine Tollität« – mit den Zeichen der Würde und des Amtes, also mit Narrenpritsche und Schellenkappe zu versehen. Als Herr Boitz, am Arm Fräulein Horten, geleitet von der Prinzengarde und einem Dutzend ausgelassener Funken-Mädchen sowie seinem noch amtierenden Vorgänger, dem Feinkosthändler Raffrath, die geschweifte Treppe unseres hübschen und kunsthistorisch nicht uninteressanten Rathauses emporstiegen, herrschte noch beschwingte Freude, die allzubald in Bestürzung umschlagen sollte.

Man hat es unserem damaligen Bürgermeister, Herrn Dr. Werth – einem übrigens parteilosen Mann –, nicht verzeihen wollen, daß er sich strikt geweigert hat, Herrn Boitz und sein Gefolge zu empfangen und den gewählten Prinzen mit der Prinzessin seiner Wahl im Amt zu bestätigen. Andere verübelten ihm – wohl nicht ganz zu Unrecht –, daß er es bis zur Affäre in aller Öffentlichkeit hat kommen lassen; denn immerhin wäre es Dr. Werth möglich gewesen, auf stillem Wege den betroffenen Prinzen zum Rücktritt zu bewegen. Wenn Dr. Werth – ein, wie jeder zugeben wird, verdienstvoller Kommunalpolitiker – Anfang der sechziger Jahre nicht wiedergewählt worden ist, ja, den Sozialdemokraten, unter ihrem Herrn Bergsträtter, der Einzug ins Rathaus gelingen konnte, mag die sogenannte »Prinzenaffäre« zu einem nicht unerheblichen Teil diese bedauerliche Verkehrung unserer gesellschaftlichen Verhältnisse mitbewirkt haben. Dennoch konnte sich Dr. Werth, meiner unmaßgeblichen Meinung nach, nicht anders verhalten. Oft genug und noch jüngst hat er im privaten Kreis seine damalige Zwangslage bedauert. Er wurde nicht müde, bis ins Detail nachzuweisen, daß er nur so und nicht in unserem Sinne hat handeln können.

Es bereitet mir keine Freude, nun sagen zu müssen, daß Herr Boitz aus politischen Gründen nicht hat Prinz Karneval werden dürfen. Was überhaupt, haben wir uns damals gefragt, hat Politik mit dem Karneval zu tun? Zwar war der mittleren und älteren Generation in unserem Städtchen bekannt, daß Herr Boitz sich während der unglückseligen Zeit allgemeiner Verwirrung hatte überreden lassen, den hiesigen SA-Sturm zu führen, doch wollte niemand, als Herr Boitz seine Kandidatur für die Prinzenwahl bekanntgab, daran Anstoß nehmen, zumal ihn, bald nach Kriegsende, die alliierte Entnazifizierungsbehörde als »minder belastet« eingestuft hatte.

Dieses allein hätte auch nicht ausgereicht, die Amtseinsetzung des Prinzen zu verhindern, zumal sein Vorgänger, Herr Raffrath, als ehemaliger stellvertretender Ortsgruppenleiter und immerhin Mitglied seit einunddreißig, sich nicht der geringsten Schwierigkeiten anläßlich seiner Amtsübernahme erinnern konnte. Belastend allein wirkte sich aus, daß Hermann Boitz als Sturmführer im Jahre sechsunddreißig Gelder veruntreut haben soll, mit deren Hilfe einigen auserwählten und sportbegeisterten SA-Männern, darunter Herrn Boitz' jüngerer Bruder Claus, die Reise zur Olympiade sowie ein vierzehntägiger Aufenthalt in Berlin ermöglicht wurde.

Daß Herrn Boitz' Name auch im Zusammenhang mit der Ermordung eines kommunistischen Textilarbeiters im Jahre vierunddreißig genannt worden war – die Untat, ich erinnere mich, fand statt auf den Rheinwiesen oberhalb Benrath –, halte ich für eine üble Verleumdung, die auch von allen Mitgliedern der Karnevalsvorstände, mit Ausnahme des Herrn Raffrath, der dem Vorstand der Blau-Weißen präsidiert, zurückgewiesen worden ist. Gleichfalls hat Dr. Werth gut daran getan, als er sich von den genannten Anwürfen aufs entschiedenste distanzierte; für ihn, den Kommunalpolitiker, waren einzig und allein die Unstimmigkeiten in der SA-Sturm-Kasse ausschlaggebend gewesen.

Man muß es Herrn Boitz hoch anrechnen, daß er, ohne viele Worte zu verlieren, sein Amt sogleich zur Verfügung gestellt hat. Schon eine Woche später ging aus neuer Wahl mein Schulkamerad und Freund in schlechten wie guten Zeiten, der Besitzer des gleichnamigen Möbelhauses Wendelin Köbe, als Prinz Karneval hervor. Das unglückselige Fräulein Horten wurde selbstverständlich vom galanten Köbe als Prinzessin übernommen, obgleich die Blau-Weißen ihm nahegelegt hatten, Raffraths Jüngste zu küren.

Abschließend bleibt mir zu sagen, daß unter Wendelin Köbes närrischer Herrschaft die restliche Karnevalszeit reibungslos und zu aller Beteiligten Zufriedenheit verlaufen ist.

Nie wieder nehme ich dieses Kind auf ein Begräbnis mit. Es lacht und findet alles lustig. Schon vor der Abdankungskapelle, wo sich die Leidtragenden sammeln, wird es steif vom Kampf mit der Komik. Ich bemerke, wie die Kränze und Sargträger ihm zusetzen. Doch erst das offene Grab und das Schäufelchen für die dreimal Erde lassen in ihm ein Gelächter wachsen, das überläuft, nein ausbricht, sobald das allgemeine Beileidaussprechen beginnt.

Heute, als die noch junge Frau eines Familienfreundes zu Grabe getragen wurde und der Freund sich seiner offenen Verzweiflung nicht schämen wollte, verdarb ihm das Gelächter die Tränen. Auch als ich dem Kind seinen lachenden Mund mit feuchter Erde stopfte, bis er still war, konnte der Freund nicht weinen und blieb verärgert.

Es bleibt mir nur übrig zu wiederholen, was ich zu Protokoll gegeben habe: Ich bin nicht seine Geliebte gewesen. Allenfalls seine Vertraute, wenn es das gibt. Unsere sogenannten Vertraulichkeiten, nach denen ich immer wieder gefragt werde, beschränkten sich aufs Berufliche. Das soll heißen: Ich habe bei Professor de Groot mehr gelernt als etwa Fräulein Manthey, die vom Kassler Museum, genau wie ich vom Wallraff-Richartz-Museum, beurlaubt worden ist, weil wir beide unsere Lehrzeit mit einem halbjährigen Restaurationskurs in Amsterdam beschließen sollten.

Professor de Groot war eine international anerkannte Kapazität. Und alle seine Schüler, auch Fräulein Manthey, die ausgesagt hat, sie habe sich benachteiligt gefühlt, sind ihrem Lehrer zu Dank verpflichtet. Nur zweimal habe ich Professor de Groot beim Ablösen eines Malgrundes in seinem Privatstudio helfen dürfen, im übrigen haben wir alle, wie es schon Dr. Jonk bestätigt hat, gemeinsam im großen Restaurationssaal gearbeitet. Allerdings stimmt es, daß Professor de Groot von allen seinen Schülern nur mich mitgenommen hat, wenn sein Gerät ihm einen Brand in der nahegelegenen Innenstadt meldete. Nicht immer zu meiner Freude haben mich diese Ausflüge von meiner Arbeit, der ich mit Interesse nachgehe, enthoben. Meine Mitschüler können bestätigen, wie sehr mich Bevorzugungen verärgert haben; freilich böse konnte man Professor de Groot deswegen nicht sein.

Wie allgemein bekannt ist, hörte unser Lehrer, während er über seiner Arbeit saß, unausgesetzt den Polizeifunk. Von dieser seiner Absonderlichkeit hatte man mir schon in Köln erzählt. Man sagte dort: Tüchtig aber schrullig. Verkehrsunfälle, Schlägereien am Samstag, ja, selbst Einbrüche in Juwelierläden ließen Professor de Groot nie aufblicken, allenfalls entlockten sie ihm sarkastische, von uns allen belächelte Kommentare; wurde jedoch innerhalb des unablässigen Sprachsalates, an den wir uns alle gewöhnt hatten – Dr. Jonk verstand es, ihn trefflich zu parodieren –, ein Dachstuhlbrand gemeldet, konnte die diffizilste Arbeit Professor de Groot nicht abhalten. Noch sehe ich ihn in die Jackentasche greifen und beinahe jungenhaft mit dem Autoschlüssel klingeln: »Kommen Sie mit, Fräulein Schimmelpfeng?«

Während eines knappen halben Jahres habe ich vier Großbrände – zwei an der Heerengracht, einen bei den Dirnen nahe der alten Kirche und einen am Waterlooplein –, dazu annähernd zwei Dutzend mittlere Brände und Bagatellfälle gesehen, denn in Amsterdam brennt es oft. Professor de Groot schaute diesen Bränden beherrscht und gelassen, oft ein wenig enttäuscht, aber immer ähnlich wissenschaftlich interessiert zu, wie ich ihn von der Arbeit im Restaurationssaal her kannte. Mich – das sei zugegeben und, wenn gewünscht, auch im Protokoll vermerkt – haben diese Brände, oft wider meinen Willen, in Unruhe, ja, in Erregung versetzt, so daß mir oftmals der unbegründete Verdacht gekommen ist, Professor de Groot betreibe dieses Spiel mit mir zu einem bestimmten Zweck. Mit Nachdruck weise ich hin: davon kann keine Rede sein. Ich, ausschließlich ich, habe versagt. Unreif und widerstandslos habe ich jede wissenschaftliche Disziplin vermissen lassen. Dabei hätte mir Professor de Groot in seiner beinahe heiteren Beherrschtheit ein Beispiel sein können: Zumeist schwieg er, während die Brände bekämpft wurden. Und wenn er sprach, war immer von seinem Lieblingsmaler Turner, speziell von den um 1835 gemalten Feuersbrünsten, vom Brand des Parlamentes oder vom Brand Roms die Rede; von jenem Bild also, das Turner, inspiriert vom Parlamentsbrand, den er als Augenzeuge erlebte, gemalt hat. Deshalb, und nur deshalb war es mir selbstverständlich, ja zu sagen, als Professor de Groot im Mai des vergangenen Jahres die Freundlichkeit hatte, mich zu einer dreitägigen Exkursion nach London einzuladen. Von früh bis spät haben wir uns in der Tate Gallery aufgehalten. In Turners berühmtem Skizzenbuch fanden wir den schon erwähnten Parlamentsbrand mehrmals spontan und für alle Zeit festgehalten. Wenn ich jetzt sage, mein Lehrer, Herr Professor de Groot, sei mir in dieser kurzen und wohl für beide glücklichen Zeit menschlich nähergekommen, kann ich nur hoffen, daß mit dieser Aussage nicht jener Verdacht neue Nahrung erhält, den aufrechtzuerhalten das Hohe Gericht immer noch gewillt ist.

Ich habe nicht gewußt, daß Professor de Groot auch zu Hause Polizeifunk gehört hat. Er hat überhaupt selten und in London nie von zu Hause gesprochen. Zweimal, im Juni und Anfang Juli des vergangenen Jahres, war ich, auf Wunsch seiner Frau, jeweils an

Sonntagen bei ihm zum Abendessen geladen. Zwar machte Frau de Groot auf mich einen scheuen, sogar verstörten Eindruck – sie erschien mir müde und abgespannt –, doch wäre ich nie auf die Idee gekommen, daß der Polizeifunk, jene uns Schülern schon zur Gewohnheit gewordene Schrulle, ihre Gesundheit untergraben hatte; denn Professor de Groot hat ja wohl – wie ich glauben muß – die Nacht über, und während er schlief, seine Frau jedoch wenig Schlaf fand, das Gerät bei voller Lautstärke laufen lassen. Auch hieß es – wie ich erst jetzt erfahren habe –, daß ihn Brandmeldungen und ausschließlich Brandmeldungen sofort geweckt hätten, und weiter, daß er seine Frau, oft gegen ihren Willen, gezwungen habe, sich anzukleiden und ihn zur Brandstätte zu begleiten. So sehr ich diese Rücksichtslosigkeit verurteilen muß, so betont muß ich darauf hinweisen, daß nur berufliche, also wissenschaftliche Interessen – in der Hauptsache die schon erwähnten Turner-Studien – Professor de Groot dieses ungewöhnliche Verhalten nahegelegt haben.

Heute, da ich weiß, wie mein Lehrer, Professor Henk de Groot, in seinem eigenen Haus hat verbrennen müssen, da ich annehmen muß, er habe die Brandmeldung seines Hauses noch im Gerät vernommen, da ich mir immer wieder vorstelle, wie er versucht haben mag, aus dem hochgelegenen Schlafzimmer in dem engen Giebelhaus, das wie die meisten Altstadthäuser von unten nach oben abbrannte, sich und seine Manuskripte zu retten, heute, da ich Frau Professor de Groot, die der vorsätzlichen Brandstiftung mit Mordabsicht angeklagt ist, nicht entlasten kann – denn ich erinnere mich ihrer beim Abendessen mehrmals und völlig zusammenhanglos gefallenen Bemerkung: »Du wirst dir noch mal die Finger verbrennen ...« –, jetzt und fortan mache ich mir Vorwürfe, daß ich nicht versucht habe, auf meinen Lehrer mäßigend einzuwirken, zumal ich seines Vertrauens gewiß sein konnte, wenn ich auch nie, wie behauptet wird, seine Geliebte gewesen bin; auch in London nicht, während der knapp dreitägigen Turner-Exkursion.

Zudem besagt mein Alibi eindeutig, daß ich während der Brandnacht mit meiner Kollegin, Fräulein Manthey, ein Kino, die Spätvorstellung, besucht habe.

Langsamer Walzer

Wenn ich mich entschließe, den Lesern der Morgenpost aus eigener Ansicht und gestützt auf Erfahrungen, die zu sammeln mir nicht erspart worden sind, weniger über den sogenannten Tanzschule-Prozeß und mehr über die Rolle zu berichten, die ich innerhalb dieser Affäre zu spielen gezwungen wurde, bitte ich mir zu glauben, daß mir jegliche Sensationsmache fernliegt; vielmehr ist es mein Wille – wie vor Gericht –, den Tatsachen und nur den Tatsachen Rechnung zu tragen. Zu meiner Person sei erklärend gesagt: Ich bin Junggeselle, Mittdreißiger, kaufmännischer Angestellter, liebe das Reisen und die Geselligkeit. Für dieses, mein – wie man zugeben wird – natürliches Bedürfnis, die Begegnung mit Menschen, das Gespräch zu suchen, habe ich teuer bezahlen müssen.

Anfang vergangenen Jahres fielen mir, von der Halenseebrücke kommend, zum erstenmal die erleuchteten Fenster der Tanzschule Lagodny auf. Ich war nicht der einzige, der stehenblieb und den monotonen Bewegungen der Tanzschüler zuschaute. Junge Paare, selbst mit Einkaufstaschen behängte Hausfrauen nahmen sich Zeit. Oft kommentierten die Zuschauer mit Gelächter oder gar Gekicher die, weil ohne hörbare Musik, komisch wirkende Zeremonie. Nein, keine Ballettratten im schwarzen Trikot, sogenannte Gesellschaftstänzer machten sich hinter den Großfenstern der Tanzschule Lagodny mit den mehr oder minder komplizierten Schritten des Tangos, des langsamen wie des Wiener Walzers, mit dem Foxtrott und mit modernen Tänzen wie Rumba, Rock'n Roll und – auf Wunsch einiger jüngerer Paare – mit den verschiedensten Arten und Abarten des Modetanzes Twist bekannt, sogar mit dem reichlich albernen Letkiss.

Ich muß zugeben, daß mich, den Zuschauer auf der Straße, die gleichmäßigen Bewegungen, ich möchte sagen, die Einmütigkeit und die Selbstvergessenheit der Tanzschüler mehr und mehr mit dem Wunsch erfüllt haben, dabeisein zu dürfen. Das war ja wohl auch der werbende, etwas aufdringlich werbende Sinn jener breiten, durch keine Vorhänge geschützten Fensterfront vor der Tanzschule Lagodny. (Heute frage ich mich, ob dererlei Exhibitionismus als Werbemethode erlaubt sein dürfte; doch damals hatte ich keine Bedenken.)

Nachdem ich drei-, viermal von außen und unverbindlich zugeschaut hatte, sprach ich vor, bat um ein Anmeldeformular, vergewisserte mich des geschäftlich durchaus korrekten Gebarens – sogar eine Versicherung gegen Unfälle während des Tanzunterrichtes war vorgesehen – und belegte einen Kurs für Fortgeschrittene, denn die Anfangsgründe des klassischen Gesellschaftstanzes waren mir noch vertraut.

Frau Lagodny machte es allen Anfängern und also auch mir leicht, die ersten Hemmungen zu überwinden; zwangloses Vorstellen dem lockeren Halbkreis der Tanzschüler gegenüber, ohne das obligate Händeschütteln; Fräulein Zwoidrack wurde mir als Partnerin mit einigen scherzhaften Worten besonders empfohlen; zudem half eine Hausbar, an der erfrischende aber alkoholfreie Getränke serviert wurden, erste Kontakte anzuknüpfen.

Außer mit Fräulein Zwoidrack kam ich mit Fräulein Rudorff und ihrem Partner, Herrn Wörlein, ins Gespräch. Dort an der Bar, während kurzer Tanzpausen, und nur an der Bar – denn niemals haben wir uns privat getroffen – wurde wie üblich, und wenn ich zurückblicke, zumeist belanglos geplaudert. Ferienpläne wurden erörtert. Durchaus glaubwürdig wußte Fräulein Rudorff von ihrer Irlandreise zu erzählen. Wie harmlos und erfrischend unkonventionell klang der Bericht, den uns allen Fräulein Zwoidrack von ihren Skifreuden mit Hindernissen während des Winterurlaubs in Hahnenklee zu geben verstand. Anekdoten und liebenswürdige Albernheiten ließen sich aufzählen; aber jene Weisungen, von denen noch zu sprechen sein wird, wurden mir zu keiner Zeit an der Bar übermittelt. Und auch Frau Lagodny, die gelegentlich und mehr im Vorbeigehen mit uns an der Bar Worte wechselte, blieb – das möchte ich betonen – jederzeit freundlich distanziert.

Sooft ich alle und auch die banalsten Situationen wie mein Gedächtnis geprüft habe, Weisungen sind mir nur einmal erteilt worden: am Vorabend vom 12. zum 13. März, und zwar während einer längeren, mehrmals unterbrochenen Schrittübung für den Langsamen Walzer, der auch Englischer Walzer genannt wird. Die Übung sah vor, daß wir jeweils auf ein Zeichen von Frau Lagodny den Partner oder die Partnerin zu wechseln hatten. Während der nicht unschwierigen Übung – der Langsame Walzer erreicht nahezu den Schwierigkeitsgrad des klassischen Tango – habe ich alle Weisungen direkt von Fräulein Rudorff erhalten. So konnte ich allenfalls vermuten, daß Herr Wörlein, der jeweils zuvor mit Fräulein Rudorff den Schrittübungen nachgekommen war, die Quelle der Weisungen sein müßte. Von Frau Lagodnys Seite sind mir nur Äußerungen erinnerlich, die unmittelbar mit dem Übungstanz – es war Ramona – verstanden werden konnten, also bloße Schrittkorrekturen. Schon der erste Partnerwechsel – ich tanzte zuvor, und zwar wortlos aufmerksam, mit Fräulein Zwoidrack – brachte mich mit Fräulein Rudorff zusammen. Nach wenigen Schritten sagte sie, ohne dabei jene beim Langsamen Walzer vorgeschriebene, betont distanzierte Haltung aufzugeben: »Heute, dreiundzwanzig Uhr zwölf.« Auf meine, wie man glauben mag, verblüffte Rückfrage erhielt ich keine Antwort. Der gleich darauf erfolgende Partnerwechsel – Fräulein Seifert – nahm mir jede Möglichkeit, beharrlich zu bleiben. Die später erfolgte Rekonstruktion des Übungstanzes hat ergeben, daß Fräulein Rudorff, die zuvor mit Herrn Wörlein getanzt hatte, erst nach sechsmaligem Wechsel Gelegenheit fand, mir die zweite Weisung zu geben: »Heute, dreiundzwanzig Uhr zwölf, Ecke Lietzenburger-Bleibtreustraße. Im Wagen bleiben.« Daß ich einen Prinz fuhr, hatte sie wohl bei den, wie ich nochmals betone, harmlosen Bargesprächen erfahren. Die dritte Weisung wiederholte die erste und zweite und beinhaltete den Zusatz: «Punkt dreiundzwanzig Uhr siebzehn dreimal im Langsamen-Walzer-Tempo die Standlichter löschen und wieder hereingehen.« Weitere Weisungen wurden mir nicht übermittelt. Auch hatte ich das Rückfragen aufgegeben. Es mag sein, daß ein gewisser Befehlston Fräulein Rudorffs eigentlich fragend mädchenhafte Stimme veränderte und mich verstummen ließ.

Auch als gegen zweiundzwanzig Uhr die Tanzstunde beendet war und sich mein Wille wieder gefestigt hatte, gelang es mir nicht, von Fräulein Rudorff eine Erklärung zu erhalten. Das übliche Durcheinander und ein Gespräch, in das mich, wie ich vermuten muß, beabsichtigterweise, zuerst Fräulein Zwoidrack, dann, zusätzlich, Herr Wörlein verwickelten, nahmen mir die Möglichkeit, eine Erklärung zu erhalten.

Die Zeit von zweiundzwanzig bis kurz vor dreiundzwanzig Uhr habe ich an der Halenseebrücke in der Bärenbaude bei zwei Glas Bier zugebracht. Dort war ich mit meiner Situation alleine. Zum Entschluß hätte ich kommen müssen. Statt romantisch und einem Jüngling nicht unähnlich abzuschweifen, hätte ich vom Ober Papier und Stift verlangen, den Verdacht, Detail um Detail, erhärten müssen. Meinem Alter entsprechend, als erfahrener Mann hätte ich handeln und die Polizei hinzuziehen sollen. An Stelle dieser Entscheidung, die ich damals allzu rasch voreilig nannte und nicht wirksam werden ließ, war ich töricht genug, aus Fräulein Rudorffs noch in der Bärenbaude nachhallenden Weisungen die eindeutige Aufforderung zu einem kleinen galanten Abenteuer herauszuhören. Ich zahlte erwartungsvoll. Denn nichts als meine Neugierde und mein Leichtsinn mögen mich bewogen haben, am 12. März um dreiundzwanzig Uhr zwölf meinen Prinz Ecke Lietzenburger-Bleibtreustraße zu parken. Heiter konzentriert und beflissen wie ein Pfadfinder, also auf die Minute gab ich die angewiesenen Blinkzeichen im vorgeschriebenen Tempo. Um dann zwanzig Minuten oder länger zu warten, worauf?

Bald hatte ich Grund genug zu bedauern, auf diese Weise in einen infamen Mordanschlag verwickelt gewesen zu sein. Meine Naivität hat zugelassen, daß ich innerhalb eines komplizierten Mechanismus, den ich bis heute nicht vollauf begriffen habe, als Rädchen, wie ich zugeben muß nicht unwichtiges Rädchen, mißbraucht werden konnte. Selbst als ich aus dieser und anderen Zeitungen erfuhr, daß ein Netz von Agenten das Sprengstoffattentat vorbereitet haben müsse, ja, als ich zwischen den brutalen Begleitumständen die Tatzeit »dreiundzwanzig Uhr siebzehn« verzeichnet fand, dazu den Hinweis, es habe sich um drei in regelmäßigen Abständen erfolgte Explosionen gehandelt, vermutete ich immer noch keinen Zusammenhang mit den von mir ausgeführten Weisungen. Als jedoch Recherchen der »Morgenpost« die politischen Hintergründe des Mordanschlages aufdeckten, als von anonymen Telefonanrufen berichtet wurde, die jeweils nach der monoton gesprochenen Ankündigung »Ramona läßt grüßen« den gleichnamigen Englischen Walzer wenige Takte lang folgen ließen, als mein Gedächtnis, plötzlich erhellt, Bargespräche in der Tanzschule Lagodny erinnerte, in deren Verlauf Wörlein, die Zwoidrack, aber auch Fräulein Rudorff abfällige Äußerungen über die Springer-Presse und über das Opfer ihres geplanten Anschlages hatten fallen lassen, als ich begreifen mußte, daß eine radikale, womöglich kommunistische Agententruppe mich zum willenlosen Instrument ihres Anschlages auf Demokratie und freies Wort gemacht hatten, stellte ich mich, zur Aussage bereit, der Polizei.

Rensch wollte nicht mehr um die Wette rennen. Hatte zwar Pulver, sah aber keine Ziele. Setzte sie lustlos zusammen, Kurzstrekkenträume, blieb immer zweiter, trotz gutem Start. Rensch drängelt. Rensch zupft an seiner Krawatte. Rensch lernt Witze für jede Gelegenheit. Rensch lacht schon vor der Pointe. Rensch meint es gut mit sich und beschloß eine Reise. Er hielt es für unschön, bei sich zu Hause, etwa am Dienstag, dem einzigen freien Abend, während das Sandmännchen die Familie vor der Mattscheibe sammelt, ein Ende zu setzen. Auch Rücksicht auf das Geschäft. Er buchte also, packte mehr als notwendig, verspätete sich am Zeitungsstand und erschrak, als sein Name, die Halle hoch und weit, ausgerufen wurde. Beinahe gefiel ihm »Letzter Aufruf für...«, folgte aber, rauchte nicht mehr, schnallte sich kichernd an und war schon da, bevor sich das Flugzeug von der Piste gehoben hatte; auch jener Koffer Übergewicht.

Ein Hotel in Frankfurt, klug gewählt zwischen zwei Messen, hatte ein Zimmer mit Bad. Schrieb, was ihm einfiel, Ewald Nöldichen, auf den Meldezettel; denn alles Persönliche, der registrierte Rensch, wurde schon auf dem Weg zum Hotel Stück für Stück in den Main geworfen. Erst nach dem Abendessen – Nöldichen aß gut und langsam Rinderbrust mit Meerrettich und vergaß auch nicht seine Pillen – gefiel ihm das Zimmer. Einmal der erste sein: Bin da. Bin schon da. Rasch ausgeführte, lang überlegte Handlungen. Denn vieles scheitert an den Vorbereitungen. Also kein Abschiedsbrief, da alles aber auch alles, immer um eine Kopflänge zu spät, gesagt worden war. Ich wiederhole mich ungern. Es gibt einen Punkt, von dem an...

Als aber das Wasser in der Wanne stieg, lockte noch einmal die Schußwaffe und bat um Aufschub. Nöldichen verspottete Rensch und zählte ihm auf: den Versuch mit dem Segelboot während der Kieler Woche, als das Nachbarboot kenterte und er sich als Retter beweisen mußte; den Versuch mittels Stromschlag, der an einem Kurzschluß scheiterte, den die Kinder beim Eisenbahnspiel verursacht hatten; den Einbruch im Raubtierhaus, aber die sibirischen Tiger waren zuvor gefüttert worden. Rensch gab nach und verriegelte die Schußwaffe. Und Nöldichen, der übermütige Sieger, blickte nicht hinter sich. Dennoch war das melodielose Pfeifen beim Abziehen des Messers die Gewohnheit eines Mannes, der sich seit siebenundzwanzig Jahren derart altmodisch zu rasieren pflegte und einst Rensch geheißen hatte.

Warum er sich nach dem Entkleiden die Zähne putzte? Warum er das Zimmertelefon schon nach dem zweiten Läuten abnahm? Warum er dieses kumpelhafte »Ich bin schon da, Nöldichen, altes Haus!« nicht mit entschlossenem Abhängen quittierte? Warum er »Guten Abend« sagte und nicht »Falsch verbunden«? Warum er die Einladung für Nöldichen annahm und sich mit Nöldichens Kumpel, der schon da war und ihm neue Witze erzählen wollte, kurzfristig in einer Bar, Nähe Hauptbahnhof, verabredete? – »Also bis gleich, altes Haus!«

Ich gebe zu, da nun die Wanne gefüllt war, ein warmes Bad genommen zu haben. Es stimmt: ich kleidete mich sorgfältig, gab mir Mühe mit der Krawatte, memorierte zwei, wie ich hoffen durfte, neue Witze, unterließ es jedoch, mich nach dem Baden zu rasieren. Mit rauhen Wangen – einmal nicht Hase sein! – suchte ich die Bar in der Kaiserstraße auf und traf dort, er war schon da, meinen Bekannten von früher. Wir tauschten Erinnerungen aus, lachten an den richtigen Stellen und pichelten bis in den frühen Morgen. Die Stadt Frankfurt ist für ihr Nachtleben bekannt.

Sie irren: Die Originale sterben nicht aus. So erzählte mir mein Steuerberater, der kein dem Stillschweigen verpflichteter Wirtschaftsprüfer ist und seinem Beruf wie einem einträglichen Hobby nachgeht, von einem seiner Kollegen, der es verstehe, zwischen den zweideutigen Spesenabrechnungen vielreisender Architekten und der umstrittenen Umsatzsteuer praktischer Ärzte seine Originalität zu entwickeln. Dieser Herr – er soll Lettunich heißen – hat sich von seinen Ersparnissen einen Geigerzähler, japanisches Fabrikat, gekauft und tätigt seine Einkäufe mit diesem Gerät. In Kolonialwarengeschäften, aber auch in Selbstbedienungsläden, auf dem Wochenmarkt wie in den Lebensmittelabteilungen der Kaufhäuser, wo immer Butter, Obst, Gemüse, Fleisch- und Wurstwaren, selbstredend Fische zum Verkauf ausliegen, läßt Herr Lettunich sein handliches Gerät, das nicht größer als ein Transistorradio und von ähnlich funktioneller Schönheit ist, bevor er sich entscheidet, empfindlich reagieren.

Sie sagen jetzt: Durchaus verständlich und angebracht diese Vorsicht. Sie loben Lettunich und nennen sein Verhalten in der Öffentlichkeit »nachahmenswert«. Sie wiederholen, da ich Originalität, die schon ans Schrullige grenzt, beweisen will, Ihre These von vorhin: Die Originale sterben aus. Ich räume ein, Herrn Lettunichs Absonderlichkeit mag, Lebensmitteln und besonders Fischen gegenüber, einige Berechtigung haben; aber wie würden Sie einen Herrn, Mitte vierzig, korrekt grau, beurteilen, der den Geigerzähler zu Rate zieht, sobald er ein Taxi benutzen will, also es eilig zu haben scheint, sobald ihm Geld, Münzen oder Scheine ausgezahlt werden, ja, sobald es sein Wunsch ist, auf einer Parkbank zu sitzen? Immer noch kein Original? Ein Individualist, dem die Vernunft und einzig die Vernunft Ratgeberin ist? – Auch auf die Gefahr hin, mich der Indiskretion schuldig gemacht zu haben, passen Sie auf:

Herr Lettunich ist Junggeselle und wird es bleiben. Denn wie sein letzter Versuch, eine Ehe zu gründen, scheiterte, werden wohl alle seine eventuell folgenden Bemühungen, in den Ehestand zu treten, an jenem Geigerzähler scheitern, mit dem er seine damalige Verlobte, deren Appartement, Küche, Bad und – sprechen wir es getrost aus – Schlafcouch getestet hat, als ihn die junge Dame – eine Hamburgerin übrigens – zum letzten Mal und in bester Absicht auf eine Tasse Tee zu sich geladen hatte. – Schauen Sie! Da! Da drüben: zwischen Leineweber und Bilka läuft unser Original. Wie einen Hund führt er seinen Geigerzähler spazieren.

VIER JAHRZEHNTE

Entwurf weiblich

Mit wechselndem Antrieb: rumgekommen bin ich schon. Wurde mit meiner Nase vor Berge gestellt. Ließ mich in Tälern, zwischen sanfter Hügelei zerstreuen. Aber geblieben – schwör ich dir, Köchin – bin ich auf flachem Land.
Der Teller mit Himmel drauf.
Oder blankgeleckt: so viel Platz
für größeren Hunger und für Entwürfe,
die sich nirgendwo stoßen.
Schon rollen die Augen beide von Rand zu Rand. Ich lege deinen Leib ins Werder oder dorthin, wo ich neuerdings Stuhl Tisch Bett habe, über die Wilstermarsch.
Sagen wir: zwischen Käsemark und Fischer Babke liegst du seitlich und träge. Ein helles, rundum endloses Fleisch, das seinen Kopf mit halbwachem Blick auf den Weichseldeich stützt; oder auch hier, zwischen Brokdorf und Hollerwettern, bevor sie ihr Kernkraftwerk klotzig ans Elbufer geschissen haben werden.
Auf flachem Land liegt,
im Rücken immer der Fluß, wo er münden
und münden will, mein Entwurf.
Sein weibliches Maß.
Die Hüfte, der Umweg.
Der Schoß, den ich meine.
Brüste, die wessen Himmel nähren.
Oder gebettet in Haufenwolken.
Die Köchin in mir sucht Platz.
Und um dich – zersiedelt verplant – die Männchen mit ihrer Kragenweite. Von dir weg laufen breitbeinig übers Land Hochspannungsmasten: die flüsternde Kraft …
Und über dich weg: düsengetrieben, in schrägem Anflug Manöver, die immer und immer den Ernstfall üben.
Quer lagerst du.
Aus allen Zeiten gefallen.
Als hier noch Moor oder Watt.
Dein wandernder Schatten: Geschichte.
Straßen, die dich umgehen.

Blenden, dich abzuschirmen.
Männlicher Sprünge vermessene Kürze.
Leistung, die deinen Blick sucht.
Aber nach deinem Zeitmaß wälzt du dich auf die andere Seite; Bewegung nennen wir das. Ein Furz entfährt deinem Arsch; und schon hoffen wir wieder.
Jetzt will ich rein. Laß mich rein. Ganz laß mich rein: meinen Verstand einbringen.
Ich will es warm haben und die Flucht aufgeben.
Schon hat deine Herrschaft begonnen.

Hier hat Chemie sie vertrieben. Abwässer haben die hellen Bäuche, die Rücken- und Schwanzflosse rötlich gefleckt, ihren Schleim, der sie schützt, verletzt. Die Reusen auf beiden Seiten der Elbe erinnern nur. Wir kaufen teuer aus noch freundlichem Wasser: tiefgefroren tauen die Aale aus Schottland hier wieder auf und beleben sich wunderbar.

Ich weiß Geschichten.
Gegabelt peitschen sie meinen Rücken,
hängen in jedes Bild,
gleiten, wie ich, den Kühen unter das Euter.

Warum, sagt die Köchin in mir, sollen die Kinder nicht sehen und lernen, wie du die Aale in Stücke daumenlang schneidest? In Essig blaugemacht, in Mehl gewälzt, umlege ich sie mit Blättern Salbei. Der alte Scharre hat gestern (mit Spucke und Stein) das Messer geschärft.

Den Aal lebend kaufen. Nein, Kinder, er ist eigentlich tot. Das sind nur die Nerven in jedem Stück. Und auch das Kopfstück will noch und saugt sich fest. (Die Köchin Birgitta soll als Äbtissin für den Patrizier Ferber und seine Gäste, die alle katholisch blieben und gegen die Zeit waren, auf Karfreitag des Jahres 1522 in Ferbers Starostei Dirschau hundertundsieben Weichselaale geschlachtet haben.)

Der Strauch Salbei wurzelte früher in einem Garten nahe der Störmündung, wo jetzt das Sperrwerk mit Schleusenkammern und großer Klappbrücke gebaut wird und den Flußlauf verändert.

In heißes Öl legen wir Stück neben Stück und salzen leicht. Deshalb krümmen sie sich erschreckt in der Pfanne noch. Jetzt wurzelt der Strauch Salbei in unserem Garten. Der alte Scharre, der beim Umbetten half, war früher Hausschlachter und schlachtet auch heute noch an jedem Sonnabend für den Metzger im Dorf. Er düngte den Strauch mit Schweineblut und murmelte dabei kreuzweis sein Küstenplatt.

Auf kleiner Flamme werden die Stücke in ihrem Salbei schön knusprig gebacken. Ein Voressen, dem ein leichtes Gericht folgen sollte: verlorene Eier in Senfsoße. Hoffentlich überwintert der Strauch Salbei.

Ein Kreuzschnitt gleich hinterm Kopf des Aales soll dessen Nerven blockieren.

Wir ziehen die Haut nicht ab.

Übrigens rate ich (rät die Köchin in mir), beim Ausnehmen der Aale auf die Galle zu achten: Verletzt läuft sie über, macht bitter.

Laura filmte mit ihrer Schmalfilmkamera, wie ein Aal sich vom Zugriff befreite und in der Wiese tobte.

Die Kinder wissen nun, was sie essen.

Manchmal geht sie spät in der offenen Bahnhofsgaststätte ein chemisches Sülzkotelett essen. Sie will nicht mehr Köchin sein, wie seit Jahrhunderten abschmecken und die letzte Zutat erwägen. Sie will nicht mehr Gäste zu Lob und Vergleichen rühren. Keinem Gaumen will sie mehr schöntun. Und auch die Kinder (die immer neuen und aus den Kleidern drängenden Kinder) will sie nie wieder zu grünem Spinat zwingen. Ihren Geschmack will sie strafen, Abstand gewinnen zu sich, wie sie in mir hockt oder entäußert Geschichte ist, ihre gereihten Rezepte: Hasenpfeffer oder Ente mit Maronen gefüllt. Panierter Karpfen in Braunbier oder Hammelkeule mit Knoblauch gespickt. Dem Sülzkotelett und seiner chemischen Frische will sie Abbitte tun.

Da sitzt sie in ihrem zu engen Mantel und schneidet sich Stück nach Stück. Späte Züge werden ausgerufen. (Rheinische, hessische, schwäbische Durchsage.) Sie winkt dem Ober, der langsam, als wolle er das Jahrhundert verzögern, zwischen den leeren Tischen kommt, schwindet und endlich (ich bin es) da ist. Ein zweites Sülzkotelett ohne Kartoffelsalat, Brot, ohne Bier. Sie schneidet zu, gabelt auf und ißt in sich rein, als müsse ein Loch gefüllt oder jemand vernichtet werden, der sich als Sülzkotelett nach Güte spätoffener Bahnhofsgaststätten getarnt hat.

Ich bin nicht sicher, ob ich Agnes oder Lena bediene. (Nur Sophie und Dorothea würde ich sogleich mit Schrecken erkennen.) Ich bringe ein drittes, ein viertes Kotelett – es mangelt ja nicht – und mache Umwege zwischen den leeren fleckigen Tischen, damit sie, ganz außer mir, ihre Zeit hat und mich kommen, immer wieder auf neuen Umwegen kommen sieht.

Bevor wir schließen, weil ja auch Bahnhofsgaststätten irgendwann schließen müssen, wird sie ein sechstes Sülzkotelett ohne alles (in eine Papierserviette gewickelt) mitnehmen wollen – wohin? Wenn sie geht und in ihrem engen Mantel in der Drehtür unscheinbar wird, frage ich mich jedesmal, warum sie mir kein Trinkgeld gibt. Kann es sein, daß sie mich achtet, trotz allem, was war und noch wird?

Bibliographische Nachweise

GEDICHTE

Die Vorzüge der Windhühner, Berlin-Frohnau/Neuwied 1956.

Gleisdreieck, Neuwied/Berlin 1960.

Ausgefragt. Gedichte und Zeichnungen, Neuwied/Berlin 1967.

Mariazuehren, München 1973.

Ach Butt, dein Märchen geht böse aus. Gedichte und Radierungen, Darmstadt/Neuwied 1983. Der Band enthält von *Worüber ich schreibe* bis *Mannomann* in leicht geänderter Reihenfolge die Lyrik des *Butt,* ergänzt durch gleichzeitig entstandene Gedichte zum selben Themenkomplex.

Novemberland. 13 Sonette, Göttingen 1993.

Gedichte aus epischen und dramatischen Werken 1955–1963

Pepita: aus *Meine grüne Wiese* (Erstdruck 1955). Vgl. S. 480.

Ich habe sieben Jahre auf eine Schnecke gewartet: aus *Meine grüne Wiese* (Erstdruck 1955). Vgl. S. 484.

Befürchtung: aus *Hochwasser* (Uraufführung 1957). Grass-Werkausgabe Bd. 2, *Theaterspiele,* S. 58.

Der Güterzug: aus *Noch zehn Minuten bis Buffalo* (Uraufführung 1959). Grass-Werkausgabe Band 2, S. 132 f.

Am Atlantikwall: aus *Die Blechtrommel* (1959). Grass-Werkausgabe Band 3, S. 444.

Die schwarze Köchin: aus *Die Blechtrommel* (1959). Grass-Werkausgabe Band 3, S. 779.

Stehaufmännchen: aus *Hundejahre* (1963). Grass-Werkausgabe Band 5, S. 637 f.

Aber auch Eddi Amsel ...: aus *Hundejahre* (1963). Grass-Werkausgabe Band 5, S. 656–658.

Mein Onkel: aus *Hundejahre* (1963). Grass-Werkausgabe Band 5, S. 665.

Die Titel *Pepita, Befürchtung, Der Güterzug, Die schwarze Köchin, Stehaufmännchen, Aber auch Eddi Amsel* ... und *Mein Onkel* erhielten die im jeweiligen Kontext titellosen Gedichte von Grass anläßlich der Aufnahme in die *Gesammelten Gedichte* (1971).

Aus dem Tagebuch einer Schnecke, Neuwied/Darmstadt 1972. Die Gedichte finden sich auf den Seiten (Grass-Werkausgabe Band 7) 33 f., 48 f., 56 f., 84 f., 112, 129 f., 153, 197, 203, 207, 211, 216 f., 284 f.

Die Rättin, Darmstadt/Neuwied 1986. Die Gedichte finden sich auf den Seiten (Grass-Werkausgabe Band 11) 15–18, 35 f., 48, 85 f., 100 f., 104 f., 112–115, 135 f., 154, 172 f., 181–183, 197, 221 f., 232 f., 266 f., 278 f., 314–316, 319, 337 f., 346 f., 370, 393 f., 398 f., 408, 422, 447 f., 460, 470 f., 485 f.

Zunge zeigen, Darmstadt 1988. Das Gedicht findet sich auf den Seiten 209–231.

Vier Jahrzehnte. Ein Werkstattbericht, Göttingen 1991. Aufgenommen wurden die Gedichte, die im laufenden Text abgedruckt sind, nicht die reproduzierten Gedichtmanuskripte. Die Gedichte finden sich auf den Seiten 9, 19, 21, 27–29, 35, 35–37, 47–49, 61, 71–73, 73, 81, 83, 85, 135, 147, 147–149, 149, 149–151, 151–153, 153, 177–179, 179–181, 183, 189, 189, 189–191, 195, 221, 227, 263, 265, 267.

Einzelveröffentlichungen

DER SÄULENHEILIGE: entstanden 1952, Erstdruck in: Detlev Krumme, *Günter Grass. Die Blechtrommel,* München/Wien 1986, S. 140. Es handelt sich um einen Ausschnitt aus einem größeren Gedichtzyklus gleichen Titels, zu dem auch die in *Vier Jahrzehnte* abgedruckten Gedichte *Daß mich das Licht* und *Frühling* (s. S. 394 f.) gehören.

EIN VOGEL PRAHLT: Erstdruck in *colloquium* 7, 1953, Heft 8, S. 12.

LILIEN AUS SCHLAF: Erstdruck in *Akzente,* 2. Jg., 1955, Heft 3, S. 259 f.

SATURN: Erstdruck in *Junge Lyrik 1956. Eine Auslese,* hg. von Hans Bender, München 1956, S. 27.

Brot und Romane: Erstdruck in *Transit. Lyrikbuch der Jahrhundertmitte,* hg. von Walter Höllerer, Frankfurt am Main 1956, S. 63 f.

Feiertage: Das Gedicht findet sich in einem Brief von Grass an Walter Höllerer vom 5. 1. 1958. Der Brief liegt im Literaturarchiv Sulzbach-Rosenberg unter der Signatur G 59. Erstdruck in: Dieter Stolz, *Vom privaten Motivkomplex zum poetischen Weltentwurf. Konstanten und Entwicklungen im literarischen Werk von Günter Grass (1956–1986),* Würzburg 1994, S. 53.

Abschied: Erstdruck in *Jahresring 1958/59. Literatur und Kunst der Gegenwart,* Stuttgart 1958, S. 41.

Würfel: Erstdruck in *Jahresring 1958/59. Literatur und Kunst der Gegenwart,* Stuttgart 1958, S. 39.

Mein Radiergummi: Erstdruck des Zyklus' in *Merkur. Deutsche Zeitschrift für europäisches Denken,* Nr. 149, 1960, S. 626 f.

Siebenundzwanzig Männer: Erstdruck in *Alternative. Zeitschrift für Dichtung und Diskussion,* 4. Jg., 16. Heft der Gesamtfolge, Februar 1961, S. 10 f.

Die Lüge: Erstdruck in *Akzente,* 8. Jg., 1961, Heft 1, S. 10, als Teil des Vortrags *Das Gelegenheitsgedicht.*

Frommes Wahllied für Katholiken, Schildbürger und Unentschiedene: Erstdruck in *konkret,* Nr. 14, September 1961, S. 8.

Fotogen: Erstdruck in *Akzente,* 8. Jg., 1961, Heft 5, S. 450.

Der Mann mit der Fahne spricht einen atemlosen Bericht: Erstdruck in *Akzente,* 12. Jg., 1965, Heft 2, S. 122 f.

Transatlantische Elegie: Erstdruck als Schluß der Wahlrede *Was ist des Deutschen Vaterland,* Neuwied/Berlin 1965.

Adornos Zunge: Erstdruck in *Akzente,* 12. Jg., 1965, Heft 4, S. 289.

Duell mit dem Geier: Erstdruck in *Das schwarze Brett. Almanach 1965,* Berlin 1965, S. 13.

Tränentüchlein: Erstdruck in *Der Telegraf,* Berlin, vom 14. 1. 1968.

Danach: Erstdruck als Einblattdruck in der Reihe *Luchterhand Loseblatt Lyrik,* Nr. 14, 1968.

Meissner Tedeum: Erstdruck in Günter Grass, *Gesammelte Gedichte,* Darmstadt/Neuwied 1971, S. 251–257.

TODESARTEN: Erstdruck in *Die Zeit,* Hamburg, vom 26. 10. 1973.
V.: Erstdruck in *Süddeutsche Zeitung,* München, vom 31. 12. 1973/ 1. 1. 1974.
AUF DER DURCHREISE BIERMANN: Erstdruck in *Wolf Biermann,* edition text + kritik, München 1975, S. 5.
NEBEN DEN ZWIEBELN: Erstdruck in *Nürnberger Blätter für Literatur,* Heft 3, 1977, S. 7.
ALTES EISEN: Erstdruck in Günter Grass, *Zeichnungen und Texte 1954–1977. Zeichnen und Schreiben I,* hg. von Anselm Dreher, Darmstadt/Neuwied 1982, S. 121.
SARGNÄGEL: Erstdruck in Günter Grass, *Radierungen und Texte 1972–1982. Zeichnen und Schreiben II,* hg. von Anselm Dreher, Darmstadt/Neuwied 1984, S. 81.
AM ELFTEN NOVEMBER: Erstdruck in *L' 80,* Heft 19, August 1981, S. 90.
MÜLL UNSER: Erstdruck in der Mappe *Nachruf auf einen Handschuh. Sieben Radierungen und ein Gedicht,* Berlin 1982.
TREUHAND: Erstdruck in *Neue deutsche Literatur,* 40. Jg., 1992, Heft 12, S. 8.

Die Gedichte der Mappenwerke *Liebe geprüft* (*Im Apfelgarten, Liebe geprüft, Doch aber, Dein Ohr, Wie ohne Vernunft, Scenisches Madrigal;* Bremen 1974) und *Mit Sophie in die Pilze gegangen* (*Zum Fürchten, Federn blasen, Arbeit geteilt, Was Vater sah, Helene Migräne, Kot gereimt, Torso weiblich, Gestillt, Mannomann;* Mailand 1976) fanden alle Eingang in den *Butt* bzw. *Ach Butt, dein Märchen geht böse aus.*

KURZPROSA

Einzelveröffentlichungen

MEINE GRÜNE WIESE: Erstdruck in *Akzente,* 2. Jg., 1955, Heft 6, S. 528–534.
FÜNF VÖGEL: Erstdruck in *Die Vorzüge der Windhühner,* 1956. In der Ausgabe von 1956 stand der Text zwischen den Gedichten *Unfall* und *Tierschutz.*

Eingemauert: Erstdruck in *Diskurs,* Frankfurter Studentenzeitung, 7. Jg., Heft 8, Oktober 1957, S. 9. Später mehrmals unter dem Titel *Stier oder Liebe* abgedruckt.

Die Linkshänder: Erstdruck in *Neue Deutsche Hefte*, Heft 45, April 1958, S. 38–42.

Im Tunnel: Erstdruck in *National-Zeitung*, Basel, 9. Januar 1960.

Ich stehe gerne auf einer Rolltreppe: Erstdruck in *General-Anzeiger*, 30. 1. 1960.

Selbstgedrehte: Erstdruck im *Zeit-Magazin*, 11. Oktober 1974. Eine Variante findet sich in *Vier Jahrzehnte,* Göttingen 1991, S. 253–257.

Geschichten. Die Erstausgabe erschien 1968 als literarische Mystifikation unter dem Pseudonym Artur Knoff in der Schriftenreihe *LCB-Editionen* des von Walter Höllerer geleiteten Literarischen Colloquiums Berlin. Für das Titelfoto, das bei allen Bändchen der Reihe den Autor auf einem Stuhl sitzend zeigt, verkleidete sich Anna Grass als Mann und wurde so von Renate Höllerer-von Mangoldt fotografiert. Dem Klappentext war zu entnehmen: »Die Geschichten von Artur Knoff, 1937 in Hirschberg, Schlesien, geboren, sind seine ersten Veröffentlichungen.« Öffentlichkeit und Kritik bemerkten nichts, das Pseudonym wurde erst 1980 enthüllt.
Der Erstdruck von *Geschichten Geschichten, Susanne, Bikini Atoll, Der Slawist, Als Vater wieder heiraten wollte, Mein Max, Persennick & Ploetz, Einer unserer Mitbürger: Prinz Karneval* und *Sophie* erschien in *Akzente*, 13. Jg., 1966, Heft 5, S. 435–444, der von *Polizeifunk, Langsamer Walzer* und *Hase und Igel* in Heft 6, S. 549–557. Die biographische Notiz lautete: »Artur Knoff, geboren 1937 in Hirschberg, wohnt in Brüssel. Die hier abgedruckten Geschichten sind seine erste Veröffentlichung.«

Vier Jahrzehnte. Ein Werkstattbericht, Göttingen 1991. Die Prosatexte *Entwurf weiblich, Aal und Salbei* und *Sülzkotelett* finden sich auf den Seiten 159–163, 173–175 und 203–207.

Alphabetisches Verzeichnis der Gedichte

Verzeichnet sind Überschriften bzw. – bei titellosen Gedichten – die erste Zeile der Gedichte.

Inhalt

GEDICHTE

KURZPROSA

Für die neue Werkausgabe wurden alle Texte mit den Erstausgaben verglichen und in Abstimmung mit dem Autor kritisch durchgesehen. Unter den Essays und Reden, die erstmals in diesem Umfang vorliegen, findet sich eine ganze Reihe von Texten, die bisher gar nicht oder nur an entlegener Stelle gedruckt waren. Ein Personenregister erschließt die nichtfiktionalen Texte.